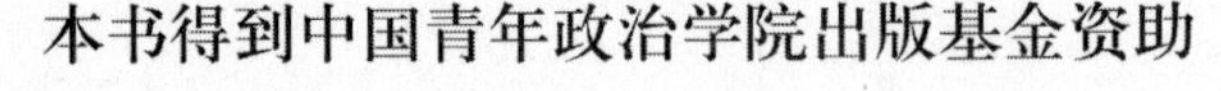

本书得到中国青年政治学院出版基金资助

中/青/文/库

基层公务员公共服务动机研究

祝　军◎著

中国社会科学出版社

图书在版编目(CIP)数据

基层公务员公共服务动机研究／祝军著．—北京：中国社会科学出版社，2017.1

ISBN 978－7－5161－9618－2

Ⅰ.①基…　Ⅱ.①祝…　Ⅲ.①公务员—社会服务—研究—中国　Ⅳ.①D630.3

中国版本图书馆 CIP 数据核字(2016)第 320523 号

出 版 人　赵剑英
责任编辑　吴丽平
责任校对　石春梅
责任印制　李寡寡

出　　版　中国社会科学出版社
社　　址　北京鼓楼西大街甲 158 号
邮　　编　100720
网　　址　http://www.csspw.cn
发 行 部　010－84083685
门 市 部　010－84029450
经　　销　新华书店及其他书店

印　　刷　北京明恒达印务有限公司
装　　订　廊坊市广阳区广增装订厂
版　　次　2017 年 1 月第 1 版
印　　次　2017 年 1 月第 1 次印刷

开　　本　710×1000　1/16
印　　张　17
字　　数　280 千字
定　　价　65.00 元

《中青文库》编辑说明

《中青文库》，是由中国青年政治学院着力打造的学术著作出版品牌。

中国青年政治学院的前身是1948年9月成立的中国共产主义青年团中央团校（简称“中央团校”）。为加速团干部队伍革命化、年轻化、知识化、专业化建设，提高青少年工作水平，为党培养更多的后备干部和思想政治工作专门人才，在党中央的关怀和支持下，1985年9月，国家批准成立中国青年政治学院，同时继续保留中央团校的校名，承担普通高等教育与共青团干部教育培训的双重职能。学校自成立以来，坚持“实事求是，朝气蓬勃”的优良传统和作风，秉持“质量立校、特色兴校”的办学理念，不断开拓创新，教育质量和办学水平不断提高，为国家经济、社会发展和共青团事业培养了大批高素质人才。目前，学校是由教育部和共青团中央共建的高等学校，也是共青团中央直属的唯一一所普通高等学校。学校还是教育部批准的国家大学生文化素质教育基地、全国高校创业教育实践基地，是中华全国青年联合会和国际劳工组织命名的大学生KAB创业教育基地，是民政部批准的首批社会工作人才培训基地。学校与中央编译局共建青年政治人才培养研究基地，与国家图书馆共建国家图书馆团中央分馆，与北京市共建社会工作人才发展研究院和青少年生命教育基地。2006年接受教育部本科教学工作水平评估，评估结论为“优秀”。2012年获批为首批卓越法律人才教育培养基地。学校已建立起包括本科教育、研究生教育、留学生教育、继续教育和团干部培训在内的多形式、多层次的教育格局。设有中国马克思主义学院、青少年工作系、社会工作学院、法学院、经济管理学院、新闻传播学院、公共管理系、中国语言文学系、外国语言文学系9个教学院系，文化基础部、外语教学研究中心、计算机教学与应用中心、体育教学中心 4 个教学中心（部），中央团校教育培训学院、继续教育学院、国际教育交流学院 3 个教育培训机构。

学校现有专业以人文社会科学为主，涵盖哲学、经济学、法学、文学、管理学、教育学 6 个学科门类，拥有哲学、马克思主义理论、法学、社会学、新闻传播学和应用经济学 6 个一级学科硕士授权点、1 个二级学科授权点和 3 个类别的专业型硕士授权点。设有马克思主义哲学、马克思主义基本原理、外国哲学、思想政治教育、青年与国际政治、少年儿童与思想意识教育、刑法学、经济法学、诉讼法学、民商法学、国际法学、社会学、世界经济、金融学、数量经济学、新闻学、传播学、文化哲学、社会管理 19 个学术型硕士学位专业，法律（法学）、法律（非法学）、教育管理、学科教学（思政）、社会工作 5 个专业型硕士学位专业。设有思想政治教育、法学、社会工作、劳动与社会保障、社会学、经济学、财务管理、国际经济与贸易、新闻学、广播电视学、政治学与行政学、汉语言文学和英语 13 个学士学位专业，同时设有中国马克思主义研究中心、青少年研究院、共青团工作理论研究院、新农村发展研究院、中国志愿服务信息资料研究中心、青少年研究信息资料中心等科研机构。

在学校的跨越式发展中，科研工作一直作为体现学校质量和特色的重要内容而被予以高度重视。2002 年，学校制定了《教师学术著作出版基金资助条例》，旨在鼓励教师的个性化研究与著述，更期之以兼具人文精神与思想智慧的精品涌现。出版基金创设之初，有学术丛书和学术译丛两个系列，意在开掘本校资源与迻译域外精华。随着年轻教师的增加和学校科研支持力度的加大，2007 年又增设了博士学位论文文库系列，用以鼓励新人，成就学术。三个系列共同构成了对教师学术研究成果的多层次支持体系。

十几年来，学校共资助教师出版学术著作百余部，内容涉及哲学、政治学、法学、社会学、经济学、文学艺术、历史学、管理学、新闻与传播等学科。学校资助出版的初具规模，激励了教师的科研热情，活跃了校内的学术气氛，也获得了很好的社会影响。在特色化办学愈益成为当下各高校发展之路的共识中，2010 年，校学术委员会将遴选出的一批学术著作，辑为《中青文库》，予以资助出版。《中青文库》第一批（15 本）、第二批（6 本）、第三批（6 本）、第四批（10 本）陆续出版后，有效地展示了学校的科研水平和实力，在学术界和社会上产生了很好的反响。本辑作为第五批共推出 13 本著作，并希冀通过这项工作的陆续展开而更加突出学校特色，形成自身的学术风格与学术品牌。

在《中青文库》的编辑、审校过程中，中国社会科学出版社的编辑人员认真负责，用力颇勤，在此一并予以感谢！

序　　言

歌德曾说，“责任，就是对要求自己去做的事情有一种爱”。责任，无疑是政府公务员履行公职、服务公众、效力国家的行动基石，它关乎公务员内驱动力的来源及其行为结果。对于如何提高公职人员责任意识和能力，有很多理论流派的解释，也开出了不少药方。然而，解决方案无外乎分为两类：一是责任需要依靠不断完善的制度或程序来规范；二是责任需要依靠行动者内心伦理精神的调整而生发自主性和行动自觉。通常认为，前者并不完美，因为用外部制度约束不仅难以应对环境复杂性带来的裁量要求，而且还可能会剥夺行动者主体性的判断能力，使其选择被动防御并逃避责任。于是，人们又期待公职人员内心世界中的价值观和工作动机能够发挥强有力的调整作用，让富有积极性和主动性的公职人员捍卫宪法尊严，维护公共利益，守卫行动底线，在自律和他律的共同作用下，激发公职人员的责任担当。

由此，在公共行政学研究中，一系列经久不衰的话题被提出来：政府公职人员的行为之动力来源是什么？他们的工作动机、态度和行为如何作用并影响责任的生成和行动的绩效？政府公职人员的工作动机与私营组织员工工作动机有何差异？如何运用经验性研究验证价值观、动机、态度对行为产生的影响？以及组织提高公职人员伦理价值观水准进而促进其积极性和绩效的策略究竟是什么？

公共服务动机理论试图在经验研究的基础上，发现并揭示公职人员动机与行为取向、行为绩效间的关系。这一理论自 20 世纪 80 年代以来受到公共行政学界的广泛关注。由于公共服务动机理论关注的是“人们在从事公共服务的同时，是否具有自利之外的其他动机”，因此公共服务动机理论不仅弥补了公共选择理论将“自利和利己作为官僚行为全部的和不变的动机”的缺陷，也较好地解释了公共部门员工在对物质报酬的偏好方面会远远低于非公共部门员工的原因。在过去30多年里，得益于佩里和怀斯等一批公共行政学者的大力推动，公共服务动机的理论与实证研究在英美等发达国家取得了长足发展。由于学科发展的历史原因，国内关于公共服务动机的研究起步相对较晚，但近年来，令人欣喜的是，国内越来越多的公共行政学者围绕公共服务动机开展了很多本土化的实证研究，对于进一步推动公共服务动机理论在中国的发展提供了有力支持。

《基层公务员公共服务动机研究》一书是祝军根据他的博士学位论文修改而成的。在该书中，祝军博士以公共服务动机作为研究切入点，并首次将研究对象聚焦于国内的基层公务员群体。中国基层公务员是一个非常值得关注的群体。这个群体的自我认知永远冲在维稳和服务的第一线，从事着“五加二，白加黑”的工作；上升空间狭窄，面对可望而不可即的“玻璃天花板”，仕途前景黯淡渺茫，用他们自己的话来说是“只讲奉献少谈回报，收获永远不如付出多”。然而，公众和新闻媒体报道往往对基层公务员评价不高，甚至“诟病”“污名”颇多，信任更是难以谈起。究竟是什么造成感知上如此之大的差距，中国基层公务员的工作价值观和内驱动机是什么？他们到底存在于怎样的职场工作生活状态之中？是什么在驱使他们努力地工作？

带着这些研究问题，祝军博士进入了他的研究场域。研究期间，祝军博士多次赴北京市东城区各街道开展调查研究，通过问卷调查和访谈获取了有关基层公务员公共服务动机的第一手数据资料，验证了公共服务动机理论在基层公务员群体中的适用性。本书在公共服务动机的影响因素分析层面，除检验了传统意义上的人口学特征对基层公务员公共服务动机可能存在的影响之外，还通过选取组织氛围、工作特征和工作价值观三个变量，分别从组织特征、工作特征和个体特征三个层面对公共服务动机可能存在的影响进行了检验。在公共服务动机的作用因素方面，则选取了组织承诺和工作投入作为分析变量，就公共服务动机对于基层公务员工作态度可能存在的影响进行了检验。从研究结果来看，研究发现有力地支持了作者的研究假设，较好地揭示了基层公务员公共服务动机的影响和作用关系。最后，在本书中，祝军博士还采用了结构方程模型验证的理论和方法，探索建立了基层公务员公共服务动机的作用机制因果关系模型，不仅对基层公务员的工作态度和行为进行了解释、预测，也进一步丰富了公共服务动机的过程理论。

作为祝军硕士和博士阶段的指导老师，祝军博士学位论文的研究题目是我很早就和他一起确定的。随着中国建设服务型政府的步伐不断加快，我认为本书的研究发现，不仅扩展了公共服务动机理论在国内的研究，也为政府部门进一步加强基层公务员队伍管理和建设提供了新的思路与视角。这在理论和实践上都是极为有益的研究。同时，我也看到，作为一项探索性的实证研究，本书也存在一些不足。如在研究对象方面，仅仅选择了北京市东城区的街道公务员作为样本，据此得到的基层公务员公共服务动机状况能否代表全体基层公务员的实际情况，还有待商榷；在研究方法方面，虽然同时采取了问卷调查和结构访谈两种方法进行数据收集，但考虑到公务员身份的敏感性和传统“中庸”文化对公务员行为方式的影响，在研究过程中能否真正让受调查的基层公务员完全消除戒心、坦诚作答，仍然是困扰研究者的问题；在研究工具方面，公共服务动机理论作为一个舶来品，目前国内关于公共服务动机测量应用最广泛的还是佩里教授基于美国的行政文化背景而开发的量表，虽然作者在研究中对该量表进行了修订和检验，但是考虑到中美两国背景文化的差异，该量表在中国的本土化适用性还有待进一步检验。

提出研究问题正是解决问题的起点。上述存在的不足正是祝军博士未来进一步持续研究需要努力完善的地方，期待他在后续研究中，为读者奉献更多、更为扎实的具有中国本土特色的基层公职人员公共服务动机研究成果。

是为序。

孙柏瑛

2016 年 4 月 9 日于吉晟

目　　录

图表目录

第一章 绪论

“白求恩同志毫不利己专门利人的精神，表现在他对工作的极端的负责任，对同志对人民的极端的热忱……一个人能力有大小，但只要有这点精神，就是一个高尚的人，一个纯粹的人，一个有道德的人，一个脱离了低级趣味的人，一个有益于人民的人。”

——毛泽东《纪念白求恩》

作为毛泽东同志的经典代表作之一，相信大多数读者朋友对于上述的文字并不会感到陌生。那么，毛泽东同志在该文中反复提到的“精神”究竟是什么？在现实生活中，人到底是为了什么而工作？每个人选择从事不同职业的原因究竟是什么？我们在实际工作中应该以什么样的态度来对待工作？面对相同的工作，为什么不同的人会选择不同的工作行为和方式？针对这些问题，一千个人可能会有一千个理由或者一千种答案。但是，从组织行为学的视角来看，这些问题的答案都与“工作动机”紧密相关，也就是毛泽东同志所说的“精神”。

微软公司的创立者和领导人比尔·盖茨以工作勤奋著称，在工作期间，他几乎每天都有 12 个小时在办公室度过，回家以后一般还要再加几个小时的班。他家里没有电视，因为他认为这会让自己分心。盖茨在 35 岁左右就已经积聚了几十亿美元的财富，是世界上最富有的人之一，按道理来说已经不需要再为生计劳碌了，可是他却比一般人都还要勤奋地努力工作，究竟是什么原因驱使盖茨如此拼命地工作呢？在笔者看来，答案依旧与“工作动机”有关。

工作动机，顾名思义是指一种与员工工作相关的特定动机，换言之就是员工在从事某项具体工作时的心理活动过程（包含认知、意愿、行为和动力）。在现实生活中，由于不同工作动机的存在导致了不同的个体在行为方面会呈现出差异。试着从工作动机的视角去解读一些社会行为，将有助于我们更好地了解和总结社会现象。比如，对于一名将服务社会和奉献大众作为己任的员工而言，他宁愿放弃私人企业的高薪而选择到公共部门任职，这可能是因为他具有较高的服务动机；对于一名以追求自我价值实现为目标的员工而言，他宁愿放弃自己的休息时间也要保证工作的完成质量，这可能是因为他具有较高的成就动机，更看重领导和同事对自己的评价；对于一名比较注重工作氛围和环境舒适度的员工而言，他宁愿放弃升职到其他部门高就的机会也要留在自己熟悉的部门继续工作，这可能是因为他对于情感归属方面有着较为强烈的需求……由于不同的工作动机会影响个体不同的工作行为，在现实生活中，为了让员工更好地开展工作，本着科学管理和分类管理的原则，管理者往往要对不同的员工采取不同的激励手段和管理措施。比如，对于成就动机较高的员工，要对他的工作付出及时给予回应和肯定，让他们感到被认同；对于需求动机较为强烈的员工，要多为他们创造与同事进行交流的机会，给予其更多的情感关怀；对于物质需求较明显的员工，则要及时保证他的薪资收入，确保他们安心工作。

长期以来，由于工作动机理论最核心的关注点在于“寻找某些人比其他人工作表现更好的原因”，因此工作动机理论一直以来都受到来自管理学、心理学、社会学和经济学等不同学科研究学者的重视。在公共行政学领域，基于工作动机理论的假设，许多公共行政学者都尝试着对公共部门员工的行为和表现进行了深入分析。不过，由于所持的研究视角不同，公共行政学者在对公共部门员工的行为进行归纳和解读过程中，产生和发展了多种不同的官僚行为理论，本书接下来所要介绍的公共服务动机理论（theory of public service motivation），就是其中一种著名的代表性观点。

第一节　研究背景

在研究背景部分，笔者拟重点回答三个问题，第一，为什么要开展公共服务动机研究？第二，为什么要关注基层公务员群体？第三，为什么要针对基层公务员的公共服务动机进行研究？

一　为什么要开展公共服务动机研究

新公共管理理论的一个基本前提假设是所有人的行为都是从利己性出发，因此为了提高组织绩效，组织内部的激励体系也必须基于此假设而开展——然而，人性中的利己和利他成分是同时存在的，因此组织需要采用内部激励和外部激励结合的方法来共同激励员工。

——詹姆斯·佩里（James L. Perry）

一直以来，对公共部门员工工作动机的研究都是公共行政学的关注重点。具体来说，有志于从事公共管理的个体在职业选择方面与其他人究竟有没有差异？公共部门员工与私人部门员工在工作中是否会有不同的行为表现？什么样的工作动机会对公共部门员工的工作行为产生积极和正面的影响？哪些因素又会对公共部门员工的工作动机产生影响？我们应该如何紧扣工作动机来激励公共部门的员工？类似的这些问题，在不同的时期都引起了公共行政学者和公共部门管理者的广泛关注。

1995 年，美国学者贝恩（Behn）通过对科学发展规律的分析和总结，在展望公共行政的发展前景和趋势时，更是预言“公共行政中的微观管理问题、动机问题和测量问题”将是今后公共行政的三大前沿问题①。作为工作动机理论的一个研究新热点，公共服务动机理论自从 20 世纪 80 年代提出以来，受到了学界的广泛关注。公共服务动机本质上是一种“利他动机”，在以往的公共组织有关研究中，如果说席卷西方的新公共管理运动的本质特征是把私人部门的管理手段和方式运用于公共部门以改进公共组织绩效，那么它隐含的一个前提假设就是公共部门员工和私人员工的工作动机是相同的。可是西方很多公共管理学者关于公共服务动机的研究却揭示出了公共部门员工与私人部门员工二者的工作动机之间存在着本质上的不同。他们强调公共服务是一种特殊的行业，进入这一行业的人应该具有不同于其他行业人员的特征。艾默·斯塔茨（Elmer States）将学者们的这一思想概括为“公共服务是一种观

① Behn. R. D.，“The Big Questions of Public Management.” *Public Administration Review*, Vol. 55（4），1995，pp. 313 – 324.

念，一种态度，一种责任感——甚至是一种公共道德意识”。不少学者的实证研究也证实公共部门员工在从事公共服务时通常受一种私人部门员工身上所不具备的非功利性“服务感”的激励。早先时候，学者将此种“服务感”称为“公共服务道德”，后来由美国学者詹姆斯·佩里（以下简称佩里）将这种“个体对主要或仅仅植根于公共机构和组织的动机作出反应的倾向”正式定义为公共服务动机①。随着越来越多的学者参与此话题的研讨，公共服务动机逐渐和传统官僚制理论、代表性官僚制理论以及公共选择理论一起成为西方公共行政学界描述官僚行为的四大理论流派。

在过去的20多年里，基于实证研究的方式，公共服务动机理论在美国和英国等发达国家得到了长足发展，取得了很多研究发现。然而，中国的公共行政学者关于公共服务动机理论的研究，起步相对较晚。2008年以前公共服务动机在中国几乎还是一个相对陌生的概念，国内很少有学者发表关于公共服务动机的论著。近年来，得益于曾军荣、刘帮成、李小华、叶先宝和朱春奎等研究者的持续推动，公共服务动机的研究在我国进入到了一个新的发展阶段。纵观现有的研究成果，可以看到国内公共行政学界无论在公共服务动机研究的数量和质量方面都有了很大的提升。然而，考虑到公共服务动机最主要的研究对象是公共部门员工，中国作为世界上拥有最庞大公务员队伍的国家之一，相对于我国700多万人的公务员数量，现有的公共服务动机研究还远远没有达到与之相匹配的水平，甚至说在某些方面的研究还略显滞后。笔者通过对国内公共服务动机研究的情况进行梳理，将我国公共服务动机的研究现状归纳为“三增加三不足”现象，即关于公共服务动机的描述性研究有所增加，但是基于公共服务动机横向和纵向之间开展的比较研究还相对不足；关于公共服务动机作用因素的研究有所增加，但是对于公共服务动机的影响因素研究还相对不足；关于公务员群体的研究有所增加，但是聚焦于公务员内部某一特定层级或专门机构的深入研究还相对不足。针对上述现象，在我国人事行政视域下，以公共服务动机理论作为切入点，系统而深入地对某一特定层级公务员群体的公共服务动机现状、特

① James L. Perry, “Measuring Public Service Motivation: An Assessment of Construct Reliability and Validity.” *Journal of Public Administration Research and Theory*, Vol. 6, No. 1, 1996, pp. 5 – 22.

征及其影响和作用因素进行研究，不仅有利于推动公共服务动机理论在我国的发展，也有利于进一步丰富公务员队伍的实证研究，为我国公务员队伍的管理建设实践提供支持。

二 为什么要关注基层公务员群体

"上面千条线，下面一根针。"中央政令能不能落地，往往取决于基层公务员能否理顺"千条线"、顺利穿过"一根针"，其重要性可见一斑。也正因为身处行政层级的"末端"、为民服务的"前线"，这些公务员们有着普遍的"难"和"烦"。曾有一位镇长这样自我吐槽："说我们是一方诸侯，恐怕是'猪猴'吧。乡镇长是'猪'，特别能吃窝囊；乡镇书记是'猴'，县里一敲锣我们就得上场。"话糙理不糙，基层公务员"权力无限小，责任无限大"。对上，他们要承担硬任务，从社会治安综合治理、计划生育、招商引资，到安全生产、节能减排、环境保护，一件都不能也不敢掉以轻心；对下，面对群众，工作同样不好做，既要约之以法，更需晓之以理、动之以情。于是，"难"成了普遍的工作状态。

因为难，所以烦。一面是工作的压力，一面是冷嘲热讽；一面是飞涨的物价，一面是不高的工资；一面是攀援的渴望，一面是逼仄的升职空间……此外，还有基层公务员喟叹，自己有时是上级机关的挡箭牌、群众发泄不满的出气筒，有时是突发事件的灭火器、危机公关的牺牲品。尤其是那些刚入此行的年轻人，飞扬的青春要面对琐碎的现实，机械的重复工作难免带来内心的徘徊，"烦"有时成为他们的一种心态，也就并不奇怪了。正因为这样的难和烦，少数基层公务员陷入价值迷思，甚至走上违法犯罪的歧途。而个案又让一个群体在舆论场中被脸谱化，甚至被污名化。

——王石川《人民日报》①

在我国，作为党和政府各项路线、方针和政策的具体实践者和执行

① 王石川：《纾解基层公务员的难与烦》，《人民日报》2013 年 11 月 13 日，人民网（http：//www. people. com. cn/24hour/n/2013/1113/c25408 - 23520871. html）。

人，基层公务员的精神面貌、工作状态、业务水平和能力素质都直接关系到我们党和人民政府的执政能力和水平，影响着我国经济社会等各项事业的顺利推进程度。在党中央和习近平总书记提出要进一步实现中国梦的今天，广大基层公务员的价值取向、工作态度、心理状况以及他们对于个人工作和生活的感知情况，最应该引起上级政府、相关部门和专家学者的高度重视。然而，事与愿违，作为公务员队伍的最底层，基层公务员的心理感受、工作负担和生活状态，在现实生活中却总是最容易被社会所忽视。2013 年 7 月，四川泸州市 28 岁石宝镇副镇长赵光华在网上发辞职感言，称压力大、收入低。仅仅数天后，福建省龙岩市新罗区大池镇一名年仅 25 岁的副镇长小郑，被发现在办公室内自杀，并且留下一纸遗书，内容涉及“工作压力大”，告诉妻子自己先走一步，并向自己即将出生的孩子说声对不起。笔者认为，这两名基层公务员无论是由于工作压力过大而选择辞职，还是因为工作压力大而轻生，在为他们感到叹息的同时，也引起了我们对基层公务员工作和生活之现实困境的关注。

基层公务员真的很苦。一方面，作为直面百姓的一线群体，他们的工作条件有限、工作对象复杂、工作内容琐碎。很多基层公务员数年、十年乃至数十年都在同一个工作岗位重复着同样的工作内容，相同的工作话语经常要对不同的工作对象重复一千遍、一万遍，还不能着急。2013 年 6 月，《南方都市报》曾以《一位基层副乡长的一天》为题，对一个基层公务员的日常工作进行了如下描述：“星期五一大早，何历峰带着四五个下属来到离乡政府几里地的公路旁。站在杂草丛生的路肩上，干部们手持火钳，捡卫生纸、饮料瓶、塑料袋，抛到视野外的沟坡底下，看不见就行。弯腰、捡拾、装袋，动作熟练而机械，远看像是拾荒的流浪汉。‘哪是什么干部，明明就是开着小汽车的清洁工’，乡镇干部在权力等级中的地位微不足道，但一样有着强烈的身份感，抱怨是难免的事。伴随着县领导、市领导、省领导的专门视察或是路过，清扫以每周两次的频率重复着，何历峰说不清打扫了多少遍，‘已经厌烦透了’。就像推着巨石上山的西西弗斯，重复而无意义，可一旦懈怠，碾碎的便是自己或领导的仕途——因卫生不合格被免职，绝非神话……截访、造假、捡垃圾，这些就是基层公务员日常工作中最常见的工作任务。”[①] 在笔者前期与基层公务员进行的访谈中，有基层公务员这样介绍自己的工作内容，“我工作以来一直都在街道办公室工作，由于街道编制有限，各科室人手都紧张，我们这边除了调离之外，很少会有轮岗的。虽然在办公室工作，但街道范围内的大事小事我们都会参与。就是跟环卫工人一起去小区喷洒农药、和居委会大妈上门调解、帮街道老人办理住院手续、给社区妇女放映计划生育宣传片，这些工作我都去干过。单位内部的工作更不用说了，只要一有什么大型任务，甭管你是哪个科室的，统统都‘打通使用’”（根据研究访谈整理）。另一方面，由于基层社会情况复杂，各种利益诉求和矛盾冲突交织，他们的工作任务又显得异常繁重，工作内容紧急、工作“压力山大”。在访谈中，有基层公务员如此评价自己的工作，“就北京而言，作为街道公务员是非常辛苦的，福利基本没有，工资收入也不高。在完成好本职工作的前提下，还得讲政治啊，毕竟首都政治稳定是第一位的。目前大量的群众工作、社会稳定、综合治理都需要我们干在前、冲在前。在2008年奥运会期间，因为值班原因，我曾经连续一个月都没有回家睡过觉，也根本没有时间到奥运现场去看看”（根据研究访谈整理）。“工作压力太大了。我进入街道工作以后才发现，这里的公务员竟然没有周末！如今，我已经习惯了5+2、白+黑的工作节奏，一个月大概工作29天，并且只有三四天能正常6点下班。平时大多数时间都在赶材料、报数据，偶尔自己手头的工作落定了，还经常被抽去帮忙做计生、搞卫生、纠纷仲裁。上班时间，无论什么情况，只要老百姓找到你，不管上级有没有要求，你都得第一时间回应、答复和参与解决，不然老百姓会认为你这个公务员就是失职”（根据研究访谈整理）。

基层公务员真的很难。除却基层公务员需要面对烦杂的工作内容和繁重的工作压力，而今基层公务员在工作职业发展中也遭遇了非常尴尬的局面，这让他们感觉到很难。一是晋升难。目前我国基层公务员队伍人数极其庞大，上升的空间和通道却非常有限。作为世界第一人口大国，我国基层公务员队伍的规模也非常庞大。据国家公务员网站消息，

---

① 林珊珊：《一位基层副乡长的一天》，2013年6月8日，凤凰网（http://news.ifeng.com/shendu/nfrwzk/detail_2013_06/08/26225798_0.shtml）。

依照2012年度全国公务员统计工作结果显示，2011年底和2012年底全国公务员总数分别是702.1万人和708.9万人。2013年1月22日，《光明日报》刊登了中国社会科学院政治学研究所的一项调研报告。该报告指出：我国公务员队伍90%是科以下干部，60%在县以下机关工作。按此计算，我国的基层公务员数量应该在420万人左右。然而，作为公务员“金字塔”队伍的最底层，绝大部分基层公务员所处的单位序列都以“乡镇和街道”为主，这些单位的行政级别必然会限制他们的上升和发展空间。他们当中除了极少数有着进一步的升迁可能外，绝大部分基层公务员也许一辈子都打转在股级或科级职位之上终老一生，遭遇现实的“天花板效应”。二是权力小。基层公务员所承担的工作责任边界无限被扩大，可真正属于他们的职位权力却极其有限。近年来随着政府进一步简化行政职责，行政与社会管理事务的执行责任大量下沉。基层干部承担着大量繁重的任务，比如招商引资、计划生育、信访维稳、整脏治乱、安全生产等，只要百姓有需求，基层公务员就必须回应。特别目前基层政府对诸多敏感问题实行的“一票否决”制度，更是让广大基层公务员终日如履薄冰，战战兢兢……可是与此形成鲜明对比的是，作为国家行政体系的尾端，在“压力型”的主导体制下，我国基层政府的权责关系很不匹配，基层公务员可以用来服务群众的手段和资源十分有限。由于基层政府属于不完整的政权组织，拥有的政策、财政、人事权力非常有限，对问题处置的决断能力低下，权威性不大，导致了基层公务员在面对基层问题和矛盾时无法进行有效回应。资源的稀缺，授权的缺乏，直接影响到了基层公务员从事管理和服务工作的动力，给他们带来了无穷无尽的工作负担和精神压力，许多基层公务员坦言自己已经再也无法承受“工作之重”，很难再有效开展工作。三是被诟病多。由于目前缺乏对基层公务员真实工作状况的深入了解和正面宣传，加之近年来受个别小官巨贪、苍蝇式腐败现象的影响，部分老百姓对于基层公务员群体还存在严重偏见和误解，社会关于基层公务员的负面评价、职责和诟病更是让他们倍感寒心。广大基层公务员时刻面对群众，处理的都是难事、急事、具体的事，还有一些是上级要求但群众不一定愿意的事，但是他们却没法选择。河南民权县的一位基层干部就曾经说过：“十万基层干部每天处理的事情有几百万件，只要其中一件没处理好，便会引来舆论汹汹，认为是基层干部这个群体不行，从而给基层干部的晋升造成了影响和伤害，这显然不公平。”① 在访谈中，部分受访的基层公务员也表示，“社会大众把街道的基层公务员看成是给他们办事的人，没有人把我们当成公务员，只有在发生让老百姓不满意的事情时，才把你看成是公务员。只要一件事没办好，就指责你：什么态度啊！还是国家公务员呢？你不配”（根据研究访谈整理）。“上网一看，凡是涉及基层公务员的报道评论，大家都是骂的多，赞的少。社会普遍认为我们福利待遇好，工作稳定轻松，一杯茶，一张报纸就能过掉大半天。还有人说我们即使天天不上班也可以旱涝保收，甚至还有额外灰色收入。有时看到这些评论，我都有想上网晒晒自己工资条的冲动”（根据研究访谈整理）。“现在的社会大众普遍地对于基层公务员群体存在着消极评价，如工作无所事事、办事效率低下、贪污腐败等负面评价。对我们的诟病多于理解，泛化地将公务员看成了既得利益群体，其实我们也是普通老百姓，只是工作的内容不同而已，但却被放在了服务对象的对立面，不被人理解，我们也很郁闷。作为一名基层公务员，我们是真心伤不起啊”（根据研究访谈整理）。

基础不牢，地动山摇。作为中国公务员队伍底层的坚实力量，基层公务员所面临的诸多困惑以及他们所遭遇到的现实困境是广大公共行政学者无法回避、也不应该回避的研究问题。将基层公务员队伍作为研究对象，对他们的工作动机进行深入研究，不仅有利于我们了解基层公务员真实的工作意愿，也有利于我们从内心深层次帮助他们纾解压力，从“根”上解决他们工作动力不足的问题，通过采取有效的激励方式对他们进行人力资源开发与管理，以进一步激发工作动机为抓手，推动我国公务员队伍的建设。

三 为什么要针对基层公务员的公共服务动机进行研究

人们在进入公共机关就业时，特别是进入基层官僚组织时，通常至少会怀着某种服务民众的信念，像是教师、社工人员，争取公众利益的律师，以及警察人员等，当人们在谋求这些职位时，多多少少是因为这

① 殷国安：《基层干部为何遭遇信任危机?》，2013 年 5 月 26 日，北青网（http：//bjyouth. ynet. com/3. 1/1305/26/8033975. html）。

些职位有着对社会做出贡献的可能性。然而，此种公务工作的本质，却使得他们完全无法接近他们对这份工作的理想概念。面对着庞大的班级人数或是堆积如山的诉讼案件，以及资源不足的窘境，再加上处理方式的不确定性及当事人的不可预测性，他们作为公职人员的志向及抱负就因此而一再地受到打击。

——迈克尔·李普斯基（Michael Lipsky）

2013年5月，人民日报社曾经策划过一期关于如何看待“基层干部”的系列报道，鲜活还原了当下基层干部的生态环境：“有白加黑、五加二的操劳之苦，有责任无限大、权力特别小的憋屈之闷，有待遇收入低、养家糊口难的自责之酸，有被人当作贪官、视为蛀虫的委屈之痛……然而，这些苦、闷、酸、痛，亦非基层公务员工作生活的全部。一位17年来一直在乡镇工作的基层干部不仅向记者说起自己经受的苦累与委屈，同时也说到自己的幸福与快乐。他说，自己最幸福的时刻，就是在成功调解邻里纠纷后，群众给予赞许眼光的瞬间；在主动为贫困生协调全免费用后，老乡固执地送鸡塞蛋的时刻。”正如记者在报道中所言，“要说幸福，这的确是实实在在的幸福”。更为重要的是，对于基层公务员而言，“服务于民、造福于民”的“大幸福观”，并不是被一些人所指斥的“大道理”，而是能够与他们个人的主观感受相统一。据人民日报社的记者了解，国内很多基层公务员，都是从这样的服务群众中获得幸福感的①。同样，在现实中，无数基层公务员面对基层工作种种苦、累、烦的同时，却依然默默地坚守在付出和奉献的第一线。这其中既有被誉为“乡村判官”的江西省芦溪县宣风镇人民政府副镇长杨斌圣、“康巴汉子”四川省甘孜州道孚县瓦日乡原乡长菊美多吉，也有“民工局长”陈家。山西省临汾市襄汾县陶寺乡副乡长王俊飞结合自己多年从事基层工作的感受面对媒体如是说：“乡镇上工作很辛苦，没有节假日、没有星期天，但是乡镇工作也很充实，因为群众的喜怒哀乐就在眼前，我经历过陪着群众流眼泪，陪着群众愤怒，但让我收获到的是作为农民的儿子，要更好地为农民服务，哪怕只是一句问候，只是

① 参见潘福金《公务员应该有怎样的幸福观》，2013年6月7日，人民日报（http://news.xinhuanet.com/2013-06/07/c_124824063.htm）。

邀请在院子里等待办事的群众到我的办公室坐坐，都是我应该做的。”①在作者前期访谈中，虽然听了基层公务员的不少吐槽和抱怨，但是也经常会有基层公务员这样告诉作者，“我们这份工作是和国家部委、大机关的同志比不了，但是我们在这里能体会到的一些快乐，也是他们不能享受的。说实话，我在街道工作20多年了，我觉得挺好的。一方面，在基层干得时间长了，地方人头都很熟悉，走哪都是认识的人，上下班多和大家聊聊，听老百姓和你说说家长里短，多有人情味儿啊。因为和他们走得近了，上面布置个什么事情，我们开展工作也方便，老百姓也认我们，工作起来特别舒心。另一方面，因为和老百姓处熟了，但凡他们遇到个什么事情，都会主动过来找我，不管他们要办的事情是不是归我负责，我都会帮他们参谋，帮他们找相关人员，帮他们督促落实。在基层工作，不说其他的，就冲老百姓对我的这份信任，我也觉得干这份工作挺值的”（根据研究访谈整理）。

与此相呼应的一个有趣现象是，虽然基层公务员岗位又苦又难，还不被人理解，可是现实中却还有很多人希望谋求到基层公务员岗位。以近年来的基层公务员招考为例，即使在网络舆论等各处都充斥着关于基层公务员的工作内容烦琐、工作压力巨大、工作待遇有限的前提下，作者却看到近年来许多地方基层的乡镇街道岗位的公务员职位却越来越受到“考碗族”追捧，近年来各省市的基层公务员报考比例都呈现逐年热增的火爆形势。以浙江省2013年基层公务员的招考情况为例，仅台州市仙居县乡镇机关科员、宁波市鄞州区乡镇的乡镇管理岗位，报考人数与录取人数比例就超过了400∶1。同样，党的十八大以来，虽然从中央到地方各级组织人事部门对公务员队伍管理都越来越严格，可是基层公务员岗位依然是众多考生眼中的“香饽饽”，基层公务员百里挑一的现象仍然十分火爆。以北京市2016年的基层公务员岗位招考情况为例，在报考人数比例前十的职位中，街道办事处就占据三席，包括朝阳区高碑店地区办事处、海淀区中关村街道办事处、古城街道办事处。其中，朝阳区高碑店地区办事处的社区工作职位竞争比例甚至达到了148∶1。针对这些现象，作者不禁要发问，为什么？一方面基层公务员群体不断

---

① 王俊飞：《中国公务员原生态：一位副乡长的真实生活》，2011年4月2日，新华网（http：//news. xinhuanet. com/edu/2011 - 04/02/c_ 121261134. htm）。

遭人诟病、被人妖魔化，显然一副被社会所抛弃的架势；可另一方面，却仍有这么多的大学生和社会青年希望谋求到基层公务员工作岗位，自愿到基层去从事种种琐碎和纯粹付出的职业，他们难道仅仅就是为了追求一个传统意义上的“金饭碗”吗？中国人的“官本位”思想就是那么根深蒂固吗？与那些选择到企业和私营部门去工作的人群相比较，他们的行为背后是否会有一些“利他”的成分在驱动呢？他们在进行职业选择方面的动机又与其他人有什么不一样吗？

同样，对于那些在职的基层公务员始终关注公共利益、关心周围困难群体、在平凡的岗位中坚守职责、无私奉献等行为表现的原因，笔者认为不能单纯归因于官员道德自律自觉问题，而应该深入挖掘其行为背后深层次的原因。为什么大多数基层公务员，即使收入微薄，却能够主动承担起繁重而琐碎的工作任务，安步当车，奔波乡里，不计报酬？为什么大多数基层公务员，即使被人误解和被人妖魔化，但在面对各种困难和自然灾害时，却总是义无反顾冲在工作的第一线？为什么大多数基层公务员，即使上升空间有限，却能够坚持数十年如一日，默默奉献，为广大群众无私服务？他们这些行为的背后，难道除了追求晋升和博取眼球的算计之外，就没有一丝发自内心的服务与奉献意识吗？他们的付出真的是无所求吗？在作者看来，针对这些问题，答案是非常明显的。虽然很多基层公务员追求的既不是金钱，也不是报酬，更不是名誉，我们可以说他们无所求，但这种无所求背后的工作付出，其实是受一种精神层面和内心深处的需求驱动，这种需求其实很朴素，“说到底就是希望通过自己的工作让别人生活得更好”，也就是我们所说的公共服务动机。因此，从工作动机的视角来看，对公共服务动机开展研究不仅可以更好地对基层公务员的职业选择行为进行预测，甚至还可以对他们的一些工作态度和行为进行合理的解释。

综上所述，基层公务员究竟有没有公共服务动机？如果基层公务员具备公共服务动机，那么，他们的公共服务动机状况如何？有哪些因素会对他们的公共服务动机产生影响？影响程度如何？基层公务员的公共服务动机又会对他们的工作态度产生怎样的影响？我们可否以公共服务动机为切入点，通过采用针对性的激励措施，实现基层公务员队伍整体建设的有效提升？以上几个问题，构成了作者最初始的研究动力。

第二节　研究对象

2005年由全国人民代表大会常务委员会通过的《中华人民共和国公务员法》正式颁布（2006年1月1日起正式实施），标志着我国公务员的管理进入了制度化、法治化运行阶段。在我国，公务员不仅是党和国家重大方针、政策贯彻落实的组织者，还是政府具体行政事务的执行者，更是推进中国特色社会主义事业向前发展的重要力量。公务员队伍的素质状况直接影响党的领导水平和执政能力，决定着政府的管理水平和效率。特别是我国正处于改革开放和全面建成小康社会的关键时期，适时加强公务员队伍建设、全面提升公务员队伍素质就显得尤为重要。①

鉴于公务员队伍在我国的重要地位，在社会科学领域，不同学科的研究者都结合自己的研究方向，选择公务员群体作为研究对象开展过相关研究。但是，从目前的研究情况来看，国内针对公务员群体的研究还存在两方面的不足。一是在研究的内容方面，现有的研究主要集中在党建和组织人事研究领域，内容涉及公务员制度改革、职位分类管理、人事选拔、任用退出机制、党风廉政监督等制度层面的“硬管理”，而对于公务员群体的思想道德素质、心理健康、能力素质和组织公民行为等文化、素质和能力方面的“软实力”则关注较少。针对这一现象，有研究者提出，在公务员队伍管理过程中，一要加强制度建设、制度完善和创新；二要在制度推进的过程中充分考虑到心理因素的促进或干扰作用，将心理建设作为公务员队伍管理的另一条路径加以重视和整合②。二是在研究的对象方面，目前针对公务员开展的分类研究比较多，相对而言以警察、城管和税务等特定系统的公务员作为研究对象开展的研究比较多，但是关于公务员的分层研究还比较少，从现有的资料来看，单独选择高级公务员、中级公务员或基层公务员其中某一群体开展的研究还较少见。以基层公务员为例，目前仅有中国社科院郑建君博士选择基层公务员群体作为研究对象，从积极心理状况（心理健康、幸福感和心理资本状况）和消极心理状况（角色压力和工作倦怠状况）两个方面

① 参见郑建君《基层公务员心理状况实证研究》，中国社会科学出版社2013年版。

② 同上。

进行过研究分析。他通过研究指出，对于基层公务员群体的管理，不仅要加强职业理想、道德等方面的教育，完善公务员管理制度，提供基层公务员职业健康发展与个人价值实现有效结合的良好氛围，还要重视基层公务员群体主观幸福感的建设。综上所述，作为一项针对基层公务员公共服务动机进行的实证研究，本书将研究对象锁定在基层公务员群体，以期进一步推动基层公务员群体的研究。

基层公务员，在国外对应的研究中，既有翻译为街头公务员的（Street-level Bureaucracy），也有翻译为草根公务员的（Grass-root Civil Servants）。从目前关于“基层公务员”的研究来看，可以发现一个很有趣的现象，很多研究者都针对基层公务员群体进行过相关研究，但是在不同的研究中，有关基层公务员的划定却并不一致。比如，在国外学者看来，凡是在工作当中必须与民众直接互动，或是在执行公务方面具有实质裁量权的公职人员，在研究中都一律称为基层官僚（或称为基层公务员）。典型的基层官僚包括教师、警察，以及其他执行法律的人员、社会工作者、法官、公设律师和其他法庭上的官员、保健人员，以及其他的政府员工①。国内的学者对于基层公务员的界定相对更加明确一些，但是也存在分歧，比如，有研究者认为，按照我国公务员职务序列的划分，基层公务员包括领导职务序列中科级正副职和非领导职务序列中主任科员、副主任科员、科员和办事员四个等次②。有的研究者则认为，基层公务员是指区、县行政区域内职级为处级及处级以下的、具有国家行政编制，由国家财政负担工资福利的国家行政机关公务人员，以及各类有法律授权具有外部行政管理职能的组织中的公务人员③。还有的研究者认为，由于基层是一个“相对”的概念，所以基层公务员应同时具有以下两个意义：一是单一政府机关或机构中位于较低层级的公务员；二是中央与地方政府体系中的下级地方政府中的公务员④。

---

① 参见［美］迈克尔·李普斯基《基层官僚——公职人员的困境》，苏文贤、江吟梓译，（台湾）学富文化事业有限公司出版社 2010 年版，第 3 页。

② 参见彭小武《基层公务员的考核探析》，《科技广场》2006 年第 3 期。

③ 参见胡坚《我国基层公务员政策执行中的自由裁量权问题探析》，《成都行政学院学报》2006 年第 6 期；参见郑建君《基层公务员心理状况实证研究》，中国社会科学出版社 2013 年版，第 12 页。

④ 参见甘培强《现代政府运作过程中基层公务员的定位和功能》，《行政论坛》2004 年第 1 期。

虽然目前关于基层公务员的范围划分还存在一些分歧，但是在作者看来，如果要对基层公务员的范围进行科学界定，确实需要参考甘培强的界定方式，把握好以下两个角度。一是组织层级的角度。“基层”概念在我国广泛使用，按照《现代汉语词典》的解释，基层原意为各种组织中最低的一层，是与群众最直接接触的组织系统，包括党的基层组织、最低的行政组织体系、单位、城市与农村的社区及其各类社会组织①。从组织层级的视角来说，目前我国现行的政权体系是由五级政权构成的，分别是中央、省（自治区、直辖市）、地级市（地区、盟、自治州）、县级市（县、旗、自治旗）、乡（民族乡）镇。从层级结构上来说，相对于中央政府、中层政府而言，基层政府作为政府的组成部分，是为了履行行政管理职能，依法在行政序列的最低一级中设立的行政组织体系。按照宪法和地方组织法的规定，在乡村，基层政府是指乡、民族乡、镇一级政府组织；在城市，是指不设区的市、市辖区一级政府组织。就大型城市而言，为了便于行政管理，我国城市基层政府一般设有自己的派出机关——街道办事处。基层政府的特点在于它与民间社会（社区）交织在一起。一方面，它代表国家力量下沉到基层地方实施公共管理；另一方面，它直接面对产生并存在于社会的各种力量，如基于血缘、亲缘的家族和基于一定社会目标的社会自治组织，比如居委会和村委会，它在微观层面反映国家与社会的关系格局。从这个视角来看，基层公务员是指“在基层政府工作的公务员群体”，因此我们可以把我国在乡镇和街道工作的公务员划分为基层公务员。二是职级岗位的角度。根据2006年1月1日开始实施的《中华人民共和国公务员法》第三章中关于“职务与级别”的规定，公务员职务层级可以划分为国家级正职、国家级副职、省部级正职、省部级副职、厅局级正职、厅局级副职、县处级正职、县处级副职、乡科级正职、乡科级副职。此外，对于非领导职务的公务员，还设有科员和办事员岗位。就各行政职级公务员的人数和规模来看，人力资源和社会保障部部长尹蔚民曾在2013年1月8日全国行政机关公务员管理工作会议中指出，目前我国公务员90%以下是科以下干部，

① 参见中国社会科学院语言研究所词典编辑室《现代汉语词典》，商务印书馆2012年第6版，第600页。

60%在县以下机关工作。从这个角度出发，我们可以把行政职级为县处级以下的公务员都划分为基层公务员。

需要强调的是，我们对于基层公务员的界定需要同时结合上述两个条件进行，缺一不可。如果只将条件限定为在基层政府工作的公务员，那么基层政府里面很多“高配低挂”的高级公务员显然不符合我们对于基层公务员一般意义上的理解；同样，如果只把行政职级限定在县处级以下的公务员，那么很多在中央国家机关工作的低级职位公务员也明显不符合我们对于基层公务员的理解。因此在本书中，笔者对基层公务员作如下界定：从组织层级上看，基层公务员就是指在基层政府工作的国家公务人员，主要包含在乡、民族乡、镇一级政府组织工作的公务员和在街道工作的公务员群体。从行政职级来看，基层公务员是指在党政机关工作的，行政级别为县处级以下的基层公务员。简言之就是在基层政府工作的行政级别为处级及以下的国家公务人员。

在本书中，结合研究安排，拟将基层公务员的研究范围确定在北京市内，具体有两方面的原因，一方面是从代表性来考虑。众所周知，北京是中华人民共和国的首都，作为中国的政治文化中心，北京市的公务员队伍管理和建设工作一直走在全国前列，选择北京市范围内的基层公务员进行研究，相关的研究成果对于其他省份和城市做好基层公务员队伍管理工作具有较好的借鉴意义。另一方面是便利性原则。考虑到社会科学研究中抽样调查对于数据资料收集有很严格的要求，本书作为一项针对基层公务员心理动机开展的探索性实验研究，希望研究对象的可控性越强越好。因此，本书在调查样本方面不求多和全，但求小而精。选择北京市某区县范围内的基层公务员作为分析对象，可以帮助我们通过解剖麻雀的方式，对北京市基层公务员的公共服务动机进行深入研究。结合本研究对于基层公务员的定义，本书所说的基层公务员特指在北京市各基层政府工作的基层公务员（不含在京的中央机关公务员）。由于北京市是一个直辖市，北京市目前的行政层级架构为“市—区（县）—街道（乡镇）”三级管理模式，因此可以把各区县下辖的街道办事处（乡镇人民政府）视作北京市的基层行政单位（基层政府），将在北京市各区（县）街道和乡镇工作的公务员统称为基层公务员。

第三节　研究目的

本书拟从工作动机的视角切入，将研究对象聚焦在基层公务员群体，针对基层公务员的公共服务动机开展研究。研究旨在对基层公务员的公共服务动机现状进行调查分析之基础上，对影响基层公务员公共服务动机的因素、基层公务员公共服务动机的作用结果进行探讨。

具体而言，作为一项针对基层公务员“公共服务动机”方面而开展的实证研究，本书拟围绕以下几个问题展开。

第一，基层公务员公共服务动机之状况和特征。基层公务员群体是否具有公共服务动机？如果具有，他们的公共服务动机状况如何？在公共服务动机各分维度的表现上具有哪些特点？不同的人口统计学变量（性别、年龄、婚姻、学历、工龄和职级等）又会对基层公务员的公共服务动机存在哪些影响？

第二，基层公务员公共服务动机的影响因素。本书在对公共服务动机相关文献进行综述的基础上，拟从组织特征、工作特征和个体特征三个层面探讨可能影响公共服务动机的因素。在具体操作环境，分别选取的是组织层面的公共组织氛围因素、工作层面的工作特征因素和个体层面的工作价值观因素作为研究变量。通过调查研究，拟在对上述变量进行分析的基础上，结合相关分析和回归分析，探讨这些因素对于基层公务员公共服务动机可能存在的影响关系。

第三，基层公务员公共服务动机的作用结果。本书拟就基层公务员公共服务动机对工作态度可能存在的影响关系进行探究。具体而言，通过选取工作投入和组织承诺两个变量作为工作态度的替代因素，探讨基层公务员公共服务动机可能对其工作态度产生的影响。

通过本书拟实现以下几个目的。一是对基层公务员的公共服务动机现状、特征和不同人口统计学变量上的表现进行描述与分析。二是以组织氛围、工作特征和工作价值观为自变量，公共服务动机为因变量，分析组织氛围、工作特征和工作价值观三方面因素对于公共服务动机可能存在的影响和作用关系。三是以公共服务动机作为自变量，以工作态度（工作投入和组织承诺）作为因变量，分析公共服务动机对工作投入和组织承诺可能存在的影响和作用关系。四是以公共服务动机过程理论为基础，结合研究发现，通过构建结构方程模型，进一步厘清基层公务员公共服务动机的影响和作用过程机制，为继续加强基层公务员队伍建设提供理论支持。

第四节　研究意义

虽然关于公共服务动机的有关研究已经在国外如火如荼地开展起来，但是，回顾我国现有的研究文献，作者发现国内关于公共服务动机的研究还非常少。针对这种情况，本书选取“基层公务员的公共服务动机”作为研究主题，通过实证研究对基层公务员的公共服务动机状况、特点、影响因素和作用因素进行分析，具有较好的理论意义和现实意义。

一　理论意义

从理论意义来看，以西方的工作动机理论和工作激励理论作为理论基础，针对公务员的公共服务动机开展研究，有助于丰富相关理论的跨文化研究，验证公共服务动机理论假设在基层公务员群体中的适用性，拓展公共服务动机理论研究在中国的深入发展，具体如下所述。

第一，从工作动机研究的视角来看，有利于进一步拓展国内外关于公共服务动机理论的研究。

诚如张康之指出的，人既有理性的一面又有非理性的一面，在现实生活中，纯粹的经济人和纯粹的道德人都不存在，社会不允许绝对利己而从不利他的人存在，也不可能为绝对利他而不利己的人提供生存的空间，所以现实中的人总是表现为经济人和道德人的混合，是善与恶、理性与非理性、利己与利他的矛盾统一体①。在公共行政学领域，关于工作动机的研究，经历了从最初的经济人到理性人，再到混合型人格动机的发展历程，但是以上几种理论在解释公共部门员工工作行为方面都存在不足，主要表现为无法对公共部门员工的利他行为作出合理解释。而公共服务动机作为一种利他性动机，它的出现有效弥补了上述几种动机

---

① 参见张康之《寻找公共行政的伦理视角》，中国人民大学出版社 2012 年版（修订版），第 168 页。

的不足。从目前关于公共服务动机的研究主题来看，学界已经不仅仅局限于对公共服务动机的结构比较和测量，而是深入到公共服务动机与其他变量之间的影响关系来研究。本书在前人研究的基础上，不仅对我国基层公务员公共服务动机的状况和特征进行分析，同时从个体层面（工作价值观）、工作岗位层面（工作特征）和组织环境层面（组织氛围）来讨论相关变量对公共服务动机的影响，并对公共服务动机对工作态度（组织承诺和工作投入）可能存在的影响进行检验，以此尝试通过建立结构方程模型，对公共服务动机的作用过程机理进行解释。这不仅有助于利用实证研究成果填补我国相关研究的不足，还可以进一步拓展国内外关于公共服务动机理论的研究内容，特别是有助于公共服务动机过程理论的丰富和发展。

第二，从公共部门雇员职业伦理道德建设的角度来看，有利于进一步明确公务员的公共服务和责任精神内涵，丰富公务员伦理道德的实证研究。

中华民族历来有着崇尚公而忘私、国而忘家的优良文化传统。新中国成立以来，党和政府也一直大力弘扬“为人民服务”的奉献精神，应该说为培育公共服务动机提供了良好的文化氛围。但以往学者在关于公务员伦理道德的论述之中，更多的是一些经验层面的提法和要求，如廉洁、公正、仁爱、宽容、节制和求真务实等，在具体实践中缺乏可操作性和测量性，不利于对公务员的伦理道德进行深入研究。自从公共服务动机的研究进入中国以来，关于公共服务动机的测量方式也在中国本土化研究中得到进一步验证，对于公务员的公共服务精神和职业道德也有了新的评价和测量标准。在本书中，作者继续参照国内外关于公共服务动机的结构划分，将公共服务动机分为公仆热忱、公仆承诺、公仆怜悯和公仆奉献四个维度指标进行评价和测量，不仅有利于清晰而全面地了解公务员公共服务动机状况，也有利于进一步明确公务员公共服务精神的内涵和外延，让我们更好地理解其服务和奉献等工作行为背后的深层原因，丰富我国公务员伦理道德的实证研究。

第三，从转变政府职能的视角来看，有利于进一步帮助公务员提升素质和能力，为建设服务型政府提供理论支持。

转变政府职能，提高政府工作绩效是一个全球性的重要课题。近年来，随着我国经济体制改革和政治体制改革的不断深入，如何进一步转变政府职能、建立行为规范、运转高效的公共服务体系，已经逐步成为公共行政领域的核心问题。由于人的因素是组织中最重要、最活跃的因素，服务型政府建设说到底要靠人来实现。随着我国目前政府改革使得政府角色从传统的以经济建设型为主导转向以公共服务为主导，对公共部门员工的素质和要求势必也会发生深刻变化。新形势下，如何结合公共行政相关研究成果，通过加强公共组织人事建设，造就一支高素质、适应公共部门工作需要、能够应对复杂情况的公务员队伍就显得非常重要。鉴于工作动机是影响员工行为最主要的因素之一，工作动机的提升有利于改善员工态度和行为。同样，通过开展公共服务动机的相关研究，可以进一步揭示具备公共服务精神的公务员为公众服务的行为动力源泉和本质需求特征，从公务员素质能力的培养和公务员队伍建设的角度切入服务型政府的建设问题，进而为建立服务型政府提供理论依据。

二　现实意义

从现实意义看，本书选择基层公务员为分析对象，通过对其公共服务动机状况、影响因素和作用因素进行研究，不仅有助于了解基层公务员群体公共服务动机的特点，也有助于公共部门管理者厘清组织氛围、工作特征、工作价值观与公共服务动机以及工作态度（组织承诺、工作投入）之间的相互关系，从而为加强基层公务员队伍建设、优化公共组织管理提供参考依据。具体如下所述。

第一，通过分析基层公务员的公共服务动机影响因素，有利于进一步改善基层公务员公共服务动机水平。

与工作动机相似，公共服务动机在实践中会受到诸多因素的影响。虽然有研究表明，个体特征、工作特征、工作环境特征和外部环境特征都会对公共服务动机产生影响，但是我国目前绝大部分关于公共服务动机影响因素的研究都主要集中在性别、年龄、职级、教育程度等人口统计学变量层面，用实证研究方法系统探讨公共服务动机影响因素的研究目前还比较缺乏。本书在对前人研究进行综述分析的基础上，从宏观、中观和微观三个层面的影响因素入手，通过选取组织氛围、工作特征和工作价值观三个变量，来综合考量它们对基层公务员的公共服务动机之影响，并尝试建立公共服务动机的影响模型。研究发现将有利于我们厘清基层公务员公共服务动机的影响因素，有利于我们了解公共组织内部不同层面变量会对公共服务动机产生影响的程度，帮助公共组织管理者在组织管理中采取有针对性的措施，从而为改善和提高公务员公共服务动机提供依据。

第二，通过分析基层公务员公共服务动机对工作态度可能存在的影响关系，进一步为强化公务员激励和改善其工作行为表现提供指导。

在实际工作中，如何调动公务员的工作积极性，进一步激发和提高他们积极的工作态度和组织行为一直是人事行政的重要命题。组织行为学的研究表明，动机会对个体工作态度产生积极或消极的影响，进而作用于个人乃至组织的工作行为和绩效。本书在对基层公务员的公共服务动机、组织承诺和工作投入进行调查分析的基础上，以组织承诺和工作投入作为工作态度的替代研究变量，对公共服务动机可能对工作态度产生的影响进行分析，并尝试建立影响模型。研究结果将有利于管理者进一步改进激励手段，从强化和提升基层公务员工作动机、增强公共服务精神的角度出发，为公务员工作态度的改善和工作行为表现的提升提供实践指导。

第三，为我国基层公务员的选拔、任用、培训提供参考，有利于进一步加强公务员队伍建设。

在我国，公务员作为人民的公仆代表人民执行国家公务，“坚持全心全意为人民服务”是各级公务员的行动宗旨。思想道德素质作为公务员的首要素质，在我国公务员选拔、任用和考核、培训各个环节都被赋予了较高的权重，党中央更是在干部选用过程中明确提出要注重德才兼备、以德为先的选人和用人标准。然而，在现实生活中，要对公务员的道德进行测量与评价并不是一件容易的事情。鉴于公共服务动机作为一种利他性的动机，公务员的公共服务动机往往又与其服务公众的意愿和行为是紧密联系的，因此，在一定程度上，公共服务动机可以作为官员道德衡量的标准。同时，本书不仅对基层公务员的公共服务动机状况进行了调查分析，还对基层公务员的工作价值观状况进行了调查分析。由于工作价值观和公共服务动机都是公务员个体内心深层次的因素，它们会对公务员的态度和行为产生影响，因此研究结果可以为公共部门选拔工作人员提供理论依据和实践指导。

此外，本书修订的公共服务动机问卷，以及通过预试确定的基层公务员工作特征认知、组织氛围认知、组织承诺和工作投入等测量问卷，都可以为我国日后开展公共组织和公务员队伍建设的相关研究提供理论依据。

第五节　研究安排

作为一项实证研究，本书将采取心理学中准实验设计的思想，借助心理学研究方法中的调查法和测验法来收集相关资料，同时运用定量分析的技术检验特定假设，并采用质性研究方法中的访谈手段来佐证研究发现。研究从六个环节展开，具体安排如下所述。

第一，研究概念界定。对于研究涉及的核心概念进行含义界定。具体包括公共服务动机、组织氛围、工作特征、工作价值观、组织承诺和工作投入。

第二，文献综述和提出问题。基于公共服务动机的研究现状，对国内外关于公共服务动机现有的理论和文献进行分析，从而提出研究的问题。具体包括：基层公务员的公共服务动机状况如何；基层公务员个体工作价值观、岗位工作特征和单位组织氛围与公共服务动机之间的影响关系如何；基层公务员公共服务动机与组织承诺、工作投入之间的影响关系如何。

第三，研究设计与假设。围绕以上几方面问题，确定研究设计与假设。研究设计分为三个层面：一是描述层面：基层公务员公共服务动机状况研究；二是分析层面：基层公务员公共服务动机与个体价值观、岗位工作特征和单位组织氛围之间的关系研究，基层公务员公共服务动机与其组织承诺、工作投入之间的关系研究；三是探索层面：对公共服务动机与其他变量之间的影响和作用关系进行探索，并建立结构方程模型。

第四，调查过程。作为一项实证研究，以问卷调查法为主要研究方法，辅之以访谈法。具体包括问卷设计、预调查与大样本调查、个体访谈、数据分析与讨论等环节。综合采用 SPSS20.0、NVIVO10.0 和 AMOS7.0 等统计软件来处理和分析数据。此外，受个人精力和地域条件等诸多因素限制，本书将研究对象锁定于北京市的基层公务员群体。

第五，数据分析与发现。对调查回收的数据进行统计分析，主要对基层公务员的公共服务动机状况进行描述性分析；对影响基层公务员公共服务动机的主要因素（组织氛围、工作特征、工作价值观）及其影响程度进行分析；就公共服务动机对工作态度（工作投入和组织承诺）可能存在的影响及影响程度进行分析。

第六，研究结论与建议。基于实证研究的结果，拟通过建立基层公务员公共服务动机过程的结构方程，对基层公务员公共服务动机的影响因素和作用因素（工作态度）进行总结。并结合研究发现，还将针对如何进一步加强我国公务员队伍建设的管理实践，提出相关的政策建议。

第二章　概念界定

第一节　公共服务动机

一　工作动机理论回顾

动机（motivation）一词最早源于拉丁语，原意为“移动、活动、转变”。它在汉语中的词义为“推动人从事某种活动的念头”[①]。自从动机的概念出现以来，受到了管理学和心理学等诸多学科的广泛关注，据不完全统计，有关学者对它的定义已经超过了140种。一般说来，对于动机的定义又有广义和狭义之分。从广义上来看，动机包括个体的努力程度、坚持性和努力方向；从狭义上来看，动机是指行动的意愿[②]。而在工业及组织心理学领域，普遍认为动机是一种心理过程，包括引发、向导、加强以及对目标导向的自愿行动的坚持的心理状态[③]。虽然不同的研究人员从不同的角度对“动机”给出了不同的界定定义，但是在作者看来，其中有关动机的一些基本内容属性是得到大家公认的。首先，动机作为一种心理活动或心理过程，是一种主观形式的内容，无法被直接观测到。其次，动机实质上是引导行为的一种内部刺激，它能引起、维持或推动个体活动以达到特定目的，比如斯蒂尔和波特（Steer & Porter，1983）认为，动机能够激发人类的行为，指引和引导此种行为，并维持和继续此种行为。动机可视为一种过程，是个体为实现目标而付

---

① 中国社会科学院语言研究所词典编辑室：《现代汉语词典》，商务印书馆2012年第6版，第312页。

② 参见［英］布鲁克斯《组织行为学：个体、群体和组织》，李永瑞译，高等教育出版社2011年版，第67页。

③ 参见李健、王璇《企业员工工作动机实证分析》，中国经济出版社2008年版，第51页。

出的努力强度、方向和坚持性[①]。再次，动机虽然不能被直接观察到，但是可能会间接体现为某些特定的行为，我们可以通过一些手段或方法来对它进行测量。最后，由于动机与行为之间存在紧密的联系，对于个体而言，可以通过一些特定的方法或手段达到加强或减弱动机的效果。在本研究中，作者对于动机所作的定义是"一种个体试图通过某种行为满足其需要的直接动力"。

由于动机可以引发行为，从理论上而言，个体所采取的行动都是基于特定的动机而作出的。因此，所谓"工作动机"就是要回答"人为什么努力工作"的问题。在过去的研究中，许多研究者都对"工作动机"进行过界定。比如，劳勒和霍尔（Lawer & Halla，1970）提出了内生性工作动机的概念，他们认为工作动机是一种个人为从工作中得到自我价值感而产生的驱动力。平德（Pinder，1984）认为，工作动机是一组起源于个体内或外的推动力，引发与工作有关的行为并决定其形式、方向、强度及持续时间。斯蒂尔和波特（Steer & Porter，1991）则认为，工作动机是在组织场所中，一种行为被驱动、引导及维持的过程。瑞尼（Rainey，2000）认为，工作动机是存在于个体和个体之间一系列积极的力量，这些力量带动着工作行为，并决定这些行为的形式、方向、强度和持续时间[②]。虽然，目前对于工作动机的定义还存在许多不同，但是结合研究需要，我们可以对"工作动机"作一个最简单的界定："工作动机就是指人们从事工作的动力和开展工作的意愿或原因。"

在过去的数十年里，基于实证研究的方式，工作动机理论在美、英、德、澳等发达国家得到了长足发展。目前的工作动机理论可分为内容型动机理论和过程型动机理论两大类，其中内容型动机理论针对的是产生动机的内在需要，而过程型工作动机理论针对的是动机产生的外部诱因。内容型动机理论又称为需要理论，是关于需要的内容及需要对人们行为推动作用的理论，它注重研究人的需要与行为动机的对应关系，认为需要是行为产生的根本原因，通过满足个体的需要以激发个体相应的行为动机，可以达到实现组织目标的目的。这方面的代表理论主要有

---

① 参见［美］罗宾斯、贾奇《组织行为学》，李原、孙健敏译，中国人民大学出版社2008年第12版，第158页。

② 参见李健、王璇《企业员工工作动机实证分析》，中国经济出版社2008年版，第53页。

马斯洛（Maslow）的需求层次理论、赫兹伯格（Herzberg）的双因素理论、奥尔德弗（Alderfer）的人本主义需要理论（ERG）以及麦克雷戈（McGregor）的 X 理论和 Y 理论。过程型动机理论则重点研究人的行为动机从产生到目标行为选择的心理过程，试图从激发人们行为的外在因素角度分析、解释人们的行为如何由动机引发，最终实现目标的过程。这方面的代表理论主要有弗洛姆（Vroom）的期望理论、亚当斯（Adams）的公平理论、洛克（Locke）的目标设置理论。

在过去的研究中，有研究者对工作动机理论的发展进行过不同方式的归类和梳理，比如弗雷德·鲁森斯（Fred Luthans）就曾经对工作动机理论的发展演化过程做过梳理，他把工作动机理论划分为内容理论、过程理论和当代理论三个主要流派，具体如下图所示（图 2.1）。

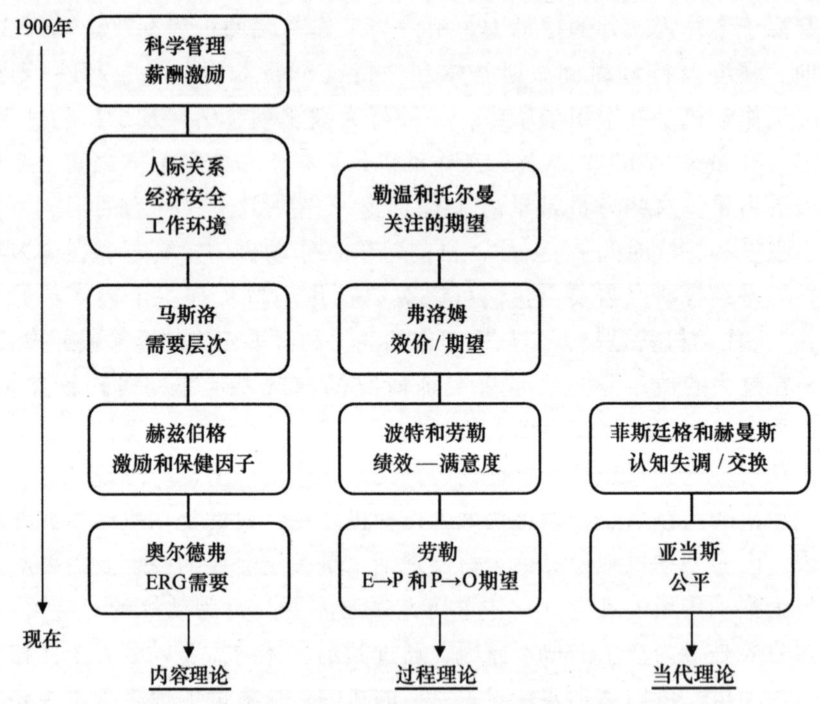

图 2.1　弗雷德·鲁森斯的工作动机理论主要流派及发展①

① ［美］弗雷德·鲁森斯：《组织行为学》，王垒等译，人民邮电出版社 2004 年第 9 版，第 181 页。

虽然工作动机理论在西方经过了数十年的发展，取得了很多成果，但是大部分的工作动机理论都是基于西方对于企业管理经验的总结，主要是将关于动机的研究扩展到研究企业组织而形成的理论，绝大部分都是针对企业组织雇员行为进行分析的结果，这些动机理论如果运用于公共组织或部门往往会出现解释力不足的现象。因此，一些学者将关于工作动机的研究拓展到了公共行政领域，他们把组织行为理论放于政府官僚体系的公共部门背景中进行延伸性研究，试图用工作动机理论对公务人员的基本行为动机进行描述，基于此，在西方公共行政学领域产生了很多有代表性的官僚行为理论，比如传统官僚理论、代表官僚理论、公共选择理论和公共服务动机理论等（怀斯，2004）。相比于传统的工作动机理论，上述这些官僚行为理论对于公共组织和部门员工的心理与行为具有更好的预测和解释作用，受到了公共行政学者的青睐。公共服务动机理论也因此获得了研究者更多的关注。

二　公共服务动机的起源

公共服务动机（public service motivation）作为当前官僚行为研究的主要流派之一，是公共行政学研究的一个新兴主题。公共服务动机理论所关注的是人们从事公共服务是否具有自利之外的其他动机，换言之，即人们在开展公共服务时是否具有“利他”成分的动机。

公共服务动机研究的产生和发展，有其特定的理论背景和现实原因：从理论层面来看，公共服务动机研究是对兴起于20世纪七八十年代的公共选择理论中官僚自利性假设的反思和批评。公共选择理论将“自利、利己”作为官僚行为全部的和不变的动机，并据此构建了官僚行为模型。他们的假设认为官僚在从事政治活动过程中都是根据自己的私利来制定和采取行动，官僚的一举一动都是为了增进自己的经济利益而开展的。但是在后来的实践中，公共选择理论逐渐暴露出了两大缺陷。一是忽视了公共部门中普遍存在的公益精神。它试图以自利来解释所有的官僚行为，却发现无法解释为何官僚的部分行为是建立在非经济动机的基础上。比如，以自利性假设为基础的委托代理模型可以解释部分官僚的偷懒、渎职和以权谋私等工作表现，但却无法解释公共部门中为什么会有那么多爱岗敬业、无私奉献、甘于牺牲的“有原则的代理人”的存在。二是它把价值和偏好视为外生变量，忽视了文化和制度可能对官僚行为产生的影响。比如，对中国这样有着“公而忘私，国而忘家”优良传统的国度而言，公共组织管理者在工作过程中，不仅会培养员工的奉献意识和服务精神，还会积极营造有利于公共服务精神存在的组织文化氛围。因此，对公共选择理论将经济人和自利人假设运用于公共部门的不满与失望，是公共服务动机理论产生和兴起的重要动因。

从现实层面来看，一方面，在西方国家受传统官僚制的影响，官僚长期被刻画为“木讷、呆板、谨小慎微、人浮于事、满口谎言、溜须拍马”的负面形象，许多年轻人都对公务员这个职业敬而远之。特别是随着欧美国家一系列政府决策失灵和政府破产事件的屡见报端，媒体更是对官僚群体的无能进行了冷嘲热讽，使得社会大众对于政府和官员的信任度在短期内急剧下滑。近十几年来，公共组织和政府部门后继无人的现象已经日渐明显。针对这一现象，如何才能招募到优秀的管理或技术人才，并使其能够长期留在公共组织或部门内工作已经成为西方国家公共部门人力资源管理面临的一个新挑战。也正是在这种情况之下，有学者开始重新审视公共服务伦理的重要性，他们试图通过开展公共部门员工的公共服务动机研究，消除人们对于官僚的负面态度认知，重塑官员形象，提升公民对政府的信任，以期重新唤起大众的公共服务精神，促使更多的年轻人投身于公共服务事业。另一方面，西方很多公共行政学领域的学者和实践者长期以来都认为，由于公私部门之间在性质方面存在巨大的差距，公共部门的员工在工作动机层面会不同于社会其他部门的员工。比如，学者唐斯（Downs）在对官僚制和官僚行为进行分析后曾指出：公共组织管理者认为自己对组织、工作和公众利益所承担的义务是他们开展工作的重要动机①。受到相关论断的启示，很多研究者围绕公共部门员工行为开展了实证研究，试图探究官僚从事公共服务行为背后的深层动机，从而拉开了公共服务动机研究的序幕。

目前关于公共服务动机的最早论述要追溯到瑞尼（Rainey）的研究。瑞尼在 1979 年的研究中，通过对企业员工和政府部门员工的动机进行比较研究，发现两类部门的员工在很多方面存在显著差异，他将这种不同归结为公共部门的员工更具有为公众利益服务的意愿，并首次提

---

① 参见［美］海尔·G. 瑞尼《理解和管理公共组织》，王孙禺、达飞译，清华大学出版社 2002 年版，第 235 页。

出了“公共服务动机”的基本概念①。在1982年的研究中，瑞尼又通过比较公共部门和私人部门员工关于报酬的偏好，进一步对公共服务动机进行了探讨。他发现，公共部门的员工在奖赏的倾向上与私人部门的员工存在差异，公共部门的员工更强调利他的意识形态目标，比如帮助他人或者从事有益于社会和集体的事情，与私人部门的员工相比，公共部门员工显得不太重视来自物质方面的奖励②。继瑞尼之后，很多学者都围绕公共服务动机开展了研究，他们也发现公共部门员工通常受一种私人部门员工身上所不具备的非功利性“服务感”的激励。早期曾有研究者将这种“服务感”定义为公共部门动机或公共服务道德，但是有学者指出，公共部门动机本质上是一种择业动机，它的出发点仅仅是工作与个体的关系，而公共服务动机则更多考虑个体与社会的关系。此外，道德更多的是一种外界的价值标准，它对行为的约束来自社会的力量，而公共服务动机则是将这种外界的标尺内化为了自身行为的动力，是个人道德体现的一种更高境界，因此不能简单以“服务感”来指代“公共服务动机”③。近年来，随着佩里等学者围绕“公共服务动机”所开展的一系列卓有成效的研究，“公共服务动机”作为特定的理论正式进入到了大众的视野，并逐渐为人们所熟知。

三　公共服务动机的定义

与工作动机的定义相类似，公共服务动机作为一种内在的心理过程，要想对它进行准确的概念界定和操作化是比较困难的。瑞尼在早期的研究中就曾经指出，公共服务动机是一个复杂的心理过程，它会随着时间而发生变化，也可能会随着政府部门的形象而发生改变，并且在不同的单位和机构内表现各不相同，因此很难用分析的方法对它的概念和结构加以解决④。

---

① Hal G. Rainey, “Perceptions of Incentives in Business and Government: Implications for Civil Service Reform.” *Public Administration Review*, Vol. 39, No. 5, 1979, pp. 440－448.

② Hal G. Rainey, “Reward Preferences among Public and Private Managers: In Search of the Service Ethic.” *The American Review of Public Administration*, Vol. 16. 1982 , p. 288.

③ 李小华：《公共服务动机研究——对中国MPA研究生公共服务动机的实证分析》，中国社会科学出版社2010年版，第35页。

④ 参见曾军荣《公共服务动机——概念、特征与测量》，《中国行政管理》2008年第2期。

在研究中，最早对公共服务动机进行科学界定的是佩里和怀斯（Perry & Wise，1990），他们指出公共服务动机是人们渴望消除或满足的一种“心理匮乏或需求”，是“个人受主要或完全基于公共制度或公共组织的动机所驱使的一种个体倾向”①。佩里的这一定义受到了广大学者的认可，许多学者在此基础上进一步拓展了佩里和怀斯关于公共服务动机的定义。在本书中，笔者通过对文献进行梳理，将不同研究者关于“公共服务动机”的代表性定义整理如下（表2.1）：

表2.1 **公共服务动机代表性定义**

关于公共服务动机的定义	研究者
公共服务动机是一个宽泛、多视角的概念，不仅局限于公共部门，具有公共服务动机的员工与其他员工相比，更看重为大众做有意义的事情	瑞尼（Rainey，1982）
公共服务动机是人们渴望消除或满足的一种“心理匮乏或需求”，是“个人受主要或完全基于公共制度或公共组织的动机所驱使的一种个体倾向”	佩里和怀斯（Perry & Wise，1990）
公共服务动机是一种诱使个人表现出有意义的公共、小区以及社会服务的某种动机性力量	布鲁尔和赛登（Brewer & Selden，1998）
公共服务动机是一种为团体、地方、国家或者人类利益而服务的普遍的、利他主义的动机	瑞尼和斯坦伯尔（Rainey & Steinbauer，1999）
公共服务动机是一种内心倾向，它使得雇员倾向于志愿、出于关心、为创造有价值的社会服务而付出努力	弗朗索瓦（Francois，2000）
理想的公共服务动机是一种近似于爱的概念，公共服务使命感、强烈的目标和承诺感、自我奉献精神，都蕴含于这种理想的模式之中	西梅奥尼（Simeone，2004）
公共服务动机是一个概念，该概念表示一种为公共服务作出奉献的观念、对公共利益的追求、为社会提供有价值的工作的愿望	斯科特和潘迪（Scott & Pandey，2005）
公共服务动机是一个人参与到造福社会的活动中去的一种动机组合	金（Kim，2006）
公共服务动机是一种信念或价值，这种信念或价值已经超越了个人的利益，也不仅仅关注组织的利益，而是关注更大的政治实体的利益，从而对个体的行为产生有效的激励作用	范登毕（Vandenabeele，2007）

① James L. Perry、Lois Recascino Wise，“The Motivational Bases of Public Service.” *Public Administration Review*，Vol. 50，No. 3，1990，pp. 367－373.

续表

关于公共服务动机的定义	研究者
公共服务动机是驱使一个人服务公共利益的利他主义动机	布莱特（Bright，2008）
公共服务动机是对一种关爱社会、以他人为中心的动机和价值观的表述，它代表了一个人在任何情况下都会采取的利他主义或关爱社会的行为的倾向	刘帮成等（2008）
公共服务动机是员工受公共制度和组织动机驱使而表现出来的一种个人行为倾向。公务员之所以为市民提供服务，就是源于这种对政府整体的忠诚以及为公共利益服务的义务	吴绍宏（2010）
公共服务动机是促使个体为公众服务的一种内驱力，是一种个体服务于公众、维护公共利益的意识，其核心体现在以公众的需要为导向，以为公众提供优质、高效的服务为准绳	李小华（2011）
公共服务动机是个体从事与公共服务相联系的行为的内在需求和价值取向，主要体现于为公共利益服务的内生的、利他的动机	李丹婷（2012）

资料来源：笔者根据相关文献整理。

如上所述，虽然不同的学者在对公共服务动机进行具体界定过程中会因为文化、情境等诸多因素而导致定义略有不同，但从目前情况来看，在公共服务动机研究领域，佩里和怀斯的定义还是影响最深远，且被广泛接受的。虽然有人指出佩里和怀斯的定义是基于美国的文化背景而提出的，对于其他国家或地区而言不一定适用，但是这并不影响公共服务动机研究的蓬勃发展。

在本书中，结合前人的定义和中国的语境，笔者对“公共服务动机”概念作如下界定：公共服务动机是个体自愿从事公众服务的一种内在需求和驱动力，其核心是为公众服务，为公共利益服务。公共服务动机在本质上是一种利他动机。

四 公共服务动机的特征

在以往的研究中，有学者对公共服务动机的特征进行了总结，他们认为公共服务动机具有以下几个方面的基本特征（曾军荣，2008）。

公共服务动机的第一个基本特征是它在社会学习过程中形成的。比如佩里运用其公共服务动机的概念及操作化进行经验研究，指出个人的公共服务动机受到家庭社会化、宗教社会化、职业社会化的影响。而从已有研究可知，文化和制度对于个人从事公共服务的动机有着重要影响，个人的公共服务动机是在社会化过程中形成的。

公共服务动机的第二个基本特征是它的跨部门性。也就是说公共服务动机并非仅存在于公共部门，不是公共部门所独有。换言之，公共服务动机是服务取向（service-oriented），而非部门取向（sector-oriented）。公共服务动机是个人从事公共服务的动机，是与公共服务行为相联系的动机，与公共部门并没有必然的联系。然而，由于公共服务与公共部门存在相当高的重叠，提供公共服务是公共部门的核心职能，因此人们容易把公共服务动机混淆为公共部门中的个人行为动机。曾军荣认为“如果把公共服务动机简单等同于公共部门动机，容易让人认为公共部门中的个人都具有公共服务动机，而其他部门中的个人则都没有此动机。其实，若把公共服务理解为向社会或他人提供有价值的物品或服务，公共服务具有从社区到全球的多个层次，公共部门只承担了其中一部分，非营利部门，甚至私营部门也承担着大量的公共服务。就个人而论，并非只有进入公共部门才能从事公共服务，即使作为私营部门雇员也不妨碍其在闲暇时间参与志愿服务。因此，公共服务动机具有超越公共部门的普遍性”。他同时指出，在认识到公共服务动机的普遍性存在的基础上，为了避免概念混淆，需要区分两个层面：第一个层面，公共服务动机是驱使个人从事有意义的公共服务的动力；第二个层面，公共服务动机在公共部门更为盛行和普遍。第一个层面强调公共服务动机主要是超越自利的利他动机，与公共服务相联系，并不限于特定部门。第二个层面强调，相对于私营部门，公共服务动机在公共部门更为普遍。之所以如此，是因为一般认为公共部门给个人创造更多机会从事有意义的公共服务，具有较强公共服务动机的个人倾向于进入公共部门工作，满足自身从事公共服务的需求，即存在自我选择效应。另外，进入公共部门工作后的个人受到公共组织的文化、价值和制度的影响，公共服务动机得到强化，即存在社会化效应。由于这两个效应的存在，可以认为，公共服务动机在公共部门比在私营部门更为普遍（曾军荣，2008）。

公共服务动机的第三个基本特征是它作为一种内在动机的形式而存在。内在动机是指个人从工作本身获得的心理满足，比如从完成某一项工作而得到的成就感和感受到的自我价值。内在动机是与外在动机相对应的，后者是在外在刺激下产生的，是为了获得某些奖励而产生的动机，比如薪酬、晋升、地位和声望。一般认为，具有较强公共服务动机的个人更多地追求内在报酬，而不是功利主义诱因，受物质方面的因素影响相对较小。

除了上述的基本特征之外，作为一种内在动机，公共服务动机应该还具有利他性、非排他性和持续性等其他方面的特征，不过还有待于我们在今后的研究中加以验证。

第二节　公共服务动机的影响因素

一　组织氛围

组织氛围（organizational climate），也有学者将之称为“组织气候”或“组织气氛”。组织氛围不仅是组织文化的一个重要组成部分，也是组织文化建设的一项重要内容。关于组织氛围的研究最早源于库尔特·勒温（Kurt Lewin，1936）的“场论”（field theory）。勒温认为，要想了解人类的行为，需要考虑具体行为发生的情境，人类行为是个人与环境的函数。他后来在研究群体动力时继续发展了这一理论，提出了“组织氛围”的概念。勒温认为组织氛围是个体对组织环境共同的知觉和体验，即个体认知图式中相同或相似的部分，这种知觉决定着个体的具体动机和行为，并随着环境刺激的不同而发生变化。

继勒温的研究之后，关于组织氛围的研究一度沉寂，直到20世纪70年代，理论界才开始对组织氛围重新展示出兴趣，并于80年代形成理论探索的高潮。在过去的研究中，组织氛围的概念一直随着其研究焦点的发展变化而变化，通过梳理文献，笔者将国外有关“组织氛围”的一些代表性定义整理如下（表2.2）。

表2.2　**关于组织氛围的代表性定义**

关于组织氛围的定义	学者
个体对组织环境共同的知觉和体验，即个体认知图式中相同或相似的部分，这种知觉决定着个体的动机和行为，并随着环境刺激的不同而发生变化	勒温（Lewin，1936）

续表

关于组织氛围的定义	学者
组织氛围是一套特征，足以描述整个组织和其他组织的区别，可以持续相当长时间，并影响组织成员的行为	福汉德和吉尔默（Forehand & Gilmer，1964）
组织气氛是关于一个组织内部环境的相对持久的特质，是一系列可测量的工作环境属性之集合能为组织成员所体验，能影响组织成员的行为，也能以组织特性的价值加以描述	塔格和利特文（Tagiuri & Litwin，1968）
个体在组织活动中能够感到组织的特征	佛兰德和玛格丽斯（Fredlander & Margulies，1969）
用来描述组织静态特征和行为结果的一系列态度与期望	坎贝尔（Campbell，1970）
是一种社会力量或压力，会对个人的行为造成影响	斯德（Stern，1970）
由组织特征和组织成员影响到个人对组织的感知	施奈德和霍尔（Schneider & Hall，1972）
使一个组织与其他组织区分开来的相对稳定的内部环境特点	普瑞查德和卡瑞斯克（Pritchard & Karasick，1973）
对组织环境的心理感知	詹姆斯和琼斯（James & Jones，1974）
帮助组织成员去感知组织环境，并指导成员行为的一种有关组织的认知	施奈德（Schneider，1975）
个体对其组织环境的知觉和对其组织的感受	德斯勒（Dessler，1979）
个体对组织能够进行测评的感知	施耐德和赖克勒（Schneider & Reichers，1983）
每一个组织所具有的独特风格。一个组织本身和周围环境的因素均可能渗入整个组织，并赋予组织内部事物不同特色，这种特色经过放大，形成组织的氛围	希尔弗（Silver，1983）
组织氛围是一个普遍的变量，来自组织而不是心理，而这个变量描述了个人行为的环境	格利克（Glick，1985）
组织氛围是特定组织成员对所处工作环境的知觉，这种知觉行为会影响组织成员的行为	张瑞春（1999）
组织氛围是组织成员在特定的条件下，对客观组织特征的感知，它是由个人和群体的行为模式、价值观、政策、规范和工作流程等综合作用的结果	杨波（2012）
组织氛围是组织员工对组织客观环境的共同知觉；这种知觉同时可以反映组织的一些特性，一旦形成就具有一定的持续性，而且可以将该组织与其他组织区分开来，并且可以对组织内员工的行为、态度、动机和价值观产生一种持久的影响	卢小溪（2016）

资料来源：笔者根据相关文献整理。

通过对组织氛围的定义进行梳理，不难看出，目前国内对组织氛围的研究还比较少，国内学者采用的定义大多数都是借鉴国外学者的阐述。进一步来说，在关于组织氛围的定义中，目前也还存在两种倾向，一种是秉承社会学的研究取向，将组织氛围视为一个组织稳定的客观存在特征，这种特征将一个组织与其他组织区分开来，并且可以通过外部测量进行界定。另一种是秉承心理学研究的取向，将组织气氛作为组织成员对于组织环境的主观知觉，认为组织的客观环境与个人主观印象中的组织环境是不同的，将组织气氛作为一种主观存在。

在本书中，作者采用社会学的研究取向，将组织氛围看作组织所具有的一种客观存在的特质。并结合塔格（Tagiuri，1968）的定义，将组织氛围界定为：组织内部环境的相对持久的一种特质，是一系列可测量的工作环境属性之集合。在具体实践中，组织氛围不仅会被组织成员所体验到，而且会影响组织成员的行为，并且可以通过组织特性的价值加以描述。在此需要特殊说明的是，组织氛围与组织文化是不同的，组织文化是组织成员共同拥有的有关组织的深层的基本假设和信念，组织氛围是组织成员对组织要素直接的感受。组织氛围直接与员工个体行为、表现相联系，而组织文化则更多涉及价值观等深层观念。

二　工作特征

工作特征（job character）顾名思义就是指工作岗位的特点。广义的工作特征泛指与工作者有关的因素①，狭义的工作特征是指一项工作或任务本身所固有的属性。

进入工业化社会以后，随着专业分工的进一步细化，社会上的各种工作岗位不胜枚举。在关于工作特征的研究中，由于不同的工作岗位具有不同的特征，在一项研究中很难将工作特征描述详尽。不过学界一般认为，工作特征模型是工作丰富化理论的集中体现，为了更加有效地开展工作特征的实证研究，研究者从不同的工作岗位特征中抽取了一些共性特征，构建了工作特征模型（job characteristics model）。目前最具代表性的工作特征模型是由哈佛大学理查德·哈克曼教授和伊利诺伊大学

① 参见周红云《公务员的组织公民行为及其隐性激励研究》，经济科学出版社2010年版，第82页。

格雷格·奥尔德汉姆教授（Richard Hackman & Greg Oldham，1974）所提出的五维度工作特征模型。根据他们的工作特征模型，任何工作的内容都隐含着五种核心特征，即技能多样性、任务整体性、任务重要性、工作自主性和反馈性。其中，技能多样性指的是工作的内容需要员工应用多种技能和能力的程度；任务整体性指的是工作任务为员工提供的全面地完成一项任务的程度；任务重要性指的是工作结果对他人的工作与生活影响的程度；工作自主性指的是工作方式允许员工自由地和独立地安排工作进度和具体实施方式的程度；反馈性指的是员工能从工作本身得到关于自己工作效果的信息反馈的程度（Hackman 等，1974）①。哈克曼认为上述五种工作核心特征会影响到员工的关键心理状态，并进而影响员工的态度和行为。比如，技能多样性、任务整体性和任务重要性会使员工感受到自己工作的意义；工作自主性会使员工感受到自己工作的责任感；反馈性会使员工了解自己工作活动的结果。也就是说，如果一个员工所从事工作的岗位中五种核心维度特征越突出，那么员工从事该工作关键心理状态的各方面水平也就越高，员工也会表现出更加合乎理想预期的态度与行为。

在本书中，结合工作特征模型理论，作者对工作特征的界定是：工作特征是指由个体工作岗位所决定的工作特点，这些工作特点是可以被观察或者被测量的，并且可以通过工作特征模型来进行总结和归纳。

三　工作价值观

价值观（values）是人们关于事物重要性的观念，是依据客体对于主体的重要性，对客体进行价值评判和选择的标准。工作价值观（work values）作为西方近 20 年来一个新兴的研究热点，从广义上看，它包括了从职业伦理道德到工作取向的一系列概念②；从狭义上来看，工作价值观是指主体对于工作意义的认识。结合不同时期的研究需要，不同的学者也对工作价值观进行了相应的界定。

最早对工作价值观进行界定的是休珀（Super，1962），他认为工作

① 参见张一弛、刘鹏、尹劲桦等《工作特征模型：一项基于中国样本的检验》，《经济科学》2005 年第 4 期。

② 参见陈红雷、周帆《工作价值观结构研究的进展和趋势》，《心理科学进展》2003 年第 11 期。

价值观是个体所追求的与工作有关的目标的表述，是个体的内在需要及其从事活动时所追求的工作特质或属性①。应该说，休珀的定义主要侧重于需求层面的考虑。在后来的研究里，很多学者也认同这一界定方式，比如施瓦茨（Schwartz，1999）、布朗（Brown，2002）和齐沃斯克（Zytowski，2004）等。他们都将工作价值观定义为是个体期望从工作中所获得满足的需求。不过也有学者，如布拉汉姆（Braham，1999）和道斯（Dose，1997）等则认为，对工作价值观的定义应该更关注于判断标准层面，他们认为工作价值观是个体关于工作行为及其对从工作环境中获取某种结果的价值判断，是一种直接影响行为的内在思想体系。近年来，我国的一些学者基于心理学的测量研究，也对工作价值观进行了相关界定。比如凌文辁和方俐洛（1999）认为“工作价值观是人们对待职业选择的一种信念和态度，或是人们在职业生活中表现出来的价值取向”。黄希庭和余华（2000）认为“职业价值观是人们衡量社会上某种职业的优劣和重要性的内心尺度”。金盛华和李雪（2005）将工作价值观视为“个体评价和选择职业的价值判断标准”，并将工作价值观分为目的性工作价值观和手段性工作价值观，前者是指个体评价和选择职业的内隐的动机性标准；后者是个体评价和选择职业的外显的条件性标准，而且目的性工作价值观会影响手段性工作价值②。

在本书中，作者借鉴的是金盛华关于工作价值观的定义，对工作价值观作以下定义：工作价值观是指个体评价和选择职业的价值判断标准。在具体研究中，将工作价值观分为目的性工作价值观和手段性工作价值观两个层面进行分析。

第三节　公共服务动机的作用因素

一　组织承诺

组织承诺（organizational commitment）最早是由怀特（Whyte）提出的，他在1956年所著的《组织人》中将组织承诺界定为“他们不仅

① 参见霍娜、李超平《工作价值观的研究进展与展望》，《心理科学进展》2009年第3期。

② 参见金盛华、李雪《大学生职业价值观：手段与目的》，《心理学报》2005年第5期。

是一个为组织工作的人，同时也是属于组织的人，组织承诺是了解员工在组织内工作行为的一个要素”①。组织承诺的概念提出以来，在组织行为学领域引起了学者们的广泛关注。关于组织承诺的定义，主要有行为说和态度说两类②。在以往的研究中，研究者从不同的角度对组织承诺给出了不同定义。作者在此对组织承诺的一些代表性定义进行梳理如下（表2.3）：

表2.3 **关于组织承诺的代表性定义**

组织承诺的定义	研究者
组织承诺是指随着员工对组织时间、精力、感情等付出的增加，而希望继续留在组织中的一种心理现象，是促使员工持续其职业行为的心理契约	贝克尔（Becker，1960）
组织承诺是一种对组织的倾向或态度，将个人与组织连接附着为一体	谢尔顿（Sheldon，1971）
组织承诺是个人对所属组织目标和价值观的认同，个人对组织的认同以及与组织联系的紧密程度	布坎南（Buchanan，1974）
组织承诺是一种为社会系统付出能量和忠诚的意愿	坎特（Kanter，1977）
组织承诺是个人对工作的反应态度，包括个人实际的工作与理想工作一致、个人认同自己所选择的工作以及个人不愿意离开现在的组织另外找其他的工作	斯蒂尔（Steer，1977）
组织承诺是个体对组织目标和价值观的一种强烈的认同和接受。表现为个体愿意为组织贡献自己的力量、愿意留在组织中	波特（Porter，1979）
组织承诺指组织的成员愿意为组织付出更多的努力，同时也认同组织的目标和价值，维持对组织正面的评价，表现出对组织的忠诚、认同与投入程度	米切尔（Mitchell，1979）
组织承诺是个人对组织的投入与忠诚程度，具有较高组织承诺感的成员，相对地会比较愿意为组织奉献更多的努力	安吉和佩里（Angel & Perry，1981）
组织承诺是员工与组织之间的心理契约，这种契约无法用正式的文书表达出来，是一种内隐的契约和期望	奥赖利（O'Reilly，1986）
组织承诺是个人愿意留在组织中的一种态度和行为意愿。它具体包含三种形式的承诺：情感承诺、继续承诺和规范承诺	艾伦和迈耶（Allen & Meyer，1990）

① 马飞、孔凡晶、孙红立：《组织承诺理论研究述评》，《情报科学》2010年第11期。

② 参见刘小平《组织承诺研究综述》，《心理学动态》1999年第4期。

续表

组织承诺的定义	研究者
组织承诺是员工对组织的一种态度，它可以解释员工为什么要留在某单位，是检验员工对企业忠诚度的一种指标	凌文辁等（2001）
组织承诺是指组织中的成员将组织目标与价值内化，对组织与人事制度有强烈的认同感，具有较高的工作动机，且愿意留在组织中，为组织奉献心力	卢光莉（2005）
组织承诺是工作态度的一种，是员工对组织的认同及接纳组织目标，同时希望能维持组织内成员关系的程度	罗宾斯和贾奇（Robbins & Judge，2006）

资料来源：笔者根据相关文献整理。

在本书中，结合艾伦和迈耶关于组织承诺的定义，根据中国的具体文化语境，对组织承诺进行如下操作化定义：组织承诺是个人愿意留在组织中的一种态度和行为意愿。在具体研究中，可以将组织承诺划分为情感、持续和规范三个维度结构展开分析。

二　工作投入

工作投入（job involvement）的概念是由罗达尔和科尼尔（Lodahl & Kejner）在1965年最早提出的。不过关于工作投入的具体定义，从研究早期就一直存在争议。罗达尔（1965）最早给出的工作投入有两种定义：一种认为工作投入是指个体在心理上投入其工作的程度；另一种认为工作投入是个人工作绩效对其自我尊严的影响程度[①]。不过后来的研究者劳勒（Lawler，1970）认为，罗达尔做出的第一种定义可以称为"工作投入"，而第二种定义则应该称为"内在动机"。在之后的研究中，有的学者把工作投入等同于"工作重心"来进行研究，也有的把工作投入当作"工作倦怠"或"工作不投入"的反向替代变量进行界定和研究，不过究竟何种方式比较科学，目前尚无定论。

通过对现有的研究进行梳理可以发现，对工作投入的定义可以从四

① Lodahl, T. M., Kejner, M., "The Definition and Measurement of Job Involvement." *Journal of Applied Psychology*, Vol. 49. No. 1, 1965, pp. 24 – 33.

个角度展开①。一是从员工认为工作对他的重要性出发的工作投入定义。比如罗达尔和科尼尔的观点，他们将工作定义看作个人对目前工作重要性的心理认知程度。二是从员工对于工作的投入和参与程度出发的工作投入定义。比如徐艳（2006）认为，工作投入是个体心理上对目前工作的认同程度和重视程度，这种工作态度使得员工可以积极主动地参与工作。焦海涛（2008）认为，工作投入是个体对其当前工作的投入程度，这种投入的基础是员工个体在心理上对他的工作的认同程度和重视程度。波利（Paullay）、奥利格（Alliger）和斯通（Stone，1994）认为工作投入指的是个人忠于职守、专心工作和对自己目前工作的关心程度。三是从员工认为工作绩效对于其个人的重要意义的工作投入定义。比如布里特（Britt，2011）认为工作投入是员工对其工作绩效的强烈责任感和承诺意愿，同时员工也认为工作绩效的好坏与其自身的表现有重大关系。古林（Gurin）、沃鲁夫（Veroff）和菲尔德（Feld，1960）认为，工作投入是员工将工作的重要性进行内化的程度。由于工作投入度较高的个体在自己工作绩效比较好时会产生比较强的自尊感，因此工作投入度较高的人对自己的工作非常重视。四是从员工的工作状态出发的工作投入定义。比如卡恩（Kahn，1990）将工作投入定义为组织员工控制自我并使之与工作角色相融合。李锐（2007）认为，工作投入是个体对工作所持有的一种积极、圆满的情绪和任职状态，这种情绪和认知状态具有弥散性和持久性的特点。马萨拉齐（Maslach，2001）认为工作投入是员工对自己的工作所具有一种充满积极情绪和动机的心理状态。肖菲丽（Schaufeli，2002）认为，工作投入是一种员工全身心投入工作的心理状态。

虽然学界目前对于工作投入的定义还存在一定分歧，但是大多数学者都比较赞成将工作投入看作一种多构面的工作态度，并认为“工作投入”应该包含两个层面：一是个人投入某项特定工作并且热心参与的程度；二是相对其他工作而言，个人对现有工作较为认同的心理状态。在本书中，关于工作投入的定义参考了康纳哥（Kanungo，1982）的观点，将工作投入定义为个人对目前工作的一种心理认知或信念状态，换

① 参见卢小溪《高校党政部门组织气氛对一般行政人员绩效的影响机制研究》，经济日报出版社 2016 年版，第 67 页。

言之，即员工对某项特定工作对于其自身重要性的认同程度和对这项工作的投入程度。这种“工作投入”代表了个人对当前工作的信念，以及工作可以满足其当前需求的程度。

第三章　研究综述

虽然近年来关于公共服务动机的研究呈现欣欣向荣之势，但是，公共服务动机还处在一个概念和理论的发展期，关于公共服务动机能否作为公共部门人员激励管理新思路的理论共建工作还远远没有完成，关于公共服务动机心理机制的研究也才刚刚起步（Perry，2014）。相比较国外的公共服务动机研究而言，我国学界对公共服务动机的研究更是处于起步阶段，正在从对概念、定义、研究框架的介绍转向系统的、有规模的经验研究，但是已有的研究经验还相当少。考虑到中西方在传统、文化和政治方面存在的差异，了解中国社会的公共服务动机就更加具有紧迫性（朱春奎，2011）。

第一节　公共服务动机的研究综述

目前，关于公共服务动机的研究开始受到越来越多来自组织行为学、社会心理学、社会学、经济学和政治学领域学者的共同关注，这是因为公共服务动机不仅是公共部门人事和组织管理研究与实践的焦点问题，也是其他部门管理实践和研究领域的重要问题（刘帮成，2015）。在具体研究实践中，公共服务动机作为北美学者首先提出的理解公共部门员工工作动机的概念，后来经过欧洲学者、澳大利亚学者、韩国学者和新加坡学者的积极推进，目前已经在国际上取得了很大的研究进展，不仅召开了多次国际性的专题学术会议，而且还出版了若干研究专著，与公共服务动机相关的研究成果也频频见诸于国内外顶级的学术刊物，这也预示着公共服务动机已经逐步成为了具有国际影响力的研究热点。

与国外的研究情况相比，国内虽然关于公共服务动机的研究还很薄弱，但是与以往相比，也取得了极大的进步。在初期的研究中，国内学者朱春奎、李小华、叶先宝、李纾、曾军荣、李丹妮和吴旭红等分别以文献综述的方式介绍了国外公共服务动机理论研究背景、历程和最新研究进展，为我们开展实证研究提供了理论依据（刘帮成，2015）。在此基础上，最近3—5年以来，国内有一部分研究者对公共服务动机开展了实证研究，不仅验证了公共服务动机在中国的适用性，并对中国国情下公共部门员工公共服务动机的结构和特点进行了探讨。比如李小华、刘帮成、吴绍宏、朱春奎都结合中国传统文化和国情，对我国公共部门员工的公共服务动机进行了实证研究，从公开的研究文献来看，近年来关于公共服务动机的研究，特别是实证研究一直呈几何倍增的趋势。

在对现有关于公共服务动机研究进行梳理和回顾的基础上，笔者将目前公共服务动机的研究分为公共服务动机的测量研究、公共服务动机的影响因素（前因变量）研究和公共服务动机的作用结果研究三大类型。

一　公共服务动机的结构和测量方法

（一）公共服务动机的结构

在公共服务动机的结构方面，由于对公共服务动机的界定还存在不同，因此学界对公共服务动机的结构划分也还存在不同。有的学者将公共服务动机看作一个单一的维度，也有的学者将公共服务动机划分为两个维度，还有公共服务动机的三维说、四维说、五维说和六维说等。目前关于公共服务动机的结构划分，最具有代表性和说服力的是佩里的四维度划分方法。佩里通过梳理与公共服务动机相关的所有文献，首先将公共服务动机划分为三种类型，即理性的、规范的和情感的（美国学者布鲁尔，则按照公共服务动机的观念，将公共服务动机划分为乐善好施者、爱国者、共产主义者和人道主义者四种类型）。在佩里的三类型划分中，理性动机是追求个人效用，如参与制定公共政策、出于认同而支持某个公共项目、对特殊利益或私人利益的态度；规范动机是指对规范性的遵从，如对政府整体的忠诚以及为公共利益服务的愿望、义务、社会平等信念；情感动机是指在特定社会背景下的情感，如对政体价值的热爱和对他人的同情、热诚、怜悯与自我牺牲度[①]。接下来，佩里进一

① 参见吴绍宏《澳门特区政府公务员工作动机模型研究》，人民出版社2010年版，第5页。

步分析了公共服务动机的架构，并构建了公共服务动机的六维度模型，具体包括政策制定的吸引维度、公共利益的承诺维度、社会公正维度、公民责任维度、同情心维度和自我牺牲维度。为了检验这六个维度的合理性，佩里将以上六个因素结合具体问题编成包含 40 个项目的研究量表，并对量表的信度和效度进行了测量，他通过研究剔除了重复项，最终提出了包含公共政策的吸引、对公共利益的承诺、同情心和自我牺牲等四个维度的公共服务动机结构模型①。

（二）公共服务动机的测量方法

在公共服务动机的测量方面，虽然公共服务动机概念的复杂性和难以捉摸性导致了公共服务动机的测量变得很复杂，但是作者认为目前至少有四种关于公共服务动机的测量方法：一是瑞尼（Rainey，1982）提出的关于公共服务的单一的调查项目方法；二是纳夫和克鲁姆（Naff & Crum，1999）提出的一维度标准测量法；三是佩里（Perry，1996）的多维度标准测量法；四是布鲁尔（Brewer & Sdlden，1998）提出的行为测量法。

随着人们对于公共服务动机研究的不断深入，研究者关于公共服务动机的测量也在实践中不断完善和趋于成熟，作者认为，目前关于公共服务动机的测量方法主要可以归纳为间接测量和直接测量两大类。

1. 间接测量法

公共服务动机的间接测量不是从动机本身入手，而是着眼于分析公共服务动机的过程，通过测量动机过程的其他相关变量来间接反映公共服务动机。具体而言，公共服务动机的间接测量法又包括以下两种途径。第一种途径是对引发动机的内在需要进行测量，间接地对公共服务动机进行测量。第二种途径是通过对外显行为进行测量，通过研究公民亲社会行为（或公共服务行为）来间接地测量公共服务动机水平。

内在需要的测量是指从引发动机的因素入手，假设人们的需要和对奖励的偏好之间存在着独特的联系（它认为人们的需要越强烈、越看重，驱动人们满足需要的动力也就越大，因此人们对需要的认识程度可

① James L. Perry, “Measuring Public Service Motivation: An Assessment of Construct Reliability and Validity.” *Journal of Public Administration Research and Theory*, Vol. 6, No. 1, 1996, pp. 5 - 22.

以折射出其动机的强弱），用人们对奖励的偏好来测量动机①。内在需要测量法来源于瑞尼（Rainey，1982）的研究，他通过直接询问公共部门、私人部门中的中层管理者对“从事有意义公共服务”的奖励偏好来测量公共服务动机。在瑞尼的研究中，他发现公共部门管理者的公共服务动机显著高于私人部门管理者。继他之后，在关于公共服务动机的研究中，很多学者都采用这种方法来对公共部门和私人部门的工作动机进行比较研究，从而达到测量公共服务动机程度、分析公共服务动机特点的目的。比如，克鲁森（Crewson，1997）就根据内部动机与外部动机的不同，扩展了公共服务动机的概念，进一步说明了公共服务动机的测量应从内部需要入手。休斯敦（Houston，2000）进一步分析了公共部门员工与私人部门员工在高工资、工作保障、晋升、短工作时间、工作意义及成就感五个方面存在的需要差异。虽然这种基于内在需要的公共服务动机测量方法，在一定程度上为我们测量公共服务动机提供了依据，但是这一测量方法却遭到了一些研究者的质疑。他们认为这种测量方法测量的不是公共服务动机本身，而且采用公共和私人两部门的差异来测量公共服务动机也不科学。因为通过两部门差异方法是将公共服务动机定位于人们工作的部门而不是个体本身，公共服务动机应该是个体层面的概念，是个体活动的驱力，定位于工作部门测量到的其实是公共部门动机，而不是从个体角度而言的公共服务动机②。

外显行为的测量法是从动机的后果入手，假设人们的动机越强，由动机所引发的行为也越持久、出现的频率也越高，因此他们认为从人们的行为表现可以反过来推断人们动机的强弱。该测量方法源自布坎南（Buchanan，1975）的研究，他最先使用工作投入来衡量公共服务动机，他的研究发现，工作投入程度越高的公共部门雇员，其公共服务动机也越强。在后续的研究中，更多的学者则直接将公共服务动机与可观察到的外显行为相联系进行测量。其中比较有代表性的是布鲁尔和塞尔登（Brewer & Selden）的研究，他们采取行为测量的方法，试图将公共服务动机与亲社会行为相联系。不过，由于他们采取的是

---

① 参见李小华《公共服务动机的结构及测量》，《武汉大学学报》（哲学社会科学版）2008 年第 6 期。

② 参见李小华《公共服务动机研究——对中国 MPA 研究生公共服务动机的实证分析》，中国社会科学出版社 2010 年版，第 40 页。

选择公共服务动机的一种具体行为表现——举报不良行为的倾向来测量公共服务动机的强弱，所以他们的测量方法也受到了部分学者的诟病。有学者指出他们研究的是举报行为本身而不是公共服务动机，由于举报行为比公共服务动机的外延要窄，举报行为研究的结果能否推广到其他展现公共服务动机的行为上还是一个问题。同样，以具体的行为替代公共服务动机的测量，使得测量的范围大大缩小，远没有公共服务动机的概念宽泛，没有包含到公共服务动机的所有内涵，因此该测量方法的应用性比较有限①。

2. 直接测量法

公共服务动机的直接测量法是指从分析公共服务动机概念的内涵及其外延着手，通过深入挖掘推动人们从事公共服务的驱动力量，并以此构建公共服务动机测量量表的一种测量方法②。

公共服务动机的直接测量法最早来源于学者瑞尼（Rainey，1982）的研究，他通过直接询问调查对象"从事有意义的公共服务的意愿"来测量公共服务动机的强弱。不过也有学者对他的研究提出质疑，他们认为直接提问可能会由于个人的粉饰作用而导致测量到的仅仅是人们的社会愿望，并不能体现个体真正的动因。继瑞尼之后，虽然陆续有学者对公共服务动机展开了研究，比如将工作投入、奖励偏好作为对公共服务动机的替代变量进行测量，或者将可直接观察到的行为表现等作为对公共服务动机的替代测量，但是这些研究都没有对公共服务动机进行清晰的内涵界定和结构划分，关于公共服务动机的直接测量一直没有得到突破性的进展。直到佩里在 1996 年的研究中提出了如何理解公共服务动机的理论框架，才使得对公共服务动机的测量由替代性测量走向相对科学便捷的直接测量。

佩里在对公共服务动机的架构进行分析的基础上，构建了包含政策制定的吸引、公共利益的承诺、社会公正、公民责任、同情心和自我牺牲公共服务动机的六维度模型，并将这六个因素编成包含 40 个项目的研究量表，以 MPA 学生为研究对象，通过进一步实证分析，对量表的

---

① 参见李小华《公共服务动机研究——对中国 MPA 研究生公共服务动机的实证分析》，中国社会科学出版社 2010 年版，第 41 页。

② 参见李小华《公共服务动机的结构及测量》，《武汉大学学报》（哲学社会科学版）2008 年第 6 期。

信度和效度进行了测量，并最终提出了包含公共政策的吸引、对公共利益的承诺、同情心和自我牺牲等四个维度在内的公共服务动机测量量表。从目前关于公共服务动机的研究来看，佩里所编制的公共服务动机测量问卷是使用最广泛的公共服务动机测量工具。不过，佩里的测量量表也同样存在一些不足，比如量表要依托于问卷的形式开展调查，而问卷调查仅仅依赖调查对象自陈的态度和动机来衡量公共服务动机的强弱，从而可能出现以下问题：一是个体可能会因为看重现在职位所具有的一些工作特征，而通过调节自身的需要（动机因素）来适应目前的工作环境；二是可能会存在社会期望效应，即个体有可能按照社会规范来选择他们认为更能为社会所接受的答案，从而使得作答结果具有掩饰性①。不过尽管如此，使用测量量表对公共服务动机进行直接测量仍然是目前公共服务动机研究中最主要的方法。

（三）公共服务动机的测量发现

作为公共服务动机的基础性研究，公共服务动机的测量和比较一直都是公共服务动机研究的核心内容。不同的研究者对不同文化背景和不同部门员工的公共服务动机状况、表现和特征进行了深入测量，他们的研究也进一步检验和丰富了公共服务动机理论的发展。

在实践中，研究者关于公共服务动机的测量和比较研究，一般都是从确定公共服务动机测量量表作为首要条件。虽然佩里等人通过实证编制了公共服务动机的四维度测量量表，但是在后来的实证研究中，为了方便作答，很多学者都致力于发展公共服务动机的测量简版进行测验。如琼格（Jung，2009）曾使用单个项目代表公共服务动机。库尔森和潘迪（Coursey & Pandey，2007）根据佩里关于公共服务动机理性、规范和情感的三分法，选择了佩里量表中因子负荷较高的10个项目开展研究，分别代表决策参与、致力公益和同情怜悯三个维度。结果证明，他们关于公共服务动机三分法的三维模型拟合结果良好，不仅支持了佩里原来的研究，也支持了公共服务动机的三分法理论。范登毕（Vandenabeele，2008）先后在两项关于公共服务动机的跨文化研究中，增加了一些新的因子，并构建了公共服务动机的第五个维

① 参见李小华《公共服务动机的结构及测量》，《武汉大学学报》（哲学社会科学版）2008年第6期。

度——民主治理维度，具体包括诸如公共服务的恒常性、平等、中立和适应环境等传统公共服务和现代管理的内容。不过范登毕自己也承认，这一维度实际上仍然属于一种价值观，因而应该归属于价值性动机。在后续的研究中，根据范登毕等人提出的动机分类修订方案，学者金和范登毕（Kim & Vandenabeele，2009）从理论上对原量表中的四个维度进行了修正。首先，他们把政策参与改成了公共参与，认为题目应该有更高的表面效度，体现一种到公共部门谋职、参与决策、参与社团和社会发展活动的倾向，以突出理性（工具性）动机的特点。其次，把致力公益修改为公共价值观承诺，以便更加突出个人追求公共价值观的倾向，以体现价值观性动机。最后，同情怜悯维度应该有更多适当的新项目，应该更侧重个体与其所认同的对象间的情感纽带，以体现出情感性动机的独特性，减少和其他维度的重叠①。在关于公共服务动机的实证研究中，虽然公共服务动机的测量量表一直被不断修订，但是基本都以佩里的样本为蓝本而进行。

1. 国外关于公共服务动机水平的测量

近年来，为了客观反映公共服务动机的状况，研究者在世界各国范围内展开了调查，比如克鲁森（Crewson）、布鲁尔（Brewer）和休斯敦（Houston）分别于1997年、1998年和2000年对美国政府雇员的公共服务动机状况进行了调查；韩国学者乔伊（Choi）在2001年和金（Kim）分别在2001年与2004年对韩国政府雇员的公共服务动机状况进行了调查；雷森克（Leisink）在2009年针对荷兰的公职人员公共服务动机进行了调查；瑞茨（Ritz）在2009年针对瑞士联邦政府公务人员的公共服务动机进行了调查；等等。作为公共服务动机的基础性研究，这些研究都关注于公共部门（或私人部门）员工是否具有公共服务动机，以及他们的公共服务动机水平如何。虽然在具体研究中所使用的测量量表有所不同，研究者所得到的测量结果也略有不同，但是从研究发现来看，几乎绝大部分的实证研究都证实了公共服务动机的客观存在。在目前关于公共服务动机的测量研究中，又以范登毕（Vandenabeele）2004年对38个不同国家、地区范围内52550名公共部门和非公共部门雇员

① 参见李明、叶浩生《公共服务动机测量的发展与展望》，《心理科学》2012年第4期。

开展的公共服务动机分析最有代表性，如下表所示（表3.1）①。

表3.1 **范登毕关于不同地区公共服务动机水平的测量②**

国家（地区）	公共服务动机	政策参与	同情心	自我牺牲精神
澳大利亚	5.25	5.20	5.36	5.12
奥地利	5.16	4.84	5.48	5.08
巴西	5.49	5.15	6.35	4.36
保加利亚	4.17	3.90	5.12	2.57
加拿大	5.31	5.45	5.34	4.98
塞浦路斯	5.09	5.06	5.49	4.34
捷克	3.97	3.74	4.40	3.59
丹麦	4.90	4.65	5.28	4.61
芬兰	4.22	3.77	4.66	4.14
佛兰德斯	4.40	4.18	4.81	4.10
法国	4.84	4.83	5.03	4.54
德国	4.72	4.49	5.13	4.32
英国	4.58	4.30	4.96	4.28
匈牙利	4.13	3.90	4.34	4.25
爱尔兰	5.28	4.99	5.81	4.79
以色列	5.10	5.27	5.46	4.00
日本	4.74	4.82	4.86	4.33
拉脱维亚	4.34	4.08	4.85	3.74
墨西哥	5.50	5.39	6.34	4.02
荷兰	4.94	4.90	5.29	4.27
新西兰	4.65	4.67	4.73	4.42
挪威	4.83	4.83	5.17	4.13
菲律宾	5.56	5.82	5.63	4.87
波兰	5.03	4.88	5.66	3.85

① Vandenabeele, W. and Van de Walle, S., "International Differences in Public Service Motivation: Comparing Regions Across the World." In *Motivation in Public Management: The Call of Public Service*, J. L. Perry and A. Hondeghem (eds). Oxford: Oxford University Press, 2008.

② 由于本研究测量使用的是李克特7级计分法，所以得分4分为理论中值。

续表

国家（地区）	公共服务动机	政策参与	同情心	自我牺牲精神
葡萄牙	5.63	5.33	5.93	5.53
智利	5.33	4.89	6.27	4.13
俄罗斯	4.57	4.69	4.74	3.94
斯洛伐克	4.59	4.08	5.30	4.17
斯洛文尼亚	4.83	4.29	5.33	4.87
南非	5.51	5.41	5.62	na
韩国	4.93	5.03	4.71	5.15
西班牙	5.40	4.85	5.94	5.36
瑞典	4.77	4.68	4.96	4.55
瑞士	4.98	4.61	5.38	4.91
中国台湾	5.00	4.86	5.24	4.78
美国	5.29	5.38	5.43	4.81
乌拉圭	5.42	5.18	6.11	4.46
委瑞内拉	5.44	5.20	6.55	3.47

需要说明的是，由于涉及的地区广泛，范登毕并没有亲赴这些国家（地区）开展专门的公共服务动机调查研究，而是借用了2004年一个国际社会调查项目（ISSP）中有关公民权益模块的相关数据来对员工公共服务动机水平进行分析。他从该项目的数据中截取了三项指标数据，分别是政策参与（politics and policies）、同情心（compassion）和自我牺牲精神（self-sacrifice），据此构建了三维度的“公共服务动机”模型，经他检验，该模型的信效度良好，将数据结果作为公共服务动机的测量结果具有较好的说服力①。范登毕基于对公共服务动机数据的分析和比较，得出了以下研究发现。第一，这38个国家（地区）的员工普遍都具备公共服务动机水平的特征，但是不同国家（地区）和不同部门员工的动机水平各不相同，在动机各个维度上的得分也不同。公共服务动机各维度的得分从高到低依次是：同情心、政治参与、自我牺牲精神。

① Vandenabeele, W. and Van de Walle, S., “International Differences in Public Service Motivation: Comparing Regions Across the World.” In J. L. Perry and A. Hondeghem (eds). *Motivation in Public Management: The Call of Public Service*, Oxford; Oxford University Press, 2008, p. 228.

第二，这38个国家和地区的员工在公共服务动机得分方面都比较高，只有捷克国家的员工在公共服务动机水平方面的得分低于理论中值“4分”（3.97）。如果将这38个国家和地区按照地理位置进行分类比较，公共服务动机得分水平从高到低依次是：南美和中美地区、南欧、北美、亚洲、澳大利亚、西欧、北欧、东欧。第三，在这38个国家（地区）内，公共服务动机得分与当地的经济发展水平没有显著的正相关或负相关关系。总体来看，欧洲地区的国家公共服务动机水平最低（得分排在后十位的国家和地区里，欧洲国家占了9个），此外，日本、新西兰和韩国在公共服务动机水平的得分方面也较低；而像委瑞内拉和乌拉圭等这些发展中国家的员工在公共服务动机水平方面的得分却较高。

范登毕的上述研究发现在验证了公共服务动机具有普遍性之外，也为我们揭示出了一个很有趣的现象：即在经济越发达和政治体制越成熟的国家（地区），员工公共服务动机得分水平越低，反之则越高。究其可能原因，范登毕认为这与西欧和日本、韩国等这些国家近年来开展的公共管理改革与实践紧密相关。与传统政府管理观念相比，他们更关注市场化观念的价值。而随着这种市场化价值取向越来越广泛地渗入到社会各个领域，公共服务动机和它的持久性将会被削弱。但是范登毕的这种解释也具有一定局限性，比如它无法解释为什么美国和瑞典等国家在公共服务动机方面得分较高的现象。

2. 国内关于公共服务动机水平的测量

回到我国国内关于公共服务动机的测量研究来看，我们国家关于公共服务动机的研究目前还处于缓慢起步阶段，正在从概念、定义和研究框架方面的介绍转入系统的、有规模的分析实证和经验研究。从公开的文献资料来看，在2008年以前，我国学者几乎还鲜有涉及公共服务动机研究领域的。之前少数关于公共部门员工行为的分析，几乎都是从道德伦理的角度来进行规范性分析，或者更多的是从伦理学角度切入相关主题。如张康之曾在《公共管理伦理学》中指出，在现实生活中，纯粹的经济人和纯粹的道德人都不存在，现实中的个体总是表现为经济人和道德人的混合，是善与恶、理性与非理性、利己与利他的矛盾统一体。也正因为人所具有的利他性，所以德治在公共行政中发挥着重要的作用。李建华在《中国官德》中则进一步指出官德不是一般的职业道德，加强官德建设不能仅仅局限于职业层面，而应该加强官员的角色意识。不过，由于以上这些论述都停留在道德层面的理论探讨，所以还缺乏实证分析和数据支持。2008 年以后，随着我国的学者对公共服务动机研究领域的关注日益增加，刘帮成、叶先宝、李小华、吴绍宏、朱春奎等学者从不同的角度对公共服务动机进行了测量和研究，进一步丰富了关于公共服务动机的实证研究。在此，对我国近期以来开展的比较有代表性的公共服务动机测量研究进行梳理如下表所示（表 3.2）。

表 3.2 **国内公共服务动机水平的测量**

研究者	测量对象	研究与发现
叶先宝（2008）	福建省委党校研究生班 337 名学员	采用描述性统计分析最终结果，被测试者公共服务动机总体水平平均值为 86.81 分（总分为 5×24=120 分），说明福建省的公务员公共服务动机水平较好
吴绍宏（2010）	澳门特区政府 413 名公务员	澳门地区公务员公共服务动机总水平得分为 3.2，各维度的均值都超过了中间值（3 分），说明具有较高的公共服务动机特征
李小华（2010）	北京、武汉和广州地区三所高校的 319 名 MPA 研究生	MPA 研究生公共服务动机的得分均值是 102.75 分（总分为 7×20=140 分），说明具有较好的公共服务动机水平。且政府部门 MPA 研究生的公共服务动机显著高于非政府公共部门和其他私人部门的研究生
朱光楠等（2012）	中西部三省一市 761 名省级政府公务员	公务员公共服务动机均值达到 3.8，说明样本群体具有较高的公共服务动机
李丹婷（2012）	福建省福州、泉州、漳州、南平和厦门市辖 733 名公务员	公共服务动机的均值达到 4.07，其中，公仆怜悯度的得分为 4.14，公仆承诺度的得分为 4.13，公仆自我牺牲度的得分为 4.03，公仆热忱度得分为 3.95
朱春奎、吴辰（2012）	中西部地区 1212 名公务员	公共服务动机均值达到 3.65 分，其中，互助意愿 4.29，自我奉献 3.65，公共政策制定的吸引力 3.54，同情心 3.44，公共利益承诺 3.58
张廷君（2012）	福建省 653 名中央垂直管理机构公务员	被试公务员总体公共服务动机均值为 3.86 分，其中，渴望参与政策制定得分 3.73，民主治理意识得分 4.34，公共利益承诺得分 3.75，自我牺牲精神得分 3.65
吴宗宪（2012）	台湾地区台南市 357 名公务员	台南市公务员公共服务动机得分为 85.0028 分，平均每题得分为 3.86 分（共 22 题）
祝军（2013）	北京市 198 名青年公务员	公共服务动机的均值达到 4.21，其中，对公共利益的承诺 4.30，同情心 4.29，自我奉献 4.14，公共政策制定的吸引力 4.11

续表

研究者	测量对象	研究与发现
周俊芳（2014）	武汉市江汉区 317 名地税系统公务员	没有对公务员的公共服务动机进行计分测量，但是发现在公共服务动机各维度选择“强烈赞同”和“赞同”的占到了 60% 以上

表格来源：笔者根据相关资料整理。

从上表可知，我国学者关于公共服务动机的测量研究虽然采取的计分方式略有不同，但是绝大部分研究结果都说明我国公共部门员工，尤其是公务员群体具备较好的公共服务动机水平。上述这些研究发现也与范登毕关于中国台湾（中国台湾地区的公共服务动机水平在 38 个国家和地区中得分排名第四）具有较好的公共服务动机水平在一定程度上相印证。如果要深究原因，作者认为可能与中国的传统文化熏陶和公务员对于自身的角色认知有关。一方面，中国自古以来，占据统治地位的儒家学说就提倡“公而忘私”“为生民立命”和“先天下之忧而忧，后天下之乐而乐”的朴素的奉献精神和服务意识。公共组织和政府部门的员工，手握国家公器，代表国家行使公权力，更是需要具备服务精神和奉献意识。另一方面，新中国成立以来党和政府一直强调“当人民公仆”“为人民服务”的集体主义价值取向，也深深影响了当代中国大部分政府官员的工作价值观。特别是公务员群体中的广大共产党员，在“全心全意为人民服务”根本宗旨的号召下，更是率先垂范，在公共服务方面做出了表率。

（四）公共服务动机的比较研究

在对公共服务动机进行测量研究的基础上，不同的研究者也对公共服务动机的测量结果进行了比较。通过对这些研究进行梳理，笔者认为可以将目前公共服务动机的比较研究分为跨部门间的比较和跨文化背景的比较两大类。

1. 跨部门员工的公共服务动机比较

尽管当前大部分关于公共服务动机的研究都主要聚焦在公共部门之中，但是研究者坚信“公共服务动机应该不仅仅在公共部门可以发现”，它可以成为一个跨部门的“个体概念”。由于研究者对公共服务动机的理解一开始来自对公共部门、私人部门员工工作态度的比较研究中，许多学者将分析私人部门员工工作态度的方法运用于公共部门员工并将二者进行比较，结果发现：公共部门和私人部门的员工在很多方面存在显著性的差异，比较研究的结果一直证明并支持公共部门员工不太看重物质激励而更加看重利他和与服务有关的动机，于是研究者认为公共服务动机作为公共部门特有的现象的确存在。从这个角度出发，许多研究者对公共部门和私人部门的公共服务动机之间的差异进行了多方面比较，比较不同部门间员工的公共服务动机水平因此成为学者的一个重要研究点①。

最早对不同部门员工公共服务动机进行研究的是布坎南（Buchanan，1975），他从公私部门员工的差异性入手，对他们的公共服务动机水平差异进行了研究。但是作为早期的研究，他是把工作投入作为公共服务动机的替代变量开展的调查，因此得到了与最初假设不同的研究结果，他发现公共部门管理者反而比私人部门管理者呈现出更低的工作投入，这也与后来的研究发现相悖。对于这个结果，布坎南自己给出的解释原因是：由于公共部门的员工经常受到官僚机构中繁文缛节的程序影响，所以公共部门员工会产生消极、烦躁和沮丧的情绪，进而影响了他们的工作投入水平（公共服务动机）②。瑞尼（Rainey）在1982年的研究中，对布坎南的研究进行了更进一步的探讨，他指出如果在对公共部门和私人部门员工行为的研究中直接对公共服务行为进行提问，那么公共部门管理者会得到更高的分数。为了验证自己的假设，他让公共部门管理者和私人部门管理者分别对他们“从事有意义的公共服务工作的意愿”进行了打分评级，结果发现公共部门管理者的分数要显著高于私人部门管理者，说明他们具有更高的公共服务动机③。

在后续关于不同部门员工公共服务动机的比较研究中，瑞尼（Rainey，1982）、克鲁森（Crewson，1997）、休斯敦（Houston，2000）和凡登布洛克（Van den Broeck，2007）等人的研究都表明公

---

① 参见朱春奎、吴辰、朱光楠《公共服务动机研究述评》，《公共行政评论》2011年第5期。

② Buchanan, B.,“Red Tape and the Service Ethic.” *Administration and Society*, Vol. 6, No. 4, 1975, pp. 423-444.

③ Hal G. Rainey, “Reward Preferences among Public and Private Managers: In Search of the Service Ethic.” *The American Review of Public Administration*, Vol. 16, 1982, p. 288.

共部门员工对于物质奖励的倾向性程度要远远低于私人部门员工，且公共部门员工和私人部门员工的公共服务动机之间存在明显差异。一般说来，公共部门雇员的公共服务动机要高于私人部门雇员，且公共服务驱动型雇员比外在导向型雇员具有更高的工作生产力。为了进一步增强研究的说服力和有效性，研究人员又把与工作相关的价值或报酬偏好作为公共服务动机的替代变量，比如通过调查员工关于本社区事务的热心程度、帮助他人行为、从事造福社会或者开展有意义的公共服务愿望等，来预测公共部门员工和私人部门员工公共服务动机的不同。结果朱尔基威茨和马西（Jurkiewicz & Massey，1998）、休斯顿（Houston，2000）、刘易斯（Lewis，2002）、赖特和格兰特（Wright & Grant，2010）等人的研究都证明，公共部门雇员更倾向于内在价值的实现，而不是外部的或经济物质方面的奖励。同时，研究还发现，具有较高的公共服务动机的公务人员更加愿意从事志愿者工作或进行服务社会的公益活动（Houston，2006），而且这些公共服务动机还使得公共部门可以以一种不低于私人部门的效率来提供社会服务（Francois，2000）。但在追求经济利益最大化的私人部门员工身上，却很少发现有这种志愿服务的精神存在和发挥作用。斯坦因（Steijn，2008）通过对荷兰的大数据进行分析发现，公共部门人员比私人部门人员具有更高的公共服务动机，而且在私人部门中具有较高公共服务动机的人员更愿意去公共部门谋职。在更进一步的研究中，研究人员发现不同性质的部门间，不仅公共服务动机水平不同，公共服务动机内部的各个维度表现也会呈现不同。比如里昂（Lyons，2006）在对公共部门、准公共部门和私人企业的员工进行调研以后，发现"公仆怜悯"（同情和怜悯）和"公仆奉献"（自我牺牲）维度对教育工作者和医疗卫生人员而言更重要，而政府雇员则在"公仆热诚"（公共政策制定的吸引力）维度表现更突出①。在我国的研究中，李小华在2010年针对不同部门MPA学生的公共服务动机水平进行了研究，结果发现政府部门MPA学生的公共服务动机水平显著高于非政府部门和其他私人部

① Lyons, S. T., Duxbury, L. E. & Higgins, C. A., "A Comparison of the Values and Commitment of Private Sector, Public Sector, and Para—public Sector Employees." *Public Administration Review*, Vol. 66, No. 4, 2006, pp. 605 - 618.

门的 MPA 学生①。叶先宝和赖桂梅在 2011 年对福建省的部分政府机关、事业单位、社会团体和企业单位工作人员的公共服务动机水平进行了研究，研究发现这些员工的公共服务动机属于中等水平，其中又以第三部门员工的得分均值最高，公共服务动机呈现服务取向而非部门取向②。

虽然绝大部分的研究都表明公共部门和私人部门的员工在公共服务动机方面存在差异，但也有少数研究发现这两类部门员工的动机之间并不存在显著差异。比如瑞尼（Rainey，2002）通过要求被调查的公共组织和私人组织的中层管理人员回答有关工作目标清晰度、互相冲突的工作要求和其他相关的问题，并将答案进行比较研究发现，公私部门工作人员在公共服务动机方面的差异并不明显。安德森（Anderson，2009）的研究也发现，公共和私人医疗卫生从业人员在公共服务动机水平方面不存在差异，而且两个部门员工的公共服务动机水平还基本相同，不过对于这其中可能的原因，安德森并没有给出过多解释③。

综上所述，虽然公共服务动机水平较高的个体可能会在公共部门从事工作，但公共部门显然没有对公共服务动机水平较高的员工进行垄断，同时由于公私部门之间性质差异的客观存在，也决定了在目前和将来的一段时间里，基于不同部门之间的公共服务动机比较研究仍然会是研究者的一个关注点。

2. 跨文化背景的公共服务动机比较

目前公共服务动机的研究已经从美国本土扩展到了世界各国，但是我们发现，由于不同国家和地区在文化背景方面存在的差异，以及公共服务动机在结构划分上存在的不同，导致了国际上还没有一个通行的、无差别的测量工具。鉴于目前公共服务动机在不同文化背景下的测量和检验正处于如火如荼的研究阶段，这也使得跨文化背景的公共服务动机检验和比较成为一个关注热点。比如金（Kim，2004）和他的合作研究者曾在包括英国、澳大利亚、韩国在内的 12 个国家得到了 2868 份问

---

① 参见李小华、董军《公务员公共服务动机对个体绩效的影响研究》，《公共行政评论》2012 年第 1 期。

② 参见叶先宝、赖桂梅《公共服务动机：测量、比较与影响——基于福建省样本数据的分析》，《中国行政管理》2011 年第 8 期。

③ Andersen, L. B., "What Determines the Behavior and Performance of Health Professionals Public Service Motivation, Professional Norms and /or Economic Incentives." *International Review of Administrative Sciences*, Vol. 75, No. 1, 2009, pp. 79 – 97.

卷，证实了公共服务动机的跨地区性。

结合不同国家和地区的文化背景，各国学者都在公共服务动机的“本土化”研究方面进行了不少尝试，主要目的在于验证公共服务动机结构和模型的适用性和解释力。结果发现，不同地区的历史制度与文化对于公共服务动机的影响至关重要，不同的国家和地区公共部门雇员的公共服务动机结构维度也不一样。佩里在1996年最早以美国的MPA学生为研究对象，构建了公共服务动机的四维度模型；范登毕（Vandenabeele）在2000年通过对美国、德国和英国的公务员进行研究发现，公共服务动机的美国模型、德国模型和英国模型三者之间在对政治家的忠诚、公共利益的对象与范围、政策进程、个体角色以及自我牺牲和奉献等方面都存在差异，为了增强公共服务动机模型的适用性，范登毕在后来的研究中增加了公共服务动机“民主治理”维度，构建了公共服务动机的五维度模型。雷森克（Leisink）2009年用佩里简化版的公共服务动机量表对荷兰的公职人员进行测量发现，佩里四维度公共服务动机模型对于荷兰的公职人员具有适用性，不过“同情心”和“自我牺牲精神”两个维度的信度较低。因此，他认为该测量量表所构建的公共服务动机四维度模型对于其他国家公共部门雇员的推论性具有局限性[①]。瑞兹（Ritz，2009）通过对瑞士联邦政府公务员的研究则认为，瑞士公务员的公共服务动机结构符合四维度模型。怀特（Wright，2013）通过对国际常用的五个测量公共服务动机的数据库进行分析，发现这些数据库中由不同的测量方式而得出的结果之间具有高度的相关，并且结构类似，从而也证实了公共服务动机的跨地区测量和检验具有科学性。

近年来，随着公共服务动机理论在中国的兴起，国内许多学者也结合中国的制度和文化背景对公共服务动机进行了研究。比如，上海交通大学刘帮成在2008年的研究中指出，公共服务动机的四维度模型中只有公共政策制定的吸引力、对公共利益的承诺和自我牺牲精神三个维度得到了跨文化普适性的验证，而同情心维度则不符合中国实际。2009

① Leisink, P. and Steijn, B., “Public Service Motivation and Job Performance of Public Sector Employees in the Netherlands.” *International Review of Administrative Sciences*, Vol. 75, No. 1, 2009, pp. 35 – 52.

年，刘帮成进一步以中国的社会工作者作为研究对象，对他们的公共服务动机结构和维度进行了研究，结果发现，作为一个普遍的或不存在差别的概念，公共服务动机概念在中国明显受到文化和制度环境的影响①。吴绍宏在2010年针对澳门特区政府的公务员公共服务动机进行了研究，他的结果支持佩里的四维度模型，但是结合中国的文化背景和本土化语境，他对公共服务动机的四个维度进行了重新命名，分别是：公仆热诚度、公仆承诺度、公仆怜悯度和公仆自我牺牲度②。华东师范大学殷强（2010）则通过对上海市某技术研究所的职工进行公共服务动机分析，在佩里的四维度模型基础上，增加了“爱国主义”和“伦理道德”两个维度，构建了我国职工的六维度公共服务动机模型。武汉大学李小华（2010）则通过对北京、武汉和广州地区的三所高校319名MPA学生的公共服务动机状况进行研究，构建了包含公共利益、造福社会、同情心、政策制定和自我牺牲五个维度的公共服务动机模型。福建师范大学张廷君（2012）基于中国情境，在对福建省653名政府公务员公共服务动机进行分析的基础上，构建了渴望参与政策制定、公共利益承诺、自我牺牲精神和民主治理意识四个维度的公共服务动机模型③。朱春奎（2012）在对中西部地区1000多名公务员的公共服务动机进行分析的基础上，提出了由公共利益承诺、自我奉献、互助意愿、公共政策制定吸引力和同情心五维度构成的公务员公共服务动机模型。李丹婷在2012年的研究中，同样以福建省公务员作为研究对象，结果发现佩里的四维度模型具有较好的适用性，可以用于中国实践。2015年，李锋和王浦劬通过对中部某市1678名基层公务员进行的研究发现，公共服务动机中的“公共政策制定吸引、社会公正、公共利益承诺”呈显著相关，需要将其合成一个指标，统称为“社会公正”，其他三个维度为“同情心、自我牺牲、公民责任”。

综上所述，受不同国家和地区制度与文化背景的影响，公共服务动

---

① Liu, B. C. Tang, N. Y. Zhu, X. M., “Public Service Motivation and Job Satisfaction in China: An Investigation of Generalisability and Instrumentality.” *International Journal of Manpower*, Vol. 29, No. 8, 2008, pp. 684 – 699.

② 参见吴绍宏《公务员的工作满意度、组织承诺与公共服务动机的关系探讨——以澳门特区政府公务员为例》，《中国人力资源开发》2010年第9期。

③ 参见张廷君《公务员公共服务动机维度差异的本土化分析——基于福建的调查》，《西安电子科技大学学报》（社会科学版）2012年第3期。

机模型和结构维度在各国的实践之中存在差异，虽然我们无法对不同地区、不同群体之间的公共服务动机水平进行直接比较，但是这些研究发现无疑都有力证明了公共服务动机的广泛生命力。在跨文化的比较研究过程中，不同的学者也结合本国、本地区的实际对当地的公共服务动机结构和模型进行了重新定义。但是，以上的研究绝大部分都是以佩里的四维度模型作为公共服务动机的结构维度基础，因此，虽然在具体维度上有所不同，但是并不影响我们对公共服务动机的进一步认识，也为我们开展公共服务动机的扩展研究打下了基础。

小结：通过对现有公共服务动机的测量和比较研究进行梳理与分析，我们发现，目前针对公共服务动机的测量研究虽然取得了很多研究成果和长足的进步，但是还存在许多不足，特别是具体到我们国家的公共服务动机研究而言，以下几方面的不足还表现比较突出：一是与国外日益丰富的公共服务动机测量研究相比较，国内关于公共服务动机的测量和研究还处于起步阶段，研究成果较少，缺乏对我国各个领域和行业员工公共服务动机研究的实证支持；二是由于文化背景差异，目前国内的研究中关于公共服务动机的结构和定义还存在不同，没有一个成熟的公共服务动机模型，也没有一个统一的公共服务动机测量量表，这可能会导致测量结果存在人为因素的偏差，不利于公共服务动机的比较研究；三是国内目前关于公共服务动机的研究对象还相对局限，虽然对研究群体进行了分类（比如政府部门、第三部门和私人部门等），但是还缺乏对某一类员工的进一步分层次研究，以政府部门公务员为例，就没有考虑到不同工作特征和组织层级内部公务员的差别，从而缺乏对特定层级公务员公共服务动机水平的细化测量研究。

二　公共服务动机的影响因素研究现状

在目前关于公共服务动机的研究中，除了公共服务动机的测量和比较研究以外，关于公共服务动机的影响因素（含前因）和作用结果（后果）研究是公共服务动机研究的两个主要方向。就公共服务动机的影响因素而言，佩里曾指出家庭社会化、宗教社会化、职业身份、政治意识形态和人口学因素都可能是影响公共服务动机的前因。不过从现有的文献资料来看，与公共服务动机的前因研究相比，研究者似乎更偏爱从事公共服务动机的作用结果研究。目前关于公共服务动机影响因素方面的研究相对比较薄弱，在相对有限的关于公共服务动机影响因素的研究中，以下两个层面的因素是学者目前比较关注的：个体因素（性别、年龄、受教育程度、人格等）和背景因素（工作部门、家庭背景、组织环境等）。

（一）个体因素对公共服务动机的影响研究

个体因素主要指自我选择进入公共服务部门从事服务的原因。从个体因素层面对公共服务动机进行的研究，主要以人口统计学变量居多，具体包括性别、年龄和受教育程度等。许多学者在以往的研究中也取得了一些研究发现。

（1）性别。虽然在传统的公共行政学研究中都认为男性居于主导地位，但是性别对个人的公共服务动机可能存在的影响仍然是研究者的兴趣所在。纳夫和克拉姆（Naff & Crum，1999）在测试人口统计学相关变量对个人公共服务动机水平的影响时发现，虽然性别在公共服务动机上并不存在显著差异，但是从得分情况来看，女性的公共服务动机水平略高于男性。休斯敦（Houston，2000）的研究发现，与女性相比，男性不太可能愿意从事更有意义或更有价值的工作（比如公务员、志愿者）①。不过，大部分学者的研究表明，一般而言，男性比女性的公共服务动机水平要高。比如，佩里（2000）的研究结果表明，女性在对公共利益的承诺（市民责任）和自我牺牲精神两个维度上的支持率明显低于男性。范德布洛克（Vandenbroeck，2007）的研究则表明男性在与同事保持良好合作关系方面比女性更显著、更主动，男性的公共服务动机表现水平高于女性。在国内的研究中，李小华（2010）、叶先宝（2011）、张廷君（2012）、朱春奎（2012）、李丹婷（2012）等人的研究都证明，虽然在性别方面都没有发现存在显著性差异，但是男性的公共服务动机得分水平一般都要比女性高。刘帮成（2015）通过研究发现，男性公务员的公共服务动机水平显著高于女性公务员，但是在具体公共服务动机维度上，这一结论并不总是成立。在对公共政策制定有兴趣、认同公共利益两个维度，男性公务员显著高于女性公务员；而在同情心和自我牺牲两个维度，男女公务员都没有显著差异。

---

① Houston, D. J., "Public Service Motivation: A Multivariate Test." *Journal of Public Administration Research and Theory*, Vol. 10, No. 5, 2000, pp. 713–728.

（2）年龄。关于年龄对公共服务动机的影响方面，目前国内外大部分研究都证明：随着年龄的增大，公共服务动机呈现增强的趋势。潘迪和斯特克（Pandey & Stazyk，2008）通过实证研究指出年龄较大的个体公共服务动机水平相对较高。叶先宝（2011）、朱春奎（2012）、张廷君（2012）等人的研究则表明年龄与公共服务动机之间呈现显著正相关关系。但是李小华（2010）、李丹婷（2012）的研究表明在不同年龄段之间的公共服务动机并没有显著性差异。

（3）学历（受教育程度）。一般而言，大部分关于工作动机的研究结果表明，学历对工作动机存在积极影响。佩里（2000）曾指出，作为社会历史背景的一个组成部分，学历会对公共服务动机产生影响。休斯敦也认为，学历越高的人，会越看重工作的意义和价值。刘易斯和弗兰克（Lewis & Frank，2002）的研究也表明，具有较高学历水平的美国人更倾向于从事政府的工作。莫伊尼汉和潘迪（Moynihan & Pandey，2007）的研究证明教育水平与公共服务动机之间存在强相关关系，他们认为可能原因是教育对于个人信仰和价值的塑造具有重要影响①。我国研究人员张廷君的研究发现也证实了这一结果。不过，也有研究表明学历对公共服务动机不存在影响，李小华、叶先宝、李丹婷等人的研究也支持了这一说法。

（4）人格。李小华（2010）结合大五人格理论，通过实证研究发现，个体的尽责、自律、利他特征与公共服务动机呈现正相关，在这些人格特征上表现突出的政府公务员公共服务动机也越强，其中尽责与利他特征的作用达到显著性水平，是公共服务动机的有效预测变量。

除了上述这些人口学因素以外，部分研究者还以工龄、职级、角色知觉和到公共部门任职年限等人口学变量作为自变量，对它们可能对公共服务动机产生的影响进行了研究。不过由于相关研究有限，目前还没有一个定论。

（二）背景因素对公共服务动机的影响研究

背景因素主要指能够影响员工公共服务动机水平的来自社会、组织、部门和家庭方面的因素。就背景因素层面对公共服务动机进行的研

---

① Moynihan, D. P. and S. K. Pandey, "The Role of Organizations in Fostering Public Service Motivation." *Public Administration Review*, Vol. 67, No. 1, 2007, pp. 40 – 53.

究，目前主要集中于个人（家庭）背景和工作背景两方面。具体包括以下几点。

（1）家庭背景。佩里在 1997 年的研究里曾经考察过父母社会化对个体公共服务动机水平的影响，并得出结论：个体的公共服务动机是在家庭的社会化过程中形成的，这种形成过程不仅会受到儿童时期父母的影响，也与个人的宗教信仰和职业经历有很大的关系。总体而言，家庭的社会化对个人的公共服务动机有着积极的影响。不过个人与父母之间的关系对个人的公共服务动机没有显著的影响①。国内研究者寸晓刚在 2013 年针对广州市 2373 名大学生所作的研究发现，大学生的公共服务动机与社团管理者经验、年龄、主要成长地、职业意向、年级、家庭结构和专业等变量相关，说明公共服务动机是一个随个体社会化进程而发展的多因动机。刘帮成（2015）根据对中国东部两所名牌大学 584 名学生的调查显示，有父母或亲戚在公共部门任职的女性社会科学毕业生，更愿意选择在公共部门任职，这也说明个体的公共服务动机水平在其进入公共部门之前就已经具备，并且受家庭父母职业的影响显著。

（2）工作部门性质。关于工作部门对公共服务动机可能存在的影响，一般而言，公共部门（第三部门）的员工公共服务动机水平要高于私人部门。由于相关内容在本书前面部分“不同部门员工公共服务动机比较研究”中已经论述，相关研究发现也很多，此处不再赘述。

（3）组织环境。虽然学界关于组织环境对行为动机影响作用的研究由来已久，但目前还没有形成统一的结论。佩里（1982）的研究指出，个体绩效的可测量度、任务目标的清晰度等都是影响个人公共服务动机的重要工作特征变量。莫伊尼汉和潘迪（Moynihan & Pandey, 2007）的研究认为，在就业之前，个人的公共服务动机可能是在他所处社会历史条件的影响下形成的，但是进入到组织以后，个人的公共服务动机则主要通过组织环境影响而形成。罗姆塞克（Romzek, 1990）的研究表明，组织环境对员工的公共服务动机有着显著影响，而且主要表现在组织文化、同事关系和奖励制度三个方面②。怀特（Wright, 2004）

---

① James L. Perry, “Antecedents of Public Service Motivation.” *Journal of Public Administration Research and Theory*, Vol. 7, No. 2, 1997, pp. 181 - 197.

② 参见吴旭红《公共服务动机及其前因变量研究》,《人民论坛》2012 年第 8 期。

通过对公共部门的进一步研究发现，公共部门的组织使命对员工个人的公共服务动机水平具有显著影响①。李小华（2010）的研究发现，组织目标明确性、组织氛围和组织保护等因素对公共服务动机存在影响。不过也有研究表明，组织环境对公共服务动机不存在显著性影响，比如鲍德温（Baldwin，1990）的研究认为，政府部门的程序复杂并没有对个人动机产生影响。在李小华（2010）的研究中则发现，组织目标冲突性、程序限制等因素对公共服务动机也不存在影响。

（三）其他影响因素

除了上述几个因素外，研究人员发现工作特征和工作价值观也是可能影响公共服务动机的几个因素之一。从工作特征因素来看，在李小华（2010）的研究中，通过对 319 名 MPA 学生的公共服务动机研究发现，工作特征变量与公共服务动机的关系并没有我们想象的密切，工作的五个特征变量与公共服务动机的相关均未达到显著性水平，说明工作特征总体上与公共服务动机的关系不明显。就工作价值观对公共服务动机的影响来看，在李丹婷（2012）的研究中，从她对福建省五个地市公务员进行的调查来看，公务员的工作价值观与公共服务动机是相关联的，从总体上看，自我成长、尊严等目的价值对公共服务动机有促进作用；而组织安全与经济、安定与免于焦虑等工具价值对公共服务动机则有一定的负面影响。刘帮成（2015）指出，目前从组织层面来考察个体公共服务动机影响因素方面的研究还显得比较零碎，缺乏系统性。而且对一些重要的可能影响个体公共服务动机的组织层面变量（如领导方式和组织氛围）关注是缺乏的。他同时还指出，虽然社会制度和文化也是影响个体行为动态的一个重要因素，但是由于制度和文化都是很宽泛的宏观层面上的概念，很难转向个体微观层面，因此并不能提供很好的实证解释依据。

小结：通过回顾已有的对公共服务动机影响因素进行分析的文献，虽然有一些研究发现，但是还存在以下一些不足：一是与公共服务动机的作用因素相比较，关于公共服务动机影响因素的研究还比较少；二是

---

① Wright, B. E., "The Role of Work Context in Work Motivation: A Public Sector Application of Goal and Social Cognition Theories." *Journal of Public Administration Research and Theory*, Vol. 14, No. 1, 2004, pp. 59 – 78.

目前关于公共服务动机的影响因素大多都集中在对一些个体特征的研究上，如性别、年龄、种族、教育程度及职位等，关于其他方面影响因素的研究比较缺乏；三是在对公共服务动机影响因素进行分析时，往往都是从一个单一维度分析它们对公共服务动机的影响，比如要么单独分析工作价值观对公共服务动机的影响，要么分析工作岗位对公共服务动机的影响，要么分析组织环境对公共服务动机的影响。由于公共服务动机是同时受到各方面因素的影响，因此从目前的研究来看，还缺乏整合性的探索。也正是从这个角度出发，参照组织行为学关于工作动机影响因素的研究，作者拟在对基层公务员的影响因素进行探讨的过程中，除了传统的人口统计学变量之外，还尝试从个体因素、工作因素和组织环境因素三个层面同时入手，综合分析它们对公共服务动机可能存在的影响。

三　关于公共服务动机的作用结果研究

相对于公共服务动机的影响因素而言，公共服务动机的作用结果研究则显得非常丰富。大部分研究者认为公共服务动机对公共组织及其公务人员的发展具有重要意义，佩里和怀斯曾经就公共服务动机的作用提出过三大命题：第一，个体的公共服务动机越强，那他加盟公共组织的可能性就越大；第二，在公共组织中，公共服务动机与工作绩效正相关；第三，公共组织能够吸引公共服务动机高的个体，这些组织有效激励个人绩效时，更少依赖功利性的激励措施。在之后的研究中，佩里进一步指出，公共服务动机对个体态度和行为的可能效应主要包括四个方面，即职业选择、角色绩效、情景绩效和除工作环境之外的行为表现（Perry & Hondeghem，2008；刘帮成，2015）。

从现有的文献来看，目前关于公共服务动机作用结果的研究主要体现在探讨公共服务动机对工作满意度、组织承诺、个体离职行为、个体工作绩效、职业选择等组织行为变量及组织绩效的影响上，具体如下所述。

（一）公共服务动机对工作满意度的影响

瑞尼（Rainy，1982）的研究发现，公共管理者如果越是认为从事有意义的公共服务是一种奖赏，则工作满意度越高，且二者的相关系数达到显著水平，也就是公共服务动机越高的个体，对工作、上司、同事、晋升的满意度越高。布鲁尔和塞尔登（Brewer & Selden，1998）比较了举报者与非举报者两组调查对象的工作满意度差别，发现举报者的工作满意度水平显著高于非举报者。由于他们将举报行为作为公共服务动机的测量标准，所以他们认为公共服务动机对工作满意度有积极影响[①]。纳夫和克拉姆（Naff & Crum，1999）的研究也发现，公共服务动机与工作满意度之间存在正相关关系。乔伊（Choi，2001）通过回归分析探讨了公共服务动机与工作满意度之间的关系，结果发现公共服务动机对工资满意度、上司满意度、同事满意度的影响均达到统计学指标上的显著性水平，但对晋升满意度的影响不显著[②]。韩国学者金（Kim，2005）对韩国1739名政府雇员的调查数据进行了回归分析，结果发现，在控制了性别、年龄、受教育程度、服务年限、级别的影响后，公共服务动机与工作满意度正相关[③]。在我国的相关研究中，吴绍宏（2010）是较早对公共服务动机和工作满意度之间的关系进行探讨的学者，他以澳门特区政府公务员为例分析了公共服务动机与工作满意度之间的关系，研究发现，公共服务动机可以作为影响工作满意度的原因变量，两者之间存在显著关系。此后李小华（2010）、刘帮成（2011）、朱春奎（2012）、寸晓刚（2012）和李丹婷（2012）的研究也都表明，员工的工作满意度与公共服务动机呈显著正相关。不过也有学者认为需要在分析公共服务动机与工作满意度之间的关系时引入中介变量，他们认为如果不引入中介变量将难以证明两者之间的关系。比如布莱特（Bright，2008）在分析中引入了人与组织的匹配这个中介变量，从美国三个州的三个公共部门选取了205名工作人员作为样本，经研究发现，公共服务动机与工作满意度之间不存在显著相关关系；怀特和潘迪（Wright & Pandey，2008）将人与组织的价值一致性作为中介变量来探究公共服务动机与工作满意度之间的关系，发现两者之间存在正相关关系。

---

① Brewer, G. A. and Selden, S. C., "Whistle Blowers in the Federal Civil Service: New Evidence of the Public Service Ethic." *Journal of Public Administration Research and Theory*, Vol. 8, No. 3, 1998, pp. 413 – 439.

② Choi, Y. J., "*A Study of Public Service Motivation: the Korean Experience.*" Ph. D., University of Idaho, 2001.

③ Kim, S., "Individual-level Factors and Organizational Performance in Government Organizations." *Journal of Public Administration Research and Theory*, Vol. 15, No. 2, 2005, pp. 245 – 261.

（二）公共服务动机对组织承诺的影响

在对公共服务动机进行研究的过程中，瑞尼等公共行政学者最早意识到公共服务动机与组织承诺之间的可能关系。克鲁森（Crewson，1997）通过研究发现，服务导向的公共雇员有更高的组织承诺。随后，布鲁尔和塞尔登（Brewer & Selden，1998）考察了公共服务动机与工作承诺间的关系，对于工作承诺则通过价值观与组织类似、兴趣以工作为中心、组织激励三个指标测量，结果发现举报者比不举报者的工作承诺水平更高，差异达到非常显著的水平，也即公共服务动机对工作承诺有显著影响。乔伊（Choi，2001）以人格特征变量、工作特征变量、工作经历变量、公共服务动机为自变量，以组织承诺为因变量，通过回归分析探讨了公共服务动机与组织承诺的关系，发现公共服务动机显著影响组织承诺，是进入方程的所有变量中解释力最高的[①]。学者金（Kim，2005）在对韩国政府雇员调查数据进行分析的基础上，发现控制了性别、年龄、受教育程度、服务年限、职务级别的影响后，公共服务动机与情感承诺相关显著，与前面学者的观点一致。在我国的研究中，多数学者的研究都证实员工的公共服务动机与组织承诺之间是显著正向相关。如吴绍宏（2010）基于澳门特区公务员的实证研究发现当公共服务动机是前因变量而组织承诺是后果变量时，公共服务动机直接影响组织承诺；李小华（2010）通过对我国 MPA 研究生的调查研究也证实，组织承诺与公共服务动机呈正相关，且公共服务动机主要影响的是组织承诺的情感、规范承诺两个维度，对持续承诺的影响没有达到显著水平；叶先宝（2011）和李丹婷（2012）分别针对福建省公务员开展的实证研究也支持公共服务动机与组织承诺显著正相关的结论。

（三）公共服务动机对个体工作绩效的影响

在组织行为学领域，关于个体工作绩效的研究一直是研究者的重要兴趣点。个体工作绩效作为个体行为的表现，一般说来，基于动机引发行为的假设，工作动机与个体行为之间会呈现显著相关关系。就公共服务动机与个体工作绩效的关系而言，佩里认为，具有高公共服务动机水平的个人更倾向于到政府部门工作，而且这些人的工作绩效一般会更

---

① Choi, Y. J., *A Study of Public Service Motivation: the Korean Experience*, Ph. D., University of Idaho, 2001.

高。布鲁尔和塞尔登（Brewer & Selden，1998）对举报行为与个人绩效、组织绩效的关系进行了研究，结果发现举报者的个人绩效、所在组织的绩效都显著高于非举报者，特别是在二者的个人绩效方面存在显著性差异。纳夫和克拉姆（Naff & Crum，1999）的研究发现，公共服务动机与联邦政府雇员的工作满意度和工作绩效、留在组织中的意向、支持政府改革的态度相关显著。比如布莱特（Bright，2007）的研究发现，公共服务动机受到人与组织匹配程度的间接影响，但这种影响似乎并不显著。在布莱特的基础上，范登毕（Vandenabeele，2009）以更大的样本量为研究对象发现，公共服务动机与个人工作绩效之间存在显著的正相关关系，公共服务动机对工作绩效的影响有直接的，也有间接的。在我国的研究中，孟凡蓉、马新奕（2010）对东西部义务教育学校教师的研究表明，公共服务动机对个体工作绩效存在影响，其中，公共利益和民主治理维度对工作绩效有显著正向影响①。李小华（2010）、李丹婷（2012）的研究结果也支持公共服务动机与个体工作绩效之间有显著正相关关系。不过，也有研究表明，公共服务动机与个体工作绩效之间并不存在显著影响关系。比如阿朗索和刘易斯（Alonso & Les，2001）的研究就表明，公共服务动机与个体工作绩效之间并没有出现相关联系②。

（四）公共服务动机对工作投入的影响

关于公共服务动机对工作投入的影响研究，最早可以追溯到布坎南在1975年开展的研究。他曾经从公共部门和私人部门员工的差异性入手，将工作投入作为公共服务动机的替代变量进行过研究。结果发现，公共部门管理者反而比私人部门管理者呈现出更低的工作投入（他认为可能是政府部门的繁文缛节影响了员工的工作投入水平）③。不过学者瑞尼在随后的研究中发现，如果对公共部门管理者的公共服务行为进行直接提问，比如让公共部门和私人部门管理者同时对“从事

① 参见孟凡蓉、马新奕《公共服务动机与工作绩效的关系研究》，《统计与决策》2010年第17期。

② Alonso，P. and Lewis，G. B.，“Public Service Motivation and Job Performance：Evidence from the Federal Sector.” *American Review of Public Administration*，Vol. 31，No. 4，2001，pp. 363－380.

③ 参见朱光楠、李敏、严敏《公务员公共服务动机对工作投入的影响研究》，《公共行政评论》2012年第1期。

有意义的公共服务的愿望”进行评级，就会发现公共部门管理人员的得分要高于私人部门，不过结果显示公共服务动机与工作投入之间呈弱相关关系。也正是基于这两个研究，后来陆续有研究人员针对公共服务动机与工作投入之间的关系展开了讨论，不过从总体研究情况来看，目前关于公共服务动机与工作投入的研究还确实比较少。在我国公开的文献资料中，只有朱光楠和李敏在2012年通过对我国中西部三省一市省级政府公务员的问卷调查结果的分析，探讨过我国公共服务动机的结构及其对工作投入的影响，其研究结果显示，这些省市公务员的公共服务动机对工作投入有显著的积极影响。笔者（2013）以北京地区的青年公务员作为研究对象对二者之间可能存在的关系也进行了探讨，结果发现青年公务员的公共服务动机与工作投入之间存在显著正相关关系。

（五）公共服务动机对职业选择的影响

一般而言，研究者认为公共服务动机正向影响人们在公共部门的职业选择，即具有较强的公共服务动机者，更倾向于选择在公共部门就职，其理论基础则是个人与组织匹配理论。但是公共服务动机作为职业选择主导性影响因素的地位却并未得到实证文献研究的完全支持。佩里和怀斯（Perry & Wise，1990）认为，个体公共服务动机越高，则更愿意进入公共部门工作。范登毕（Vandenabeele，2008）通过对比利时1700多名即将毕业的硕士毕业生的调查发现，个体公共服务动机与其选择进入公共部门的职业意愿之间具有高度相关性。刘帮成（2011）通过对上海两所重点大学的587名应届毕业生进行研究也发现，个体公共服务动机可以作为毕业生选择进入公共部门就业的重要预测指标。刘帮成（2015）认为，佩里的思路与“吸引—选拔—内耗”“人—组织匹配”以及社会认同理论逻辑基本一致，即人们在进行职业选择时，会选择那些吸引自己的、与自己需要和价值观匹配的或者自己希望成为某类人员所在的行业或组织。但是，刘帮成也指出，佩里的结论仅仅来自推断层面，还缺乏必要的证据支持。比如克里斯丁和怀特（Christensen & Wright）、盖比和斯莫（Gabris & Simo）的研究未能发现公共服务动机与公共部门职业选择之间的关联。克里斯丁和怀特（Christensen & Wright）基于实证研究分析发现，只有后续职业选择才会受到公共服务动机影响，而首次职业选择与公共服务动机之间不存在相关性。这不仅意味着公共部门文化和公共组织情境培育会使得公共雇员更倾向于去表达其公共服务动机，使其在后续职业选择上作出不同的决策，这也意味着，我们还不能确定公共服务动机是否真的能够影响个人的职业选择。

（六）公共服务动机的其他作用结果研究

在公共服务动机的作用结果研究中，除了上述几个方面之外，其他涉及因素还包括组织公民行为、组织绩效等。在关于公共服务动机对组织公民行为影响的研究中，克鲁森（Crewson，1997）探讨了公共服务动机对政策及政治态度的影响，结果发现，公共服务动机对政策和政治态度的影响不明显。而金（Kim，2004）基于对韩国 1739 名政府雇员调查数据进行回归分析的结果发现，在控制了性别、年龄、受教育程度、服务年限和级别的影响后，不仅公共服务动机与工作满意度、情感承诺相关显著，组织公民行为也与公共服务动机正相关。

在关于公共服务动机和组织绩效的研究中，由于组织绩效，特别是公共部门组织绩效的测量非常困难，所以，相关的研究文献比较少。在现有的研究中，布鲁尔和塞尔登（Brewer & Selden，2000）在验证影响公共组织绩效因素的综合模型中发现公共服务动机是公共组织绩效的一个较重要的预测变量，他们认为公共服务动机与可感知的组织绩效之间存在显著的正相关关系。金（Kim，2004）通过对韩国 1739 名政府雇员的调查分析，探讨了个体层面的因素，如工作满意度、组织承诺、公共服务动机、组织公民行为对组织绩效的影响，结果发现公共服务动机与组织绩效正相关。李小华（2010）基于对中国 319 名 MPA 学生的研究发现，公共服务动机与组织绩效之间存在显著正相关关系。不过，也有研究表明，公共服务动机与组织绩效之间的影响关系并非想象中的那么简单，比如阿朗索和刘易斯（Alonso & Les，2011）的研究就揭示出公共服务动机与组织绩效间的关系还不是太强。

此外，还有人围绕公共服务动机与组织效率、组织变革承受力和公民参与态度之间的关系进行过研究，但是并没有太明确的研究发现。

（七）公共服务动机作为中介变量的研究

在现有的研究中，也有不少研究者认为公共服务动机并不直接对个体和组织产生影响，而是作为中介（调节）变量发挥影响。刘帮成（2010）通过对中国东部一个大城市某行政区域里的 412 名警察调查研究发现，警察个体的公共服务动机水平调节着工作压力源和个体健康之间的关系，具有较高水平公共服务动机的警察能够更好地应对日益增加的压力源对他们身心健康的不利影响。博顿利（Bottomley）在2015年的研究中，将公共服务动机作为中介变量，对高绩效的人力资源管理实践和员工行为产出之间的关系进行了研究，发现公共服务动机对于高绩效的人力资源管理实践和员工组织承诺之间的行为关系具有部分中介调节作用；赵晨和高中华（2015）采用问卷调查法，通过来自公务员的409份有效样本检验了内在满意度和外在满意度分别对公共服务动机所产生的影响，并检验了公共服务动机在内在满意度、外在满意度与公务员行为绩效之间的中介作用。研究发现公务员的内在满意度对其公共服务动机有显著提升作用，并且通过公共服务动机的部分中介作用对其任务绩效、周边绩效产生积极影响；公务员的外在满意度对其公共服务动机同样有显著的提升作用，并且公共服务动机在外在满意度和任务绩效、周边绩效之间起到完全中介作用。陈振明和林亚清（2016）实证检验了领导关系型行为与下属变革型组织公民行为的关系，以及下属公共服务动机和组织支持感在其中所发挥的中介、调节作用。以383名厦门市公务员的问卷调查结果为研究样本，研究发现，领导关系型行为能够显著地影响下属的变革型组织公民行为，且下属公共服务动机在其中发挥了完全中介的作用；组织支持感在领导关系型行为与下属公共服务动机的关系中具有显著的正向调节作用。

小结：通过对公共服务动机作用因素的研究进行回顾，可以发现目前关于公共服务动机作用因素的研究还存在以下几方面不足。一是虽然相关作用因素的研究比较多，但是没有进行过系统的梳理和归类，研究显得比较零散。二是在实际测量中，关于公共服务动机作用因素替代变量的选择还不太一致。以工作态度为例，由于缺乏对于工作态度的全面分析，有的研究者直接把工作满意度作为替代变量，也有的研究者把组织承诺直接作为替代变量，替代变量不够全面。三是缺乏对作用结果的综合分析，现有关于公共服务动机的作用研究，往往都是单向的影响关系为主，缺乏综合作用模型的构建，研究结论缺乏说服力。在本书中，笔者重点考察公共服务动机对工作态度的作用影响，以组织承诺和工作投入作为工作态度的替代变量，拟通过自我评估的方式收集基层公务员的工作投入和组织承诺的数据，深入分析公共服务动机与二者之间可能存在的影响关系，从而丰富相关领域的研究成果。

四　公共服务动机的研究发展方向

在对公共服务动机的研究现状进行述评的基础上，国内外研究者也对公共服务动机的可能研究发展方向进行了预测。

从国外的研究来看，由于公共服务动机过程的复杂性，导致了学者对它的概念、特征、测量方法和影响变量等未形成统一的认识，有些学者应用相同的测量工具却得出了不同的结论。鉴于此，金和范登毕（Kim & Vandenabeele，2010）认为构建在全球具有普适性的公共服务动机结构仍然是下一阶段研究的重点。纳夫（Naff，2011）认为应该对可能会对公共服务动机产生影响的环境因素进行探究，比如全球的经济衰退以及随之而来的就业困扰、因公共部门雇员的补偿问题而日益高涨的不满情绪、利益、工作安全问题等。也有的学者对公共服务动机到底是因还是果这一问题提出了质疑，比如怀特和格兰特（Wright & Grant，2010）认为，研究者们很少思考也许公共服务动机是工作绩效的结果而不是原因，也许是高的绩效加强了公共服务动机水平，低绩效降低了公共服务动机水平，因此有必要对这一问题进行探究。佩里（2015）在对公共服务动机研究所取得的成绩和面临的挑战进行分析的基础上提出，公共服务动机的跨文化研究、公共服务动机的测量手段和公共服务动机对组织公民行为的影响依然是公共服务动机理论下一个阶段研究的热点。

就国内的研究方向来看，李小华（2010）认为，一是政府部门员工公共服务动机的形成机制问题；二是关于组织公民行为与公共服务动机的关系研究；三是关于我国公务员公共服务动机的类型划分等问题都应该是关注的重点。朱春奎（2011）认为应该关注的问题有：一是公共服务动机研究的国际化问题，比如怎样实现在国际上应用的测量工具的一致性；二是如何修正测量公共服务动机的不同观点，并使问卷调查的方法论制度化；三是如何结合中国传统文化，开展公共服务动机的本土化研究。吴旭红（2012）认为，关于对公共服务动机的研究，应该从中国特有的文化背景出发，同时在西方已有的研究基础上，探寻中国文化中影响公务员公共服务动机的维度，并检验这种影响关系是否存在，以及与已有的西方维度相比，我国的文化维度是否具有独特性等问题，这些将是我们未来公共服务动机研究的关键所在。李丹婷（2012）

认为应该关注的问题有：一是公共服务动机的跨文化研究；二是公共服务动机的组织影响研究；三是公共服务动机的行为后果研究；四是公共服务动机的培养机制问题；五是公共服务动机与激励机制的研究；六是公共服务动机与公务人员选人用人机制的研究。刘帮成（2015）认为，目前公共服务动机研究还存在以下几方面不足：一是在关于公共服务动机概念认识和内容测量上还没有形成一致结论；二是关于公共服务动机的影响因素和作用因素问题缺乏实证依据和理论解释；三是目前与公共服务动机相关研究的方法和设计问题方面还需要改进；四是目前关于公共服务动机的研究普遍采用的是横截面设计，而忽视了公共服务动机的动态特征。上述这几方面的研究不足，都为将来公共服务动机的研究指明了方向。李锐、毛寿龙（2015）认为应该关注的问题有：一是如何开发公共服务动机普适性的测量方法；二是公共服务动机与行政伦理之间的关系研究；三是中西方公共服务动机的差异问题；等等，都是日后公共服务动机的研究方向。谢秋山、陈世香（2015）建议，在未来的公共服务动机研究中要实现以下几个方面的突破：一是从动态演化角度来考察公共服务动机的影响；二是把制度作为重要因素引入公共服务动机研究；三是使用更严谨的统计分析技术方法；四是尝试基于非参与式观察和文献分析的定性研究方法。

综上所述，虽然不同的研究者对于公共服务动机研究的关注点还存在差异，但是如何进一步开展好公共服务动机的本土化研究、如何进一步优化公共服务动机研究的方法、如何针对公共服务动机的形成和作用机制开展探讨仍然是未来公共服务动机研究的核心问题。

第二节　本书涉及的公共服务动机影响因素之研究述评

由于本书拟分为描述性研究和探索性研究两部分进行，除了对基层公务员的公共服务动机现状与特征进行描述研究之外，作者还将对基层公务员公共服务动机的影响因素进行探索性分析，并对公共服务动机对工作态度可能存在的影响进行分析。在公共服务动机的影响因素层面，从组织（宏观层面）、工作（中观层面）和个体（微观层面）三个层面加以分析，同时结合佩里等人的公共服务动机过程理论，确定了组织氛围、工作特征和工作价值观三个因素作为公共服务动机的自变量；对于公共服务动机的作用结果方面，主要是选取了工作态度的两个替代变量：组织承诺和工作投入进行探索性分析。结合选定的研究变量，作者在此对组织氛围、工作特征、工作价值观、组织承诺和工作投入等相关变量的研究进展进行简单介绍和述评。

一　组织氛围研究述评

一般而言，通常关于组织氛围的研究都是采用问卷法来考察个体对组织特征的知觉，基于此，研究者开发出了大量关于组织氛围测量的工具量表。其中比较有代表性的组织氛围量表主要有三大类。第一类是 OCDQ 量表。由海尔平和克瑞福特（Halpin & Craft，1963）以 71 所小学的研究数据为基础开发而成的学校组织氛围描述问卷。该问卷一共包含八个层面，其中涉及校长行为的有四个维度层面：疏远、强调成果、以身作则、关怀；涉及教师行为的有四个维度层面：离心、阻碍、士气、亲密。海尔平和克瑞福特认为组织氛围的各个维度彼此之间是相互独立的，即不仅校长行为层面与教师行为层面是相互独立的，而且属于同一个行为层面的各个维度之间也是相互独立的。这也意味着这八个组织氛围维度之间不存在相互影响，而且均可以单独地对组织氛围产生影响作用。第二类是 OCI 量表。斯德（Stern，1970）以“社会力量结构”理论为基础，认为每个组织的氛围都同时包含发展压力和控制压力两方面，以此为依据开发出了包含学术气氛、成就标准、实用性、支持性、程序性和冲动的控制六个维度的测量问卷。第三类是 POS 量表。POS 量表也称为学校剖析量表。由李克特（Likert，1968）经过十多年的持续研究开发而来，他认为组织氛围是一个组织的内在特征，而决定这些特征的是领导者的行为。换句话说，组织气氛是受到领导者行为的影响而形成的，这些领导行为构成了组织氛围的维度。因此他从“剥削—权威”系统、“仁慈—权威”系统、“商议”系统和“参与”系统等四个方面来对组织氛围进行划分和测量，每个系统都同时包括六个维度：激励力量、沟通过程、相互影响过程、决策历程、目标制定过程和管理过程。

从现有的研究来看，目前学界关于组织氛围的研究可以分为组织氛围的影响因素研究和作用因素（效应）研究两大方面。虽然也有一些研究把组织氛围看作组织环境和组织输出的中介变量之一来进行研究，但是相关发现还不是很多。

就组织氛围的影响因素研究而言，有学者从组织结构、人口统计学变量对组织氛围的影响进行了研究。比如佩恩（Payne，1971）实证研究了组织结构对组织氛围的影响。沃特金（Watkin，1968）研究发现，学校氛围类型与学校规模以及教职工人数有关。乔治（George，1971）在研究组织结构、教师人格特质与组织氛围的关系时，发现小规模的学校具有更加开放和信任的氛围倾向。游进年（1990）研究显示，学校氛围及其开放程度，不存在规模及地域上的差异；而陈文瑜（1996）的研究结果则与此相反。鲍威尔（Powell，1977）研究发现，氛围知觉存在性别差异。哈里斯（Harris，1978）进一步证实了氛围知觉的性别差异，而且女教师与男教师相比，在感受组织氛围方面更为积极。其他人口学变量，比如年龄、工龄、教育程度等对组织氛围的影响，至今没有统一定论。也有的研究者主要从职位需求、动机曲线、价值曲线、人格特质和管理风格对组织氛围的影响方面进行了研究。比如，戴智慧（2001）从人与环境交互作用的视角研究组织氛围，发现组织氛围是由管理者的个人素质、管理风格与员工工作动机以及工作表现相互作用而成的，并且研究数据表明，管理风格影响组织氛围70%的变异程度。刘荣钦（2004）的研究发现，除了领导行为中的工作行为维度与组织氛围中互信维度没有显著相关之外，其他的维度均呈现显著正向关系。

在对组织氛围的效应（作用因素）研究中，首都经贸大学杨波（2010）通过梳理现有的研究发现，目前关于组织氛围作用结果的研究主要关注三个方面，即组织氛围与组织绩效的关系研究，组织氛围与员工满意度的关系研究，组织氛围与员工参与的关系研究。就组织氛围与组织绩效的关系而言，多数研究都已经证明组织氛围是组织效能的一个有效预测因子。比如麦克利兰的研究就发现，高绩效的组织和低绩效的组织在组织氛围的七个层面上具有显著性差异[①]。在我国，王重鸣、洪自强（2000）的研究也证实组织氛围与组织效能之间存在正

① 麦克利兰的研究发现，存在显著性差异的组织氛围七个维度包括：规范的灵活性、灵活的环境背景、责任、绩效标准、奖惩方式、组织目标的明晰程度和团队精神。

相关关系[①]。就组织氛围与员工满意度之间的关系而言，普里查德（Pritchard，1973）、施纳克（Schnake，1983）、希克曼（Hickman，1987）等人的研究都证明，组织氛围的全部维度或绝大部分维度都与工作满意度存在显著的正相关关系。就组织氛围与员工参与关系而言，张震（2002）在中国文化背景下研究组织氛围与员工参与关系时发现，创新性和支持性的组织氛围会显著提高员工的参与水平，企业科层式的管理体制是影响员工参与水平的最显著因素；陈爱清（2002）的研究结果则显示，组织氛围与工作卷入水平存在显著的正相关关系。此外，也有学者对组织氛围与工作投入之间的关系进行过研究，比如邱奕光（2001）和邱台生（2002）研究发现组织氛围与员工的工作投入具有显著相关关系；张瑞春（1999）、陈爱清（2002）、刘荣钦（2004）研究发现组织氛围与工作投入具有显著正相关关系。李金平（2006）通过研究发现组织氛围中的人际关系、管理风格维度均与工作投入呈现正相关关系，且管理风格维度影响力略大于人际关系维度。

综上所述，可以看到学界在组织氛围的影响因素和作用效应方面作了许多探讨，取得了丰富的理论成果。但是，关于组织氛围的研究也还存在许多明显不足，比如相比较组织氛围的影响因素研究而言，关于组织氛围的作用结果研究还比较少，特别是关于组织氛围与员工态度行为之间关系的研究更是缺乏。针对这一研究现状，有学者提出今后关于组织氛围的研究应该在两方面进行加强，一是更多地开展组织氛围的作用结果研究，着重研究组织氛围对其他变量的影响作用，并尝试通过改变组织氛围来达到改进其他变量的表现，强化组织氛围研究的应用性；二是深入探讨组织氛围的作用机制，通过实证研究来丰富关于组织氛围对员工行为和态度可能存在的影响。具体到本研究而言，作者将组织氛围作为研究的自变量，分析它可能对基层公务员公共服务动机存在的影响作用，这样不仅有利于拓展公共服务动机的实证研究，也可以弥补目前关于组织氛围作用研究不足的现状。

二　工作特征研究述评

目前基于工作特征模型开展的研究主要沿两个脉络展开，一是工作

---

① 参见王重鸣、洪自强《差错管理氛围和组织效能关系研究》，《浙江大学学报》（人文社会科学版）2000 年第 5 期。

模型特征的结构研究；二是工作模型对员工行为的效用研究。在关于工作模型特征的结构研究中，早期的主要代表人物是特纳和劳伦斯（Turner & Lawrence，1965），他们对一些工作的客观特征和员工对这些工作的反应之间的关系进行了调查，结果发现了包括工作自主性、工作多变性、工作中互相接触的机会、选择相互接触的机会、工作所需的技能和知识水平、责任感在内的六维度工作特征①。在后来的研究中，哈克曼和劳勒（Hackman & Lawler，1974）又结合工作动机的期望理论和层次需要理论，提出了包含工作整体性、工作自主性、来自工作本身的反馈和技能多样化四个维度的核心工作特征。虽然哈克曼和劳勒关于工作特征的研究是建立在特纳和劳伦斯的基础上，但他们的研究有很大不同。哈克曼和劳勒的基本观点是：工人对工作的反应是由他们对工作特征的知觉决定而不是由工作的客观特征决定。在这些研究的基础上，1976 年，哈克曼和劳勒（Hackman & Lawler）正式提出了以五维度工作特征为核心的工作特征模型理论。客观来看，在关于工作特征的研究中，哈克曼和劳勒的研究考量更为全面，也更为后来的研究者所接受。再后来关于工作特征维度和结构的研究中，虽然也陆续有学者针对不同的工作岗位特征做过研究，但这些研究也基本是基于哈克曼和劳勒的研究展开，只是对该理论进行了进一步的丰富而已。

在工作特征的作用效果研究方面，由于哈克曼的工作特征理论认为积极的结果是通过激发员工的三种关键心理状态（感到工作有意义、更有责任感和了解工作结果的程度）产生的，而这三种关键心理状态又受到五个工作特征知觉的影响（图 3.1），因此，在后续的研究中，不少学者都把工作特征作为前因变量，对员工工作特征与工作动机、工作满意度、工作效率、旷工率和离职率之间的关系进行了探讨，从目前的研究发现来看，大部分研究表明核心工作特征与工作结果成正相关关系②。此外，也有部分研究者对工作特征与内部工作动机和成长需求的影响关系进行了探讨，认为工作特征的加强有助于提升员工内部工作动机和成长需求，但是由于现有的实证研究较少，相关研究还需要进一步丰富。

---

① 参见钟建安《工作特征研究和工作重新设计》，《心理学动态》1988 年第 4 期。

② 参见蒋祺、马超《工作特征模型研究》，《科技成果纵横》2007 年第 6 期。

图 3.1　哈克曼工作特征模型①

在我国，对工作特征的研究自 20 世纪 90 年代兴起以来，研究者围绕工作特征开展了一些实证研究，目前关于工作特征的研究呈现出以下特点：一是从研究对象上看，目前的研究多集中于对高校学生、企业员工或专业领域工作人员（医生、教师等）的实证研究，对公务员群体工作特征进行的研究很少；二是从研究内容上看，多数研究探讨了工作特征与态度变量、工作行为之间的关系，关于工作特征与个体动机之间的相互关系探讨得少。针对这一研究现状，在今后的研究中，可以从进一步丰富研究对象、加强工作特征对个体心理层面的影响关系研究来弥补研究的不足。

就本研究而言，作者选取基层公务员为研究对象，结合工作特征模型理论开展工作特征对公共服务动机的影响研究，不仅有利于丰富公共服务动机的研究，也有利于拓展检验工作特征对员工工作特征的影响关系，进一步推动工作特征模型理论的发展。

三　工作价值观研究述评

目前关于工作价值观的研究，可以沿着两条主线来进行归纳，即工作价值观的影响因素和作用因素研究两方面。一方面，从工作价值观的影响因素来看，现在的研究多是从人口统计学变量的层面来分析，比如性别、年龄、婚姻状况、教育程度和收入等。就性别对工作价值观的影响而言，多数研究发现性别对工作价值观具有影响，且男性与女性在工作价值观的结构和权重上存在显著差异；就年龄对工作价值观的影响而言，年龄对工作价值观有影响，不同年龄段的公务员在工作价值观的结构和权重上存在显著差异；同样，从婚姻状况对工作价值观的影响来看，婚姻状态对工作价值观有显著影响，已婚者普遍表现出更高的工作价值观；此外，业务性质、行政级别和行政职务都对工作价值观有显著

① 参见程志超、马天超、杨正国《影响员工满意感的工作特征研究》，《天津大学学报》（社会科学版）2001 年第 1 期。

影响。另一方面，从工作价值观的作用因素来看，目前研究的热点集中于工作价值观对组织承诺、工作满意度、工作投入、工作绩效、组织公民行为等方面的影响。现有的研究结果显示，工作价值观对组织承诺、工作满意度、工作投入、工作绩效、组织公民行为均有正面影响。费舍尔（Fishbeinr，1967）的研究表明，工作价值观会通过工作态度（工作满意度）这个中介变量影响个体的工作绩效①。洛克（Locke，1986）的研究认为，工作价值观能够影响个体的工作意愿或工作目标，因此也会对个体的工作努力程度以及工作绩效产生很大影响②。萨比拉（Shapira，1990）、塞哥（Sagie，1999）等人的研究都支持个体的工作价值观与他们的工作绩效具有相关关系③。香港学者萧爱铃（2003）通过对中国香港员工的实证研究表明，中国儒家工作价值观与个体的工作绩效显著正相关④。李丹婷（2012）以福建省公务员作为研究对象，结果发现工作价值观对公务员公共服务动机存在影响关系，并且组织承诺、工作满意度等态度变量对工作价值观和工作绩效之间的关系起到中介作用。

通过回顾现有的关于工作价值观的研究，不难看出工作价值观的研究在理论和实证方面都取得了丰硕的成果。但也还存在一些不足，主要表现为：工作价值观的研究仅局限于几个特定的职业和群体（教师、医生和大学生为主）；缺乏跨文化的比较研究和本土化的研究；缺乏对价值观与行为之间的解释性研究。结合工作价值观的研究现状，具体到本研究而言，由于价值观作为个体内心深层次的价值判断标准，必然会对个人从事公共服务动机的意愿产生影响，因此作者认为，以基层公务员为研究对象，对工作价值观与公共服务动机之间的关系进行研究，不仅有利于拓展对不同群体的工作价值观研究，也有利于进一步拓展对工作

① Fishbeinr, M., *Reading in Attitude Theory and Measurement*, New York: John Weily, 1967, pp. 257 - 279.

② Locke, E., Henne, D., "Work Motivation Theory." *International Review of Industrial and Organizational Psychology*, Vol. 1, 1986.

③ Sagie, E. D., "Facets of PersonalValues: A Structural Analysis of Life and Work Values." *Applied Psychology: an International Review*, Vol. 48, No. 1, 1999, pp. 73 - 87.

④ Oi-ling Siu, "Job Stress and Job Performance among Employees in Hong Kong: The Role of-Chinese Work Values and Organizational Commitment." *International Journal of Psychology*, Vol. 38, No. 6, 2003, pp. 337 - 347.

价值观的作用机理研究。

第三节　本书涉及的公共服务动机作用因素之研究述评

一　组织承诺研究述评

作为组织行为学领域近年来研究的热点问题，目前关于组织承诺的研究很多。通过梳理文献，作者认为，组织承诺的研究也可以分为组织承诺的前因变量研究和结果变量研究两大类型。

在关于组织承诺前因变量的研究中，国外学者波特（Porter，1982）通过梳理文献指出，根据变量的自身类型，可以将影响组织承诺的前因变量划分为四类。一是个体特征，包含人口统计学变量和人格特质等因素。二是组织内角色特征，包含工作范围、工作内容、工作挑战性和角色冲突等。三是结构特征，包含组织规模、权力距离、控制幅度、正式化和决策参与程度等。四是工作经验，包含组织的可依赖性、个人重要性、期望水准和团体规范等。以往的研究证实，以上四方面因素都对组织承诺存在影响关系。刘小平（1999）进一步指出，目前影响感情承诺的因素可以分为五大类：个体特征、工作特征、领导与成员关系、角色特征、组织结构特征。这五类影响因素与组织承诺之间的相关强弱关系依次为：工作特征、领导与成员关系、角色特征、组织结构特征、个体特征。近年来，越来越多的研究发现也证实了以上关于组织承诺前因变量的分析。

就组织承诺的作用因素而言，研究人员认为个体组织承诺情况对工作绩效、可供选择的工作机会、求职意向、离职意向、出勤率、迟到率和离职率都有影响。具体而言，目前组织承诺的作用研究又比较集中于分析组织承诺对员工工作绩效和离职（退缩）行为的影响两方面。就组织承诺对工作绩效的影响而言，虽然研究较多，但是得出的结论较为复杂，目前尚无统一定论。虽然大部分研究都支持员工组织承诺与工作绩效呈显著性正相关的结论，然而，也有的研究发现组织承诺与工作绩效之间的相关关系比较微弱，比如斯蒂尔（Steers，1977）的研究等。就组织承诺对员工离职（退缩）行为的影响而言，由于组织承诺关注的是员工愿意留在组织中的意愿，因此，组织承诺也自然可以从一个反面反映员工的离职意愿。一般说来，组织承诺与员工离职意愿呈负相关关系，即组织承诺越高的员工，离职率就越低，史蒂文斯（Stevens，1978）、阿贝生（Abelson，1983）等人的研究都证明了这一结论。不过，也有学者指出，作为一种心理态度，组织承诺与工作满意度、离职行为和离职意向四者之间的关系是很复杂的，需要进一步研究方能证实。

回顾关于组织承诺的研究，作者认为，目前关于组织承诺的研究还存在以下几方面不足：一是组织承诺的影响因素研究明显多于组织承诺的作用研究；二是我国组织承诺的研究多针对企业员工，对公共组织和政府部门员工尤其是公务员的组织承诺研究还很缺乏；三是在现有关于影响组织承诺的几个因素研究中，虽然从组织特征、工作特征以及个体特征等方面进行了探索，但是却缺乏对动机这样深层次的影响因素分析。从现有的文献来看，只有吴绍宏（2010）、李小华（2010）和李丹婷（2012）等人对公共组织员工的公共服务动机与组织承诺之间的关系进行过探索，他们的研究发现公共服务动机与组织承诺呈正相关关系。

二　工作投入研究述评

作为工作态度的一个重要组成部分，工作投入一方面会受到性别、年龄和组织结构等来自个体和环境层面的影响，另一方面又会对工作满意度、工作绩效等工作结果产生影响，具体可如图 3. 2 所示。因此，关于工作投入的相关研究，也同样可以从影响因素和作用因素两方面来进行归纳总结。

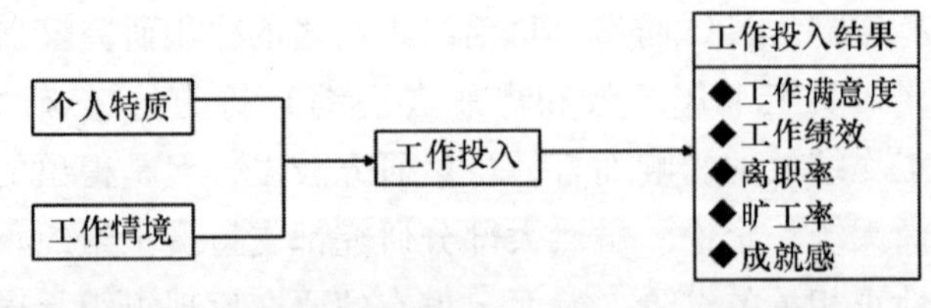

图 3. 2　拉比诺维茨和霍尔的工作投入综合模型①

① 参见骆静、廖建桥《企业员工工作投入研究综述》，《外国经济与管理》2007 年第 5 期。

就工作投入的影响因素而言，布朗（Brown，1996）通过对1974年至1995年与工作投入有关的212份文献进行分析指出，影响工作投入的因素可分为个体特征、工作特征、主观特性因素和角色知觉四大方面。首先是个体特征方面，主要包括个人人口统计学变量和人格特质变量两方面（如成就动机、人格、工作价值观和高层次的需求强度等）。一般说来，年龄和工龄与工作投入呈正相关（他认为可能原因在于随着年龄的增长，工作报酬与工作满意度也会随时间而得到增加，从而导致个人工作投入程度提高，或者是因为年龄和工龄较长的员工在工作上积累的成功经验较多，而个人过去的成功经验又会提高其工作投入程度）；在性别方面，男性与女性在工作投入方面虽然不存在显著性差异，但是男性的工作投入程度高于女性；婚姻状况、受教育程度都与工作投入呈正相关。不过，也有研究者的发现认为上述因素与工作投入之间不存在相关关系，比如史密斯（Smith，1972）、斯科特和麦克利兰（Scott & McClellan，1990）以及哈菲和莫尔（Hafer & Moerer，1992）等。其次是工作特征和主观（情境）特性因素方面。研究者发现员工的工作特征和领导的领导风格都会对工作投入存在影响，一般说来，员工的工作投入与工作特性呈显著正相关关系；领导风格虽然会对员工的工作态度产生影响，但是工作投入程度与员工所感知到的领导者行为之间并没有显著的相关关系。最后是角色知觉方面。研究表明自身角色认知程度与工作投入呈正相关关系，即员工对自身的角色定位、责任意识越清晰，其工作投入程度也越高。

就工作投入的作用结果而言，目前的研究主要集中于讨论工作投入对工作满意度、工作绩效、旷工率和离职倾向的影响。不过现有的研究证明，只有工作满意度和离职倾向两个因素与工作投入之间的相关关系较为显著和稳定。拉比诺维茨和霍尔（Rabinowitz & Holl，1997）的研究证实，工作投入与整体工作满意度呈显著的正相关关系。科尔（Ker，1997）的研究证实，工作投入与工作绩效显著相关。不过，也有的学者研究发现，工作投入与工作绩效之间的关系是间接的关系（Brown，1996）。就离职倾向而言，目前大部分实证研究都明确显示，工作投入程度较高的员工，其离职意愿都比较低，也就是说工作投入与离职意愿呈显著的负相关关系。

总体而言，目前有关工作投入的实证研究，无论是前因变量还是结果变量，都显得比较完整和丰富。但也还存在一些不足，比如：一是关于工作投入的前因研究不足。目前在关于工作投入的前因研究中，更多的是从人口统计学变量等个体因素层面进行探讨，缺乏对环境因素的进一步深入展开分析。在今后的研究中应该加强对组织氛围、团队氛围和创新气氛等重要环境因素对工作投入的影响研究。二是在工作态度及工作产出相关研究领域，对工作投入的研究也相对较为薄弱。工作投入作为工作态度的重要组成部分，理应引起研究者的关注，可是目前在工作态度研究领域，关于工作投入的研究明显不如工作态度的其他组成要素（比如组织承诺和工作满意度等）。从这个意义上来看，本书拟将工作投入作为工作态度的重要行为要素进行研究，特别是针对基层公务员的公共服务动机和工作投入之间的关系进行分析，不仅有利于拓展公共服务动机的研究，也有利于丰富关于工作投入目前研究的不足。

小结：在对公共服务动机理论及其研究进展进行综述的基础上，作者对公共服务动机的可能影响因素（组织氛围、工作特征和工作价值观）和作用结果变量（组织承诺和工作投入）进行了逐一回顾和介绍。笔者认为，针对我国目前公务员公共服务动机影响因素和作用结果变量的研究现状，在本书中通过以基层公务员作为研究对象，对基层公务员公共服务动机的前因和后果变量进行深入分析，争取弄清组织氛围、工作特征和工作价值观对基层公务员公共服务动机的影响关系和程度，厘清基层公务员公共服务动机对其组织承诺和工作投入等工作态度方面的影响效应，无论从理论上还是实践上来看，都将是一次很有意义的探索。

第四章　研究设计

第一节　研究思路和框架

一　研究思路

本书拟遵从一般的研究思路，以“公共服务动机”作为研究主题，在对国内外已有文献进行梳理和综述的基础上，通过挖掘目前研究中存在的不足，从而确定本书的方向。本书将研究对象聚焦于北京市基层公务员这一特定群体，在此基础上，通过构建理论假设，选取东城区的街道基层公务员作为分析对象，以问卷调查和结构化访谈的方式，对基层公务员公共服务动机状况、影响因素、作用因素及作用过程机制进行分析和讨论，并结合可能的研究发现，为进一步提升基层公务员公共服务动机、加强和改善基层公务员队伍建设提供若干政策建议。

在后续的研究部分，将围绕以下三个方面具体开展调查与分析。

（一）基层公务员公共服务动机的状况和特点研究

对基层公务员的公共服务动机状况和特点进行描述性分析，并对人口统计学变量在公共服务动机及其各维度上的影响进行检验。

（二）基层公务员公共服务动机的影响因素研究

对影响基层公务员公共服务动机的因素进行探讨，在基层公务员公共服务动机的影响因素层面，主要从组织环境（宏观层面）、工作内容（中观层面）和个体特征（微观层面）三个层面加以考量，并将组织氛围、工作特征和工作价值观三个因素作为研究变量，具体如图 4.1 所示。

本书之所以将组织氛围、工作特征和工作价值观作为公共服务动机的影响因素来研究，主要原因有这么几点。首先，组织行为学认为，人的具体行为是个体与其周围环境相互作用的结果，要想对个人行为作出

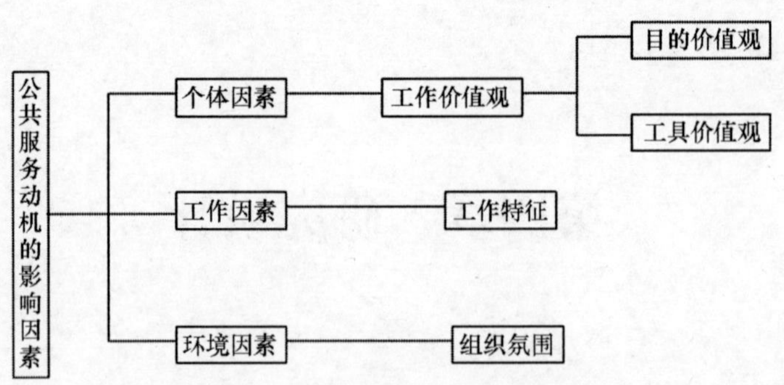

图4.1　公共服务动机影响因素分析

合理性的解释，需要结合个体和环境两方面因素来对个人的影响进行考察。反观现有的公共服务动机前因研究，绝大多数研究都将关注点集中于个体层面的人口学变量因素来进行分析。关于环境因素对个体行为的影响研究不仅相对缺乏，而且在仅有的几个研究中，也都仅仅局限于组织文化和组织程序方面，缺乏对组织特质的考量。笔者认为，组织氛围作为个体所能感知到的组织特质，从社会认知的理论来看，员工对外界环境的知觉会对其动机和行为产生影响，因此，本研究选取了组织氛围作为环境因素方面的变量，拟分析它对公共服务动机可能存在的影响。从现有的文献来看，选择组织氛围开展研究也是可行的，这在李小华（2010）的研究中有过验证。其次，从工作特征模型的视角来看，个体所感知的工作特征也会对其关键心理状态（如工作动机等）产生影响。反观我国目前的研究，仅有李小华（2010）对工作特征和公共服务动机之间的影响关系进行过研究。但是由于研究样本较少，研究结论缺乏支持。因此，在本研究中，笔者继续选取工作特征作为影响基层公务员公共服务动机的因素来进行分析。最后，再从影响公共服务动机的个体因素来看，目前的研究虽然对人口学变量、人格特质和角色知觉等个体层面的因素都有探讨，但是，却忽略了个体工作价值观对工作动机的影响分析。笔者认为，个体的价值观作为个人内心深处的价值评判标准，在很大程度上决定了动机的性质、强度和方向。因此，在个体层面，笔者选取工作价值观作为影响基层公务员公共服务动机的因素来进行分析也是有据可循的，相关研究在李丹婷（2013）的研究中也得到过验证。在具体实践中，由于公共服务动机同时受到环境、工作和个人三个层面变量因素的影响，所以本研究拟在分析各个不同层面因素对公共服务动机之影响的基础上，尝试建立公共服务动机影响因素的机制模型。

（三）首都基层公务员公共服务动机作用结果研究

在对首都基层公务员公共服务动机作用结果进行研究方面，由于一项研究不可能涉及很多变量，本研究仅从公共服务动机对个体工作态度的影响层面进行探讨。同时，考虑到目前关于公共服务动机的作用研究很多，涉及的变量因素也比较多，由于研究的条件限制，笔者在本研究中仅选取工作态度作为公共服务动机的关键作用结果开展研究。一般说来，“态度”是指人关于物体、人物和事件的评价性陈述，这种陈述可以是赞同的，也可以是反对的，它反映了一个人对某一对象的内心感受。组织行为学认为，态度主要由三部分组成：认知、情感和行为①。在以往关于工作态度的研究中，研究人员一般用工作满意度、组织承诺和工作投入作为工作态度“认知”“情感”和“行为”三个维度的替代变量进行研究。但是，笔者认为，如果采取艾伦关于组织承诺三维度的结构说，组织承诺其实就可以作为工作态度中“认知”和“情感”两个维度的替代变量进行研究，这样不仅可以丰富组织承诺的相关研究，还有利于精简研究变量，提高分析结果的有效性。因此，在本研究中作者选取了工作投入和组织承诺两个因素作为工作态度的替代变量。用组织承诺的“规范承诺和持续承诺”与“情感承诺”分别作为工作态度中“认知”成分和“情感”成分的替代研究变量，用“工作投入”作为工作态度中“行为”成分的替代研究变量进行研究，具体如图 4. 2 所示。

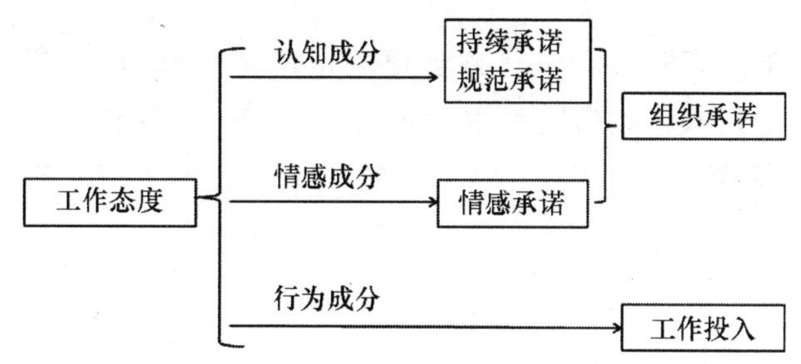

图 4. 2　工作态度的构成因素

① 参见［美］斯蒂芬·P. 罗宾斯、蒂莫西·A. 贾奇《组织行为学》，孙健敏等译，中国人民大学出版社 2012 年第 14 版，第 63 页。

二 分析框架

在组织行为学和人力资源管理中，学者们对员工行为动机影响因素的研究一般是参考波特和米尔斯（Poter & Miles，1982）对行为动机影响因素的分类方法，将行为动机的影响因素具体分为个体特征、工作特征、工作环境特征和外部环境特征四类①。在公共服务动机研究领域，佩里和波特也指出，个体特征、工作特征、工作环境特征和外部环境特征是可能影响公共服务动机的四个最主要因素②。在过去的研究中，为了进一步描述清楚公共服务动机的影响和作用机制，很多学者都力图通过研究构建自己的公共服务动机理论。其中比较有代表性的有布鲁尔的公共服务动机过程理论和佩里的公共服务动机过程理论。

1998 年，学者布鲁尔和塞尔登在实证研究的基础上，构建了公共服务动机的过程理论③，具体如图 4.3 所示。作为首次对公共服务动机理论构建进行的尝试，布鲁尔的公共服务动机模型虽然比较简单，但是也得到了很多学者的肯定，并在随后的研究中被很多实证研究所证明和进一步丰富。

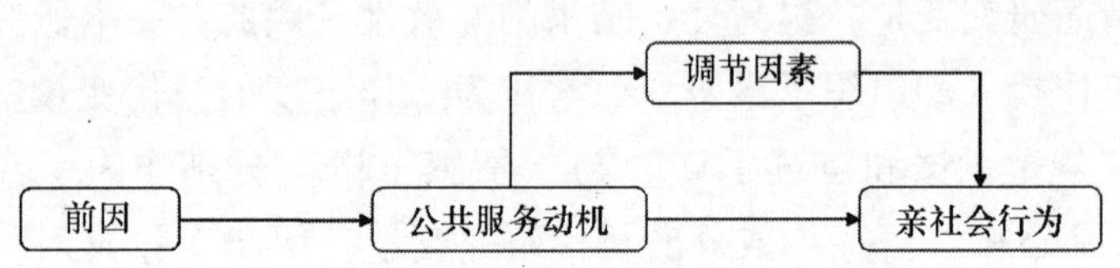

图 4.3 布鲁尔公共服务动机过程理论

在布鲁尔公共服务动机过程理论的基础上，佩里在 2000 年的研究中又对影响公共服务动机的前因变量展开了进一步探讨，他指出家庭社会化程度、宗教社会化程度、职业技能水平、政治意识形态和人口学变

① 参见吴旭红《公共服务动机及其前因变量研究》，《人民论坛》2012 年第 8 期。

② James L. Perry, and Lyman W. Porter, "Factors Affecting the Context for Motivation in Public Organizations" *The Academy of Management Review*, Vol. 7, No. 2, 1982, pp. 89 – 98.

③ Brewer, G. A., and Selden, S. C., "Whistle Blowers in the Federal Civil Service: New Evidence of the Public Service Ethic." *Journal of Public Administration Research and Theory*, Vol. 8, No. 3, 1998, pp. 413 – 439.

量都是影响公共服务动机的重要的前因变量①。在此基础上，佩里构建了自己关于公共服务动机的过程理论②，如下图所示（图 4.4）。

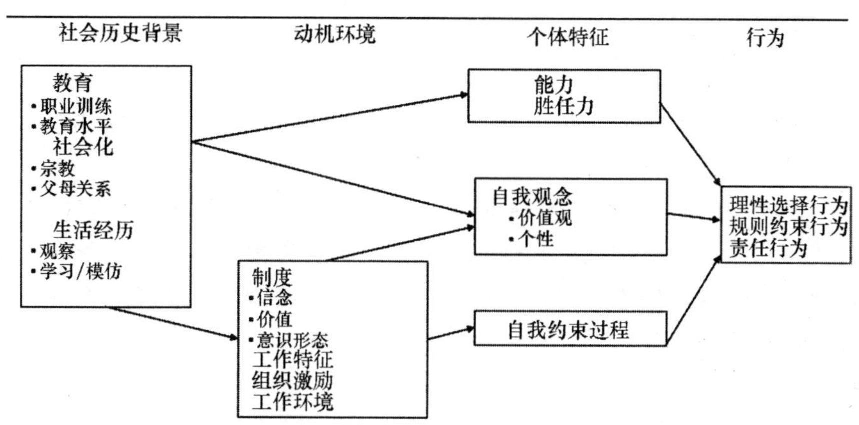

图 4.4　佩里公共服务动机过程理论

从目前关于公共服务动机的研究文献来看，虽然布鲁尔和佩里等人都对构建公共服务动机过程理论进行了尝试，但是由于一项理论需要经历较长时间的检验，因此，这些理论在推广力和解释力方面还存在一定的局限。客观地说，至今还没有一个系统的、广泛为人们所接受的公共服务动机过程理论。就国内外公共服务动机现有的研究而言，它们遵循的是一般性研究思路：即对公共服务动机的研究，除了试图证明公共服务动机概念的内涵和外延外，其他的研究一般从探讨公共服务动机的前因和后果两方面展开（李小华，2010）。对公共服务动机的前因研究，主要是从促使该动机产生的原因、条件方面进行分析。对公共服务动机后果方面的研究，主要是从该动机对行为可能产生的影响、可能给个体和组织带来的作用方面进行分析。2013 年，中山大学吴旭红博士根据佩里的公共服务动机过程理论，结合中国制度、历史文化的特殊性曾经尝试提出过中国的本土化公共服务动机"体制—动机—后果"解释框

① James L. Perry, "Antecedents of Public Service Motivation." *Journal of Public Administration Research and Theory*, Vol. 7, No. 2, 1997, pp. 181 – 197.

② James L. Perry, "Bringing Society In: Toward a Theory of Public Service Motivation." *Journal of Public Administration Research and Theory*, Vol. 10, 2000, pp. 471 – 488.

架。在他的构想中，他将公共服务动机的影响因素预设为个人属性、角色状态、员工对组织的感知、员工与领导的关系、工作特征和组织激励等六个方面，把与工作有关的态度和行为作为公共服务动机的后果变量，并把个人特质作为公共服务动机与行为后果之间的调节变量进行研究[①]。虽然他仅仅停留在理论阶段的探讨，并未进行实证研究，但是他关于公共服务动机本土化研究框架的构思仍然为我们提供了很好的研究启示。

具体到本研究而言，笔者以布鲁尔和佩里的公共服务动机过程理论作为本次实证研究的理论基础，参考国内有关学者关于公共服务动机本土化研究框架的构想，结合研究选定的变量，提出基层公务员公共服务动机的影响因素和作用结果分析框架，如图 4.5 所示。

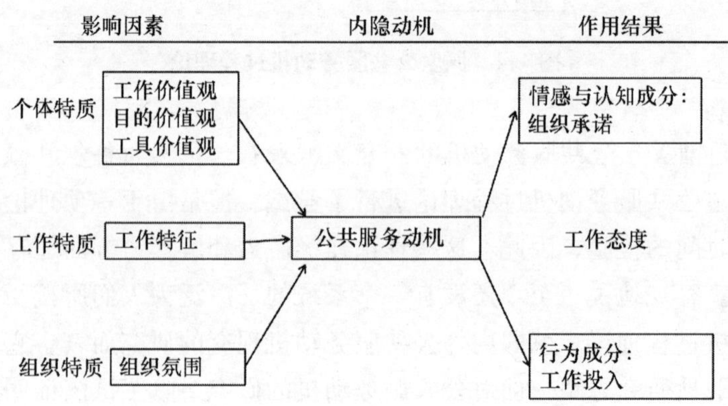

图 4.5　基层公务员公共服务动机研究的分析框架

第二节　研究方法和研究工具

一　研究方法

作为一项实证研究，本研究重点关注的是基层公务员公共服务动机的“影响—作用”过程机制。研究借助准实验设计的思想，针对基层公务员群体，在自然情况下进行实验研究，通过问卷调查法和结构化访

① 参见吴旭红《公共部门职员行为动机研究的理论进展与分析框架》，《广东行政学院学报》2013 年第 1 期。

谈法等技术手段收集相关变量的基本数据。

在问卷调查过程中，研究者对问卷的指导语、发放与回收流程、数据的录入和检查都进行了严格的规定。特别是在问卷的发放和回收过程中，基本上采取了统一发放、分散作答、统一回收的策略，保证了数据收集的时效性和被试者作答的真实性。对于回收的调查问卷，我们将数据录入 SPSS 软件中，进行统计分析。研究利用 SPSS18. 0 和 AMOS20. 0 专业统计软件来处理和分析研究数据。其中，运用 SPSS（Statistical Package for the Social Science）处理数据的具体方法主要有：①描述统计分析（Descriptive Statistics）；②量表内部一致性分析（Reliability Analysis）；③非参数检验（Non-Parametric Test）；④相关分析（Correlation Analysis）；⑤探索性因素分析（Exploratory Factor Analysis，EFA）；⑥方差分析（Analysis of Variance，ANOVA）；⑦多元回归分析（Multiple Regression Analysis）。同时，本研究运用 AMOS（Analysis of Moment Structures）对研究的模型假设进行路径分析。

在问卷调查的基础上，为了弥补问卷调查的手段单一性，进一步获取和了解基层公务员真实的内心想法，笔者还以熟人介绍的方式，围绕“公共服务动机”主题，通过滚雪球的方法，对调查对象进行了深入访谈，用访谈结果进一步佐证问卷调查的研究发现。

二　研究工具

就问卷调查而言，一般都会采用指标量表对研究对象进行测评。艾尔·巴比曾指出使用测量量表开展实证研究起码有两个好处：一是这些量表都经过了细致的检验和修订；二是使用相同量表的结果可以起相互比较的作用[①]。本书采用调查问卷的方式进行，调查问卷主要包括经检验和修订以后的六个量表：公务员公共服务动机测量量表、组织氛围测量量表、工作特征测量量表、工作价值观测量量表、组织承诺测量量表和工作投入测量量表。鉴于公共服务动机、工作价值观、工作特征、组织氛围、工作投入和组织承诺的测量，国内外都已经有了较为成熟的测量量表，在本书中，主要以现有的测量量表为基础，

① 参见［美］艾尔·巴比《社会研究方法》，邱泽奇译，华夏出版社 2005 年第 10 版，第 125 页。

不仅邀请了北京大学、中国人民大学、北京师范大学和中国青年政治学院公共行政学与人力资源管理领域的专家对相关量表的指标进行分析和讨论，还请北京市委组织部、东城区委组织部、东城区人力资源和社会保障局从事公务员管理的同志对量表的各项指标进行了甄选，帮助对量表的进一步完善提出修订建议。在此基础上，作者还特地邀请了十多名来自北京市相关乡镇和街道的基层公务员参与本次研究量表的修订工作，听取了他们对于量表表述方式的意见和建议，尽最大可能地让量表贴近他们的工作实际，用他们最熟悉的语言来呈现问题。在编制出预实验问卷后，笔者先在北京市相关区县选取了部分基层公务员作为预试样本，对问卷的信效度进行检验，并最终形成正式的调查问卷。

此外，结合问卷调查的结果，作者还采用结构式访谈的方法，通过编制与“公共服务动机”相关的访谈提纲，与基层公务员进行面对面直接访谈，以期进一步加强问卷调查测量结果的解释力和说服性。

（一）基层公务员公共服务动机的测量问卷

1. 公共服务动机的结构与内容

笔者曾对公共服务动机的定义进行了回顾和梳理，并对“公共服务动机”概念作如下界定：公共服务动机是个体自愿从事公众服务的一种内在需求和驱动力，其核心是为公众服务，为公共利益服务。公共服务动机在本质上是一种利他动机。

在本书中，关于公共服务动机的结构与内容，作者采用的是佩里的四维度划分法，即参与制定公共政策的吸引力、对公共利益的承诺、同情心和自我牺牲精神。考虑到澳门学者吴绍宏曾经通过本土化语言将公共服务动机的四个维度分别描述为：公仆热忱度、公仆承诺度、公仆怜悯度和公仆牺牲度[①]，笔者在量表中将公共服务动机的结构确定为公仆热忱度、公仆承诺度、公仆怜悯度和公仆奉献度四个维度，具体如下表所示（表4.1）。其中，公仆热忱度属于动机结构中的理性维度，公仆承诺度属于动机结构中的规范维度，公仆怜悯度属于动机结构中的情感维度，公仆奉献度则单属于一个独立动机结构并作为公共服务精神的天

① 参见吴绍宏《澳门特区政府公务员工作动机模型研究》，人民出版社2010年版，第50页。

然部分而独立保留下来。

表 4.1 **公共服务动机的结构与内容**

维度	含义
公仆热忱度	对公共政策的兴趣和热情
公仆承诺度	对公众和公共利益的关注
公仆怜悯度	对公共事务的同情、帮助他人的意愿
公仆奉献度	对公众和公共利益的自我牺牲和奉献

资料来源：笔者根据相关资料整理。

2. 公共服务动机测量问卷

在本书中，由于笔者对公共服务动机变量进行的是四维度划分，具体包含公仆热忱度、公仆承诺度、公仆怜悯度和公仆奉献度四个维度，因此，在测量量表的选择上，主要是以佩里的公共服务动机测量量表作为蓝本，以澳门学者吴绍宏的本土化表述为借鉴，同时参考武汉大学李小华副教授、中国人民大学李丹婷博士的调查问卷修订而成。公共服务动机的测量量表计分采用国际通用的李克特 5 级计分法，分为“非常同意”“同意”“普通”“不同意”和“非常不同意”五个层级。该问卷由 25 个题项组成，具体项目如表 4.2 所示。

表 4.2 **公共服务动机的维度及题目**①

维度	测量题项
公仆热忱度	1. 我认为从政是一件高尚的事情 2. 我经常关注党和国家的政策 3. 我很少关注社会新闻事件（R）
公仆承诺度	4. 我总是对周边的公共事务产生浓厚的兴趣 5. 我能无私地为周围的老百姓做点事情 6. 为老百姓提供服务，是我义不容辞的事情 7. 我认为，公共服务并不是一件重要的事情（R） 8. 即使有损于我的个人利益，我也希望看到政府推行有利于民的政策

① R 为反向计分题目。

续表

维度	测量题项
公仆怜悯度	9. 当看到他人的不幸和困难时，我也感到很难过 10. 我认为，政府的大多数社会职能都是至关重要的 11. 日常生活中，我常感到，人与人之间是相互依赖的 12. 我认为穷人们的贫苦生活与我无关（R） 13. 我认为，为别人提供服务是我的份内之事 14. 对于那些不主动帮助别人的人，我也愿意帮助他们 15. 我对大多数的公共政策都十分支持 16. 对于我不认识的人，我在办事时也会考虑到他们的利益
公仆奉献度	17. 我认为，做好事、做善事比赚钱更重要 18. 我做任何事情都是先从自己的利益出发（R） 19. 即使没有报酬，能为民众服务，也让我感到值得 20. 我认为，为社会做点贡献比追求个人成就更有意义 21. 我认为，人们应该更多地回馈社会而不是索取 22. 我愿意为社会和公共利益作出牺牲和奉献 23. 我能不顾自身的利益去帮助别人 24. 我认为，做事要先顾及工作责任，再考虑自己 25. 我相信，责任重于泰山

表格来源：笔者根据相关资料整理。

（二）基层公共组织的组织氛围测量问卷

1. 组织氛围的结构与内容

与组织氛围的定义情况相类似，在过去的研究中，由于不同的定义关于组织氛围的结构划分也说法不一，既有六维度划分方法，也有七维度划分方法、八维度划分方法，还有九维度划分方法，等等。比如巴来特（Bartlett，1968）将组织氛围分为六个维度：管理支持、对新进人员的关怀、内部冲突、工作独立、一般满足、管理结构①。李克特（Likert，1976）将组织氛围划分为六个维度：沟通流程、决策惯例、关心员工、对部门的影响、技术的妥当、激励②。德赛尔（Dessler，1979）将组织氛围划分为七个维度：自治、结构、奖酬、关怀、温暖、支持、开放③。戈登（Gordon，1979）将组织氛围分为八个维度：组织透明度、

① Schneider，B. & Bartlett，C. J.，“Individual differences and organizational climate：The research plan and questionnaire development.” *Personnel Psychology*，Vol. 21，1968，pp. 323 – 333.

② Rensis Likert &Jane Gibson Likert，*New Ways of Managing Conflict*，转引自傅强《公共组织氛围实证研究》，硕士学位论文，中国人民大学，2005 年，第 26 页。

③ Dessler，G.，*Organization and Management*：*A Contingency Approach*，转引自傅强《公共组织氛围实证研究》，硕士学位论文，中国人民大学，2005 年，第 26 页。

决策制定、组织统合、管理形态、绩效导向、组织活力、奖酬、人力资源发展[①]。哈尔平和克罗夫特（Halpin & Croft，1962）将组织氛围分为八个维度：士气、关切、重视绩效、疏离、阻碍、亲密、离心、以身作则[②]。而利特文和斯特林格（Litwin & Stringer，1968）则把组织氛围分为九个维度：结构、责任、奖酬、风险、温情、支持、标准、冲突、认可[③]。

本书前文对组织氛围有所定义，即组织氛围是组织内部环境的相对持久的一种特质，是一系列可测量的工作环境属性之集合，在具体实践中，组织氛围能为组织成员所体验，能影响组织成员的行为，也能以组织特性的价值加以描述。考虑到基层公务员工作部门和岗位的特性，研究所参考的是国内学者吴春波关于公共组织氛围的结构划分方法，他将个体对组织氛围的知觉定义为明确性、标准性、责任性、奖励性、灵活性和凝聚性六个维度[④]。具体如表4.3所示。

表4.3　**组织氛围的结构与内容**

维度	含义
明确性	员工清楚组织的使命和愿景，明确小组或组织运作的程序、目标、方法、期望值及计划要求的程度
标准性	员工看到管理层建立高标准和挑战性目标推动员工改善其绩效的程度
责任性	通过授权使员工在工作中具有一定的自主性，承担相应责任，并鼓励有计划冒险的程度
奖励性	以优秀绩效为奖励回报的基础及认可与表扬超过威胁与批评的程度
灵活性	去除不必要的程序、范式及手续，鼓励员工提出新的创意的程度
凝聚性	员工之间相互信任与合作，共享资源，相互帮助，并有团队荣誉感的程度

资料来源：笔者根据相关资料整理。

① Gordon，G，& Cummins，W.，*Managing Management*，转引自傅强《公共组织氛围实证研究》，硕士学位论文，中国人民大学，2005年，第26页。

② Andrew Williams Halpin，Don B. Croft.，*The Organizational Climate of Schools*，转引自傅强《公共组织氛围实证研究》，硕士学位论文，中国人民大学，2005年，第26页。

③ Litwin，G. H. & Stringer，R. A.，*Motivation and Organizational Climate*，*division of research graduate school of business administration*，转引自傅强《公共组织氛围实证研究》，硕士学位论文，中国人民大学，2005年，第26页。

④ 转引自傅强《公共组织氛围实证研究》，硕士学位论文，中国人民大学，2005年，第31—32页。

2. 组织氛围测量问卷

在本书中关于组织氛围的问卷，主要参考的是中国人民大学吴春波制定的公共组织氛围测量量表，将公共组织氛围划分为明确性、标准性、责任性、奖励性、灵活性和凝聚性六维度结构①。在过去的研究中，该量表经过实践验证，具有较好的信效度。在笔者的研究中，量表计分同样采用国际通用的李克特5级计分法，分为“非常符合”“符合”“一般”“不符合”和“非常不符合”五个层级。该问卷由30个题项组成，具体题项如表4.4所示。

表4.4 **组织氛围的维度及题目**

维度	测量题项
明确性	1. 我清楚本单位的社会责任和义务 2. 我清楚本单位的工作目标和具体计划 3. 我清楚本单位的规章制度 4. 我清楚本单位的工作运作程序 5. 我清楚本单位职工行为规范
标准性	6. 单位制定了完备的工作规范，并能正常执行 7. 单位建立了制度化的沟通机制，并能正常运行 8. 在单位，每个人都有清晰工作分工 9. 我的日常工作有明确的工作流程 10. 单位为我设立了高标准的工作目标
责任性	11. 我被授予了足够的工作自主权 12. 我的工作给予了我展示个人才能的空间 13. 我的工作结果具有一定的社会影响 14. 我能够承担与个人工作相对应的工作责任 15. 我常常感到沉重的工作压力
奖励性	16. 在单位，优秀的工作业绩会受到相应的奖励 17. 在单位，糟糕的工作业绩会受到相应的处罚 18. 在单位，只有勤奋工作，才会得到晋升 19. 本单位的奖励制度可以调动职工的积极性 20. 我取得的工作成绩与我在单位得到的认可相符
灵活性	21. 单位鼓励进行工作创新 22. 职工可以灵活处理工作中不必要的流程及手续 23. 单位会认真听取并及时回应意见和建议 24. 单位具有回应突发事件的应急预案和处理机制 25. 单位会及时清理不合时宜的规章制度

① 转引自傅强《公共组织氛围实证研究》，硕士学位论文，中国人民大学，2005年，第31—32页。

续表

维度	测量题项
凝聚性	26. 我很在乎本单位的荣誉 27. 在单位工作我感到非常愉快 28. 我对从事现在的工作充满热情 29. 我和我的同事彼此信任，互相帮助 30. 我对本单位的未来充满信心

表格来源：笔者根据相关资料整理。

（三）基层公务员工作特征的测量问卷

1. 工作特征的结构与内容

如前所述，本书所使用的“工作特征”特指由个体工作岗位所决定的工作特点，这些工作特点是可以被观察或者被测量的，并且可以通过工作特征模型来进行总结和归纳。本书所采用正是哈克曼的五维度工作特征结构模型，具体如表 4.5 所示①。

表 4.5　　**工作特征的结构与内容**

维度	含义
技能的多样性	工作中需要使用不同技能和才干的变化程度
任务的整体性	在多大程度上，工作需要作为一个整体来完成——从工作的开始到完成，并取得明显效果
任务的重要性	工作在多大程度上影响他人的工作或生活
工作的自主性	工作在多大程度上允许自由、独立，以及在具体工作中个人制订计划和执行计划时的自主范围
任务的反馈性	工作本身提供给员工有关工作绩效信息的程度

资料来源：笔者根据相关资料整理。

2. 工作特征测量问卷

在本书中，由于关于“工作特征”的结构划分采用的是 J. 理查德·哈克曼（J. R. Hackman）的工作特征五维度模型，因此在量表选取

① 参见［美］斯蒂芬·P. 罗宾斯、蒂莫西·A. 贾奇《组织行为学》，孙健敏等译，中国人民大学出版社 2012 年第 14 版，第 63 页。

方面，选取了哈克曼在1975年设计的工作特征分析表（也称工作诊断调查表）的短题本，并且参考了中国人民大学战晓琳等人的翻译和修订①。量表计分同样采用国际通用的李克特5级计分法，该问卷由15个题项组成，每个维度3题，包括了对工作特征五个维度的测量，具体题项如表4.6所示。

表4.6　**工作特征的维度及题目**

维度	测量题项
技能的多样性	1. 我要使用复杂和较高水平的技能才能完成工作任务 2. 我的工作要求我要不断学习新知识 3. 我的工作中需要用到不同的技术和技能来完成不同的任务
任务的整体性	4. 我的工作本身是非常重要和有意义的 5. 我工作完成的好坏会对组织中的很多人产生影响 6. 我的工作对于单位的整体绩效非常重要
任务的重要性	7. 我可以从头到尾做一件完整的工作 8. 我可以从开始到结束全程参与到工作中 9. 我知道工作的全局情况，而不仅仅是其中的一部分
工作的自主性	10. 我有较多的机会来决定自己的工作内容 11. 我可以适度选择和改变工作的方法和程序 12. 在工作中我有很大的发挥空间和自由度
任务的反馈性	13. 我的主管或同事会让我了解到工作的完成情况 14. 工作本身的反馈制度可以让我知道自己的工作表现 15. 我的主管和同事会经常告诉我他们对我工作的看法

表格来源：笔者根据相关资料整理。

（四）基层公务员工作价值观的测量问卷

1. 工作价值观的结构与内容

对工作价值观结构维度的探讨，历来是学者们研究的重要内容，相关研究也一直在不断发展之中。在本书中，作者将工作价值观定义为基层公务员个体评价和选择职业的价值判断标准。在具体研究中，参考北京师范大学金盛华关于工作价值观结构和内容的划分方法，将工作价值观分为目的价值和工具价值两大类，其中，目的性价值观又包括自我成

① 参见战晓琳《80后知识型员工工作满意度对组织承诺的影响——基于工作特征的实证研究》，硕士学位论文，中国人民大学，2011年。

长取向因素、自我实现取向因素、尊严取向因素；工具性价值观又包括社会互动取向因素、组织安全与经济取向因素、安定与免于焦虑取向、休闲健康与交通取向。具体如表 4. 7 所示。

表 4. 7　　**工作价值观的结构与内容**

子维度	分维度	含义
目的价值	自我成长取向	通过工作能使自身得到不断学习和提升
	自我实现取向	在工作中能实现自己的人生目标和社会价值
	尊严取向	工作能给自己带来的社会地位或成就感
工具价值	社会互动取向	工作能给予自己的社会资源，以及和周围社会关系的互动程度
	组织安全与经济取向	工作能为自己提供的社会保障和福利待遇
	安定与免于焦虑取向（含休闲健康与交通取向）	工作的稳定性和舒适性（工作能够提供休闲机会或具有交通便利优势）

资料来源：笔者根据相关资料整理。

在此需要进行说明的是，在本研究中，结合专家学者和基层公务员的意见与建议，作者在后面关于工作价值观的结构维度划分和具体量表测量中，将原有量表中的“安定与免于焦虑取向”维度和“休闲健康与交通取向”维度进行了合并，并在预实验环节对相关量表的信度和效度进行了重新检验。

2. 工作价值观测量问卷

以往对工作价值观的测量大多是在对工作价值观的分类基础上进行的。国内外对工作价值观的测量通常都是通过问卷调查的方式进行。国外最具代表性的问卷包括：沙因（Schein）的职业锚测试、休珀（Super）的 WVI 工作价值观问卷、米尔顿·罗克奇（Milton Rokeach）的价值观调查表等。近年来，我国的学者也进行了一些有关工作价值观的研究，开发出了中国本土化的测量量表。

本书中，工作价值观量表初始量表参考的是台湾学者吴铁雄等（1996）编制的工作价值观量表，该量表依据工作价值观七维度划分法编制而成，共分为七个分量表，总计 49 题，均采用李克特五分法计分。在过去 20 多年时间里，经检验，吴铁雄的量表在我国台湾和大陆地区得到了较为广泛的运用，普遍具有良好的信度和效度。但是，在本研究中，经人力资源领域的相关专家对指标进行判定后，将原有量表中的“安定与免于焦虑取向”维度和“休闲健康与交通取向”维度进行了合并，并对其效度结构进行了重新验证。综上所述，笔者在研究中使用的测量量表由目的价值与工具价值两个维度组成，共包括六个分量表。①目的价值。包括自我成长取向、自我实现取向、尊严取向三个分量表。②工具价值。包括社会互动取向、组织安全与经济取向、安定与免于焦虑取向三个分量表。以上量表共计30个题目，问卷同样采用李克特5级计分法。具体题项如表4.8所示。

表4.8　**工作价值观的构面与题目**

构面	分量表	测量题项
目的价值	自我成长取向	1. 在工作中能不断学习新的知识与技能 2. 工作有一定的自主性，能够适当表达自己的思想 3. 工作有一定的挑战性，能够促使自己不断提升 4. 在工作中能获得进修和培训的机会 5. 在工作中能获得晋升的机会 6. 在工作中能增长见识
	自我实现取向	7. 在工作中能充分发挥自己的才能或专长 8. 通过工作能对社会和人民有所贡献 9. 通过工作能实现自己的人生价值 10. 通过工作能提升自己的生活品质 11. 通过工作能获得一定的社会地位
	尊严取向	12. 通过工作能获得自我成就感 13. 通过工作能获得他人的肯定 14. 在工作中能得到他人的赏识与尊重 15. 通过工作能获得自我肯定或增加自信心 16. 在工作中能获得领导的充分授权
工具价值	社会互动取向	17. 能经常处于人际关系良好的工作环境 18. 同事之间能互相合作以顺利完成工作 19. 同事之间能彼此关心和照顾 20. 领导能时常关心下属的工作和生活 21. 能通过工作积累一定的人脉和社会关系 22. 能为家属或亲友提供就业、就学等生活便利
	组织安全与经济取向	23. 单位有较为舒适和安全的工作环境 24. 单位有合理的薪酬制度（工资和奖金） 25. 单位有良好的福利和保险制度（医保、社保等）

续表

构面	分量表	测量题项
工具价值	安定与免于焦虑取向	26. 工作稳定，不必太担心被调动、降职或解雇 27. 工作时不会经常感到很紧张 28. 工作中不必处理太多的繁琐事务 29. 工作比较轻松，竞争的压力比较小 30. 下班后不必为工作的事而感到焦虑、烦心

表格来源：笔者根据相关资料整理。

（五）基层公务员组织承诺的测量问卷

1. 组织承诺的结构和内容

目前关于组织承诺的结构划分也有很多类型，其中比较有代表性的有：波特（Porter，1974）的单维度结构说，认为组织承诺是一种员工情感方面的认同感，主要强调员工对组织的依赖；艾伦（Allen）的“继续承诺”和“情感承诺”两维度结构说；艾伦和梅耶（Allen & Meyer，1990）的组织承诺三维度结构说；贝拉路（Blau，2001）的包含“情感承诺、规范承诺、成本承诺和选择承诺”的四维度结构说；以及凌文辁（2001）针对中国企业现状所构建的中国员工组织承诺五维度模型（具体包括情感承诺、理想承诺、规范承诺、经济承诺和机会承诺五个维度）。

在本书中，笔者结合艾伦和梅耶关于组织承诺的定义，根据中国的具体文化语境，对组织承诺的定义为：组织承诺是个人愿意留在组织中的一种态度和行为意愿。研究所采用的是艾伦和梅耶（Allen & Meyer，1990）关于组织承诺的经典三维度结构划分法，这也是目前学界最普遍的划分方式。他们将组织承诺划分为情感承诺、持续承诺和规范承诺三个维度。具体结构和内容如表4.9所示。

表4.9 **组织承诺的结构与内容**

维度	含义
情感承诺	情感承诺是对所参与的某个组织认同的强度，代表了个体愿意为组织努力和留在组织中的情感和意愿。一般而言，高水平情感承诺的员工更愿意继续留在组织中

续表

维度	含义
持续承诺	持续承诺是个体对自己离开组织所会失去的现有附属利益的判断，出于这种判断而愿意继续留在组织中。一般而言，持续承诺与个体对自己离开组织的机会成本的理解相关
规范承诺	规范承诺是个体由于受到社会规范的制约，对所在的组织产生了一种责任感和使命感，从而认为应该留在组织中继续工作的承诺。一般而言，规范承诺反映了个体对组织的责任感，以及个体与组织价值的一致性

资料来源：笔者根据相关资料整理。

2. 组织承诺测量问卷

由于本研究采取的是组织承诺的三维结构划分方法，因此研究中使用的组织承诺初始量表以艾伦制定的组织承诺问卷为蓝本，经中译并对个别词语修订而成。量表由情感承诺、持续承诺和规范承诺三个分维度的测量量表组成，共计17个题目。同样采用李克特5级计分法，具体题项如表4.10所示。

表4.10 **组织承诺量表的维度及题目**

维度	题目
情感承诺	1. 目前要我离开单位，对我而言是很难割舍的 2. 我很高兴，未来的职业生涯能够继续待在这个单位 3. 我对所在的单位有很强的归属感 4. 我真的感到单位的事就是我的事 5. 在感情上，我对现在的单位有很深的依恋 6. 这个单位对我来说个人意义很大 7. 我对单位有种“身为这家庭一分子”的感受
持续承诺	8. 目前我想继续留在单位，因为这对我个人发展更有利 9. 目前我想继续留在单位，因为离职要付出很大的成本 10. 目前我想继续留在单位，因为我对工作付出了很多 11. 目前我想继续留在单位，因为很难有更好的工作机会
规范承诺	12. 我从单位得到了很多，要是离开就对不起组织和领导 13. 即使有更好的工作机会，我也觉得不应该离开本单位 14. 如果选择离开现在的单位，我的心里会有亏欠感 15. 我觉得，对单位同事要有责任感，我有留下来的义务 16. 我认为人们一定要对自己的单位忠诚 17. 我对自己目前从事的工作感到很满意

表格来源：笔者根据相关资料整理。

（六）基层公务员工作投入的测量问卷

1. 工作投入的结构和内容

由于目前学界对工作投入的界定还存在不同意见，因此目前关于“工作投入”的结构和内容也有不同划分和定义，有工作投入二维说、三维说和四维说等。比如，罗达尔（Lodahl，1965）认为工作投入应该包含“个人对当前工作的心理认同程度”和“个人的工作绩效对其自尊的影响程度”两个维度。康纳哥（Kanungo）认为，严格来讲，工作投入的结构应该至少包含三个层面的内容：认知和情感状态；一般工作投入和特定工作投入；内在激励和工作投入。但是，他同时指出，由于工作投入是工作态度的一个组成部分，在具体的研究中，我们应该将工作投入视作一个整体结构来看待，而不适合再对它进行细分，这样会比较有利于我们对工作投入进行测量。此外，萨拉赫（Saleh，1976）则认为工作投入可以包含四个结构：工作是否是生活兴趣的重心；个人积极参与工作的程度；工作绩效对个人自尊的影响程度；工作绩效和自我绩效的一致性。

在本书中，由于笔者在工作投入的定义方面采取的是康纳哥的定义，将工作投入定义为个人对目前工作的一种心理认知或信念状态，换言之即员工对某项特定工作对于其自身重要性的认同程度和对这项工作的投入程度。在关于工作投入的结构和内容划分方面，是把工作投入作为工作态度的一个组成部分来进行整体看待。

2. 工作投入测量问卷

本书中，工作投入测量量表采用康纳哥（Kanungo）在1982年制定的工作投入问卷经中译修订而成。该量表将工作投入作为一个整体进行测量，通过自我评价的方式来衡量个体与工作之间相关联的密切程度，从而反映个体对工作的投入程度。经检验，量表在实证研究中具有较好的信效度，适用于不同特征的组织。本量表由10个题项组成，问卷采用李克特5级计分法。具体题项如表4.11所示。

表4.11　**工作投入量表的维度及题目**

维度	题目
工作投入	1. 对我来说，最重要的事就是全心投入现在的工作 2. 工作在我的生活中占有重要的比重 3. 我个人非常投入我的工作 4. 我感觉我几乎时刻都不能离开我的工作 5. 我所关心的事情，大部分都与我的工作有关 6. 我的生活和我的工作密切相连，这是难以改变的 7. 我的生活目标，几乎都是以工作为重的 8. 我认为工作是我存在的价值所在 9. 大多数时间我喜欢沉浸在我的工作中 10. 我常常想离开目前这份工作

表格来源：笔者根据相关资料整理。

（七）调查问卷和访谈提纲总体情况

本书中，在影响因素的个体层面，由于还涉及基层公务员人口统计学变量在公共服务动机上的检验，因此问卷还设计了一些人口统计学因素作为研究变量，其中包括：性别、年龄、婚姻状况、最高学历、工龄、职级共六项，均以单一选择的形式作答。

在相关量表的基础上，依据问卷编制的相关要求，笔者最终形成“基层公务员工作动机及行为调查问卷”预试问卷。该问卷共分七个部分，第一部分为公共服务动机测量量表；第二部分为组织氛围测量量表；第三部分为工作特征测量量表；第四部分为工作价值观测量量表；第五部分为组织承诺测量量表；第六部分为工作投入测量量表；第七部分为基层公务员的人口统计学变量测量量表。

除了开展问卷调查，为了更好地挖掘到基层公务员的公共服务动机真实情况，围绕“公共服务动机”主题，本书确定了“您为什么选择进入公务员队伍”“您如何看待和评价为人民服务精神”“您如何评价自己所处的组织（部门）工作环境”“您日常的工作内容有哪些”“您认为是什么在激励着您努力工作”和“如果要从进一步提高工作积极性的角度，对您所在的组织（或部门）提一些改进措施，您有哪些建议”等作为访谈话题，选择一定数量的基层公务员开展了一对一的访谈。

第三节　理论假设

基于前面的文献综述和分析框架，本书的理论逻辑主要围绕以下三个问题展开：第一，基层公务员的公共服务动机状况与特点；第二，组织氛围、工作特征和工作价值观对基层公务员公共服务动机的影响关系；第三，基层公务员公共服务动机对工作态度（包括组织承诺和工作投入）的影响关系。结合上述问题，笔者针对我国基层公务员公共服务动机的研究提出以下假设，以期在后面的实证研究中通过具体数据分析加以检验。

一　关于基层公务员公共服务动机状况与特点的理论假设

国内许多实证研究都验证了公共服务动机在中国的适用性，并且可以用来对公务员群体的行为作出解释。基层公务员作为一个特定层级的公务员群体，他们在日常工作中的一言一行更是直接影响着群众对党和政府的直观评价。“为人民服务”一直是党和政府所大力宣传弘扬的公务员工作宗旨，作为与老百姓打交道最多的基层公务员群体，他们的工作动机、行为逻辑应该更符合公共服务动机的要求。基于此，本书对我国文化背景下的基层公务员公共服务动机的状况与特点提出以下假设，以期在后面的实证研究中通过数据分析加以检验。

1. 基层公务员具备公共服务动机，并且在公共服务动机各维度上的表现水平不同

2. 基层公共员的公共服务动机水平在人口统计学变量（性别、年龄、学历、工龄和职级等）方面存在差异

（1）性别因素在对基层公务员的公共服务动机检验方面存在显著性差异。

（2）年龄因素在对基层公务员的公共服务动机检验方面存在显著性差异。

（3）婚姻因素在对基层公务员的公共服务动机检验方面存在显著性差异。

（4）学历因素在对基层公务员的公共服务动机检验方面存在显著性差异。

（5）工龄因素在对基层公务员的公共服务动机检验方面存在显著性差异。

（6）职级因素在对基层公务员的公共服务动机检验方面存在显著性差异。

二 关于基层公务员公共服务动机影响因素的理论假设

从文献综述可知，目前关于公共服务动机的影响因素一般可分为四类：即个体特征、工作特征、工作环境特征和外部环境特征。结合我国的实际情况来看，近半个世纪以来，政府的外部环境特征具有相对稳定性，因此在对基层公务员的公共服务动机影响因素进行构思时，我们暂时将外部环境特征因素排除在外，仅从个体、工作和工作环境三个层面着手，构思影响基层公共服务动机的因素。具体而言，在个体影响层面，研究选取了工作价值观作为个体因素来进行分析；在工作影响层面，选取了工作特征作为工作岗位因素来进行分析；在组织影响层面，将组织氛围作为组织环境因素进行分析。基于以上变量选择，提出关于基层公务员公共服务动机影响因素的理论假设如下所述。

1. 组织氛围对基层公务员的公共服务动机存在影响

（1）组织氛围的明确性对基层公务员的公共服务动机存在影响。

（2）组织氛围的标准性对基层公务员的公共服务动机存在影响。

（3）组织氛围的责任性对基层公务员的公共服务动机存在影响。

（4）组织氛围的奖励性对基层公务员的公共服务动机存在影响。

（5）组织氛围的灵活性对基层公务员的公共服务动机存在影响。

（6）组织氛围的凝聚性对基层公务员的公共服务动机存在影响。

2. 工作特征对基层公务员的公共服务动机存在影响

（1）工作特征的多样性对基层公务员的公共服务动机存在影响。

（2）工作特征的重要性对基层公务员的公共服务动机存在影响。

（3）工作特征的完整性对基层公务员的公共服务动机存在影响。

（4）工作特征的自主性对基层公务员的公共服务动机存在影响。

（5）工作特征的反馈性对基层公务员的公共服务动机存在影响。

3. 工作价值观对基层公务员的公共服务动机存在影响

（1）工作价值观的目的价值观对基层公务员的公共服务动机存在影响。

（2）工作价值观的工具价值观对基层公务员的公共服务动机存在影响。

三　关于基层公务员公共服务动机作用结果的理论假设

在本书中，关于基层公务员公共服务动机的作用结果研究，主要围绕基层公务员公共服务动机对工作态度的影响，特别是针对基层公务员公共服务动机对其个体组织承诺和工作投入可能产生的作用进行分析。在此提出关于基层公务员公共服务动机作用结果的理论假设如下所述。

1. 基层公务员的公共服务动机对其组织承诺存在影响

（1）基层公务员的公共服务动机对其情感承诺存在影响。

（2）基层公务员的公共服务动机对其持续承诺存在影响。

（3）基层公务员的公共服务动机对其规范承诺存在影响。

2. 基层公务员的公共服务动机对其工作投入存在影响

第五章　研究过程

在本章节，笔者结合研究安排，对调查范围和对象、预实验和正式调查过程进行介绍。这其中既包括了对研究样本的抽样情况介绍，也包括了对量表的信度和效度的具体检验过程。

第一节　调查范围与对象

北京是我国首都所在地，是全国政治中心、文化中心、国际交往中心和科技创新中心。作为一个直辖市，北京市共下辖东城、西城、海淀、朝阳、丰台、门头沟、石景山、房山、通州、顺义、昌平、大兴、怀柔、平谷、延庆、密云 16 个市辖区（合计 16 个县级行政区划单位），147 个街道（含 8 个地区）、144 个镇、33 个乡、5 个民族乡。按照之前对北京市基层公务员群体的划分，在这 329 个基层行政单位工作的公务员都属于基层公务员的范围。

北京市各区县下辖的街道办事处和乡镇的功能基本相同，共同承担着经济、社会事业发展的任务。不过街道办事处主要设置在城区内，管理和服务的对象一般是城镇居民，而乡镇一般设置在县或郊区，管理和服务的对象一般是农业人口。不过随着部分区县行政区域划分的调整，一些县或郊区也设置了街道办事处。就北京市各区县街道设置情况来看，目前各个区县范围内都设立了街道办事处，而且根据区县经济社会发展情况的不同，各区县下辖的街道办事处数量也不同。其中东城区 17 个，西城区 15 个，海淀区 22 个，朝阳区 24 个，丰台区 14 个，石景山区 9 个，通州区 4 个，顺义区 6 个，房山区 8 个，大兴区 5 个，昌平区 2 个，怀柔区 2 个，平谷区 2 个，门头沟区 4 个，密云区 2 个，延庆区 3 个。

根据研究安排，为了在影响因素层面尽可能控制住无关变量，笔者将研究范围尽可能缩小，最终选取北京市东城区的基层公务员作为具体调查分析对象，研究所指的基层公务员，特指东城区的基层公务员。之所以选择东城区作为研究对象有两方面的理由，一是由于东城区作为北京市的核心城区，没有设置乡镇政府，只下辖了 17 个街道，而这些街道在机构设置、人员配备等方面的情况同质性较高，基层公务员所感知到的组织氛围比较接近，所从事的工作职责也比较类似，从实验研究的角度来看，是比较理想的研究对象；二是东城区作为首都的核心功能区，承载着首都很多区域功能职责，它的基层公务员群体在一定程度上能较好地代表北京市基层公务员的基本情况，对该群体进行研究，有利于为以后其他城市基层公务员开展相关研究提供参考和借鉴。

一　北京市东城区街道办事处的基本职能

街道办事处是我国城市基层管理的末梢，联结着政府和社区，在城市基层管理中具有重要的地位。《中华人民共和国地方各级人民代表大会和地方各级人民政府组织法》（1954 年）第六十八条规定“省、自治区的人民政府在必要的时候，经国务院批准，可以设立若干派出机关。县、自治县的人民政府在必要的时候，经省、自治区、直辖市的人民政府批准，可以设立若干区公所，作为它的派出机关。市辖区、不设区的市的人民政府，经上一级人民政府批准，可以设立若干街道办事处，作为它的派出机关”。街道办事处从初设至今，其实际的性质、地位和职能都在随着社会历史条件的变化而不断变化。经过半个多世纪的历史沿革，我国城市街道办事处呈现出国家权力向城市基层社会延伸和渗透的发展趋势。在现阶段的城市基层行政组织结构中，街道办事处作为最基层的行政组织在社会治理中发挥着越来越重要的作用。

从目前的实践情况来看，街道既是行政区域，又是城市社区。街道所具有的既是行政区又是城市社区的双重性质，决定了街道办事处同时具有行政组织和社区组织的双重性质。一方面，街道办事处属于城市区级基层政权的范围，是区政府的派出机关，承担着大量的政府职能，拥有和行使着一定的政府权力，尽管它既不是一级政府也不可能成为一级政权，但它仍然不失为一个行政主体，是一个行政组织。它是作为一个行政组织来开展行动的，其行为的价值取向和运作方式同政府的取向和运作方式保持着高度一致性，就是运用所拥有的行政权力，进行城市管理，维护城市的经济秩序、工作秩序和生活秩序，强调管理、协调和控制。另一方面，街道办事处又是一个社区组织。既然在现实中街道是作为一个社区而存在的，因此，就在社区中形成了各种各样的社区组织，这是产生于社区，服务于社区，并在社区的形成和发展中起协调和组织作用的社会力量。在社区中起着管理和服务作用的街道办事处，不仅理应具有社区组织的性质，而且还是各种社区组织中的最重要组织。如果没有这样一个社区组织，就不可能对社区的各种组织和力量进行有效的整合。作为一种社区组织，它的价值目标应该是整合社区群体，挖掘社区资源，调动社会力量，促进社区的发育，为社区居民创造和培育良好的社区环境，强调的是整合、服务和发展。如上所述，同时具有行政性和社会性的街道办事处在街道社区中发挥着组织、管理和整合的作用，成了“政社合一”型组织。

由于街道办事处所具备的双重性质，也决定了街道办事处具有二重性职能。一方面，街道办事处作为行政组织的基本职能是运用行政权力，开展自上而下的城市管理；另一方面，街道办事处作为社区组织的基本职能是动员社区力量，开展社区建设。近年来，随着政治、经济、社会环境的变化，2009 年 6 月，全国人大常委会将 1954 年通过的《城市街道办事处组织条例》予以废止。有不少研究人员指出需要结合《中华人民共和国地方各级人民代表大会和地方各级人民政府组织法》和《中华人民共和国城市居民委员会组织法》对街道办事处的职责重新进行合理定位，并将街道办事处的职责概括为四个主要方面：统筹辖区发展、协调和监督专业管理、组织公共服务、指导社区建设。

根据 2012 年制定颁布的《北京市主体功能区规划》，北京市各区被划分为四种类型的功能区，分别承载着不同的功能和定位。东城区作为首都功能核心区，是首都功能最主要的载体之一，也是国家和北京市行政、事业机构的主要集中地，集中体现北京作为国家首都的政治、文化中心和国际交往中心功能。东城区目前辖区面积为 41. 84 平方千米，全区人口 91. 9 万人，管辖 17 个街道办事处，205 个社区。东城区不仅具有丰厚的多元文化资源，还有着丰富的以皇家文化、民俗文化为代表的历史文化资源，是全市历史文化遗存、胡同四合院和非物质文化遗产最为密集的地区。为了承接和落实好首都功能核心区的各项职能，作为东城区的基层派出机构，东城区各街道（包含街道工委和街道办事处）的工作职责包含了很多方面，其中最重要的是党群团工作和行政工作两个方面。

一方面，就街道办事处的党群团工作职责而言，街道工委在区委领导下，是街道各种组织和各项工作的领导核心，也是街道、社区党建工作的领导核心，对辖区政治、经济、行政和社区建设、武装、公安等各项工作实行统一领导，支持和保证辖区行政组织、经济组织、群众组织依法行使职权，全面贯彻落实党的路线、方针、政策，努力完成区委的各项任务。

以东城区东花市街道为例，其街道工委的具体职责如下。一是宣传贯彻党的路线、方针、政策和国家的法律法规，执行上级党组织的决议、决定，团结、带领辖区内党员群众，保证党和政府各项任务的顺利完成。二是研究制定本街道党的建设、城市管理、社区建设和发展规划等方面的重大问题。三是加强街道班子建设，坚持党的基本路线和民主集中制原则，坚持勤政、廉政，使其成为街道各项建设的坚强领导集体。四是坚持党管干部原则，按照干部管理权限选拔、培养、考察、任免干部，并加强监督，不断加强干部队伍建设，提高干部素质。五是加强街道社区党组织的思想、组织和作风建设，充分发挥街道党组织的领导核心、战斗堡垒作用，建立健全社区内新经济社会组织中党的基层组织建设，加强党员教育、管理，发挥社区党员的先锋模范作用。六是加强对精神文明建设的领导，动员和组织街道、社区单位深入开展思想道德和科学文化知识教育，充分挖掘社区资源，兴办社区文化事业，积极开展思想政治工作的研究，努力探索新时期思想政治工作思路，不断总结经验，并用于指导实践。七是负责辖区内社会治安综合治理工作，及时处理人民内部矛盾，化解各种不稳定因素，确保辖区的政治稳定和社会安定。八是加强对街道工会、共青团、妇联等群众组织的领导，支持和保证其按照国家的法律、法规和各自的章程独立负责地开展工作。九是领导本街道纪工委工作，加强党员的党性、党风、党纪教育，严守党纪、政纪，不断促进勤政、廉政建设。十是做好老干部工作、统战工作和人民武装工作。十一是认真完成市、区委交办的其他工作，等等。

另一方面，就街道办事处的行政职责而言，街道办事处作为区政府的派出机构，对区政府负责。在区政府授予的职权范围内，依据法律、法规、规章和政府的决定、命令、指示，完成市、区政府部署的各项任务，代表区政府在本辖区内行使政府管理职能。

同样以东城区东花市街道为例，街道办事处的工作职责如下。一是宣传、贯彻、执行党和国家的各项方针、政策、法律法规与市政府规章以及市、区人民政府的决定、命令、指示，完成市、区人民政府部署的各项任务。二是负责辖区内环境卫生、绿化美化、环境保护、节约用水、防汛抢险、门前三包等城市管理工作，协助有关部门做好危旧房改造的宣传动员、拆迁工作，组织和监督对违法建筑、违法占用道路、无照经营以及违反市容环境卫生、违反绿化管理行为的查处工作，对居民小区的物业管理进行指导和监督检查工作。三是负责辖区内社区居委会的指导，及时反映居民的意见和要求，负责拥军优属、优抚社救、残疾人、侨务、民兵预备役、征兵、人民防空、计划生育、统计、红十字会等工作，维护老年人、妇女、未成年人和残疾人的合法权益，组织公民献血，开展群众性文化、体育、卫生、科普教育和多种形式的社会主义精神文明创建活动。四是制定社区发展规划，建设管理社区服务设施，合理配置社区服务资源，兴办社会福利事业，做好社会救助、防灾减灾等社会保障工作。五是编制街道发展规划，管理街道财政，为区域经济发展创造良好环境，不断增强街道经济实力。六是负责办理人大代表、政协委员的意见、建议和议案，接待办理人民群众的来信来访。七是统筹协调并监督检查派出所、工商所、税务所、司法所、房管所等职能部门派出机构或专职人员的行政执法工作，向辖区内机关、团体和企事业单位，布置市区政府下达的地区性、社会性、群众性、公益性的工作任务，并监督检查落实情况。八是协同建设部门监督施工单位依法施工，防止施工扬尘、扰民，配合建设、施工单位做好居民工作，维护施工秩序。九是领导地区城市管理监察分队，监督其行政执法工作。十是对所管事业单位实行领导、组织、指导、监督和管理。十一是积极完成市、区政府交办的其他工作任务，等等。

二 北京市东城区街道组织机构设置和人员配备情况

2009 年 2 月，为了更好地为市民服务，增加工作效率，北京市政府出台了机构改革方案，具体内容以“三定”（定职责、定机构、定编制）为改革的中心，对于市直机关和各区县的机构设置与人员配备情况作出了总体要求。2010 年年底，北京市东城区也制订出台了东城区的机构改革方案，就东城区区直机关和各下属街道的机构设置与人员配备情况出台了明确规定，并于 2011 年年底之前完成了相关机构和人事改革。

根据机构改革方案规定，东城区各街道也进行了机构精简和充足，目前街道内部的组织机构设置一般包括街道工委内设机构（纪委、组织部、宣传部和武装部等）、街道办事处内设机构（人事、财务、信访、民政和社会保障等）和群团机构（工会、妇女联合会和团委等）等三大类型。此外，各街道还会下辖一些双管部门（由街道和区属上级部门共同管理的单位）和事业单位，如公安派出所、司法所、综合执法组、统计所、交通安全委员会办公室、食品药品监督管理所、城管执法队、社区服务中心、文化服务中心和环境卫生所等机构和单位。改革以后，每个街道内的组织机构数量一般保持在 20 个左右，最多的不超过 25 个。以东城区体育馆路街道为例，其街道办事处（含工委）机构设置情况为：（1）街道工委内设机构：工委办公室、人大街道工委办公室、组织人事部、宣传部、精神文明办公室（挂靠宣传部）、社会治安综合治理办公室、610 办公室（挂靠社会治安综合治理办公室）、纪律检查工作委员会（监察科）；（2）街道办事处内设机构：办公室、城市综合管理科、社区建设工作办公室、经济发展科、财政科、民政科、住房保障科、劳动和社会保障科、文教卫体科、人口和计划生育办公室、公共安全管理办公室、信访科；（3）群工团机构：总工会、团工委、妇联、残联；（4）人民武装部；（5）双管部门和事业单位：公安派出所、司法所、综合执法组、统计所、交通安全委员会办公室、食品药品监督管理所、城管执法队、社会保障事务所、环境卫生管理所、社区服务中心（社区文体中心）和社会服务管理分中心。虽然东城区各街道办事处的机构设置会与此略有不同，但是大体情况基本上都是相同的（见附录）。

就东城区各街道的人员配备情况来看，一般每个街道的公职人员为 150 人左右，其中公务员一般为 80—100 人，街道的基层公务员主要集中在街道工委、街道办事处和群团机构范围内，平均每个办公室 5 人，一般不超过 8 人。就职级来看，街道公务员的构成呈明显的“金字塔”结构，位于最上层的是街道的处级干部，一般为 8—10 人，具体包括街道工委书记 1 人、工委副书记 3 人（其中 1 人兼任街道办事处主任，1

人为主管党务的专职副书记，1 人兼任纪工委书记)、街道行政副主任 3—5 人；其次为正科级干部，主要包括街道党委、行政和群团办公室的主要负责人（一般是科长)，还有少数非领导职务的正主任科员，东城区每个街道的正科级干部一般配置职数为 30 人左右；还有副科级干部，主要是街道各科室的副科长，也包括少数副科级主任科员，一般人数也在 30—40 人；除此以外，各街道还有科员和办事员若干，这部分人员一般是新入职的公务员或年龄较大但是由于学历等原因无法晋升到上一级别的公务员，人数约 30 人（近年来，由于公务员考试的激烈竞争导致了基层公务员的基本招考学历条件不断提高，新入职的公务员由科员晋升副科的时间明显缩短，导致了该职级群体的人数略有下降)。此外，从东城区街道公务员的年龄来看，目前大部分街道公务员的年龄在 40 岁以上，该群体在年龄方面并不具备优势，这也与基层公务员群体晋升发展缓慢有一定联系。从性别来看，与作者一开始想象的男多女少情况不同，目前东城区各街道的公务员性别比例大致相当，较为均衡。从学历情况来看，东城区街道一级的公务员，大部分都具有本科及以上学历，少部分为大专学历，中专及以下学历的公务员较少，这也从侧面说明北京市作为首都，其基层公务员的学历水平和素质还是比较高的。

需要说明的是，作为首善之区，东城区街道办事处的各个机构办公室都出台了明确的工作职责，这也为我们后续关于工作特征的测量提供了便利。以东城区某街道的民政科为例，该科室的工作职责为拥军优属、社会福利、老龄工作、监督殡葬法的落实，做好辖区双拥工作和城乡社会救助工作（包括城市最低生活保障、医疗救助、住房保障和临时救助等工作)。该科室负责人（民政科长）的工作职责如下：主持民政科全面工作，负责整个科室人员、事务的统筹协调安排；负责制订本年度工作计划、目标管理、科室任务分配、任务完成、目标考核及各项规章制度的执行和管理、年终总结工作；负责双拥工作、社救对象、城市居民最低生活保障、老龄、捐赠、见义勇为、优抚、殡葬管理、科室财务审核工作；负责地退、超转、无军籍退休职工的管理工作以及领导交办的其他工作。从相关的工作职责我们也可以看出，基层公务员的这些工作都与辖区内的群众联系比较紧密，事关群众的切身利益，也从侧面体现了基层工作的重要性。

第二节　预实验调查

一　预调查的范围与对象

虽然本次预试问卷中的各个变量都采用了目前比较成熟的测量量表，笔者仅对原有的量表进行了少量的修订，但是为了保持研究的严谨性，也为了使问卷中相关题项更加符合基层公务员工作实际，笔者对该调查问卷进行了预实验调查。需要说明的是，因为研究中所使用的量表，基本都有研究者针对中国的实际做过检验，因此本研究不再对量表的因子结构作探索性分析，主要是基于基层公务员群体对量表的信度和效度进行检验。

为了保持预实验对象与正式调查对象的同类性，笔者将预实验对象锁定在北京市东城区街道范围内，共面向北京市东城区的 5 个街道发放 150 份调查问卷（每个街道 30 份），在街道相关工作人员的帮助下，回收到问卷 136 份，回收率为 90. 66%。在回收的问卷中，剔除无效问卷 31 份（无效作答、空白选项超过 1/3 视为无效问卷），共得到有效问卷 105 份。所有问卷回收完毕后，笔者将所得数据按要求录入 SPSS 统计软件，并将所有反向计分的题项还原分值后，对统计结果进行了分析。具体结果如下（见表 5. 1）：

表 5. 1　　**预实验研究样本描述（N = 105）**

项目	人口学变量	人数（人）	所占百分比（%）
性别	男性	53	50. 5
	女性	52	49. 5
年龄	25 岁及以下	16	15. 2
	26—35 岁	65	61. 9
	36—45 岁	16	15. 2
	46—55 岁	7	6. 7
	56 岁以上	1	1
婚姻	已婚	71	67. 6
	未婚	33	31. 4
	离异及其他	1	1

续表

项目	人口学变量	人数（人）	所占百分比（%）
受教育情况	初中及以下	0	0
	中专（高中）	1	1
	大专	6	5.7
	本科	81	77.1
	硕士（研究生）	17	16.2
	博士	0	0
工龄	2 年及以下	14	13.3
	2.1—5 年	27	25.7
	5.1—10 年	24	22.9
	10.1—15 年	22	21.0
	15.1—20 年	4	3.8
	20 年以上	14	13.3
职级	办事员、科员	55	52.4
	副科	28	26.7
	正科	18	17.1
	副处	3	2.9
	正处	1	1

结合之前关于东城区街道公务员基本情况的介绍，从该表中可以看出，本次预调查选取的基层公务员样本在性别、年龄、婚姻、学历、工龄和职级等各个指标范围内均有涉及，比例分布合适，人员构成情况基本符合目前街道公务员的实际情况，调查结果具有较好的代表性。

二　量表的检验与修订

在社会科学研究中，信度主要指测试的可信程度。大多数学者认为：信度大于 0.9 表示信度甚佳；信度大于 0.8 都是可接受的；信度大于 0.7 表示量表要较多修订，但仍具有较大价值。从心理学的研究看，一般来说，能力与成就测验的信度系数常在 0.90 以上；性格、兴趣、态度等人格测验的信度系数通常在 0.80—0.85。由于本研究的测量均采用李克特量表的多重计分方式进行，适宜采用 Alpha 信度系数测量累加李克特量表的信度。本书采用以下两种方式及相应标准对预调查的数据进行分析。一是内在信度分析，主要是验证量表的内在一致性，也就是测量量表中一组问题是否衡量的是同一个概念。如果内在信度在 0.8 以上，则可以认为量表有较高的内在一致性。二是项目分析，根据因素负荷量判断指标好坏。

在量表的效度结构检验方面，首先，本书采用的是成熟量表，问题的效度经过了广泛的检验，具有较好的结构效度。其次，研究中所使用的量表结构维度和各项指标，都经过人力资源领域专家的审查和讨论，并由专家对测验项目与所涉及的内容范围进行了符合性判断。最后，对于个别需要修订的量表，研究采用因素负荷量判断法对指标构成进行了进一步甄别和检验，能够保证问卷有较好的内容效度。

（一）公共服务动机量表的信度检验和项目判定

1. 公共服务动机量表的信度检验

经检验，本次预实验中公共服务动机量表的信度检验结果如下表所示（表 5. 2）。从该表可以看出，公共服务动机量表具有较好的可信度，符合心理学测量的要求，予以接受。

表 5. 2　　**公共服务动机量表的信度检验（N = 105）**

维度	信度系数	标准化信度系数	项数
公仆热忱度	. 801	. 807	3
公仆承诺度	. 785	. 789	5
公仆怜悯度	. 828	. 835	8
公仆奉献度	. 933	. 934	9
公共服务动机总量表	. 942	. 943	25

2. 公共服务动机量表的项目分析

在书中，许多研究者运用探索性因素分析的因素负荷量（factor loading）大小来进行项目的诊断。为了进一步探讨公共服务动机各维度下题目选项的一致性，笔者采用因素分析法对公共服务动机各个维度下的题目选项进行了分析。

由于公共服务动机量表的各维度结构都是既定的，经过很多研究者的反复验证，具有较好的测试稳定性，因此，作者在本书中直接对各维度的题目执行因素分析（表5.3）。

表5.3　　公共服务动机量表的项目分析结果（N=105）

题目项目	公仆热忱度因子	公仆承诺度因子	公仆怜悯度因子	公仆奉献度因子
VAR00002	.924			
VAR00003	.896			
VAR00001	.724			
VAR00006		.842		
VAR00005		.738		
VAR00004		.720		
VAR00007		.711		
VAR00008		.671		
VAR00010			.780	
VAR00012			.771	
VAR00015			.744	
VAR00016			.726	
VAR00009			.709	
VAR00013			.686	
VAR00014			.477	
VAR00011			.549	
VAR00020				.877
VAR00022				.873
VAR00024				.844
VAR00021				.843
VAR00025				.818
VAR00023				.816
VAR00019				.779
VAR00017				.725
VAR00018				.706

通过对公共服务动机量表的各个题项进行KMO量数（Kaiser-Meyer-Olkin measure of sampling adequacy）和巴特利球形检验发现，KMO值=0.871，且P值显著（sig. =0.000），说明适合作因子分析。此外，各

题项的累计解释变量总方差为65.664%，说明这些题项的因子具有可解释性。通过观察转轴后的因子分析，可以发现，绝大部分因子载荷的得分很高，只有第14题的因子载荷小于0.5。据此，删除第14题，其余题项予以保留。

3. 对修订后公共服务动机量表的相关性和信度再检验

根据对预试量表的项目判定结果，笔者将第14题删除后，重新对量表的内部相关性和修改后的相关维度的信度进行了检验，结果发现各项目维度之间具有较好的内部相关性，具体如下（表5.4）：

表5.4 **重测的公共服务动机量表相关性分析（N=105）**

	公仆热忱度	公仆承诺度	公仆奉献度	公仆怜悯度
公仆热忱度	1	.579**	.313**	.445**
公仆承诺度	.579**	1	.662**	.667**
公仆奉献度	.313**	.662**	1	.803**
公仆怜悯度	.445**	.667**	.803**	1

**. Correlation is significant at the 0.01 level (2 – tailed).

同样，由于笔者对公共服务动机公仆怜悯维度下的题目进行了删除，为了保证该维度的信度，重新对公共服务动机的公仆怜悯维度之信度进行检验（表5.5），结果发现修订后的公仆怜悯维度的信度系数得到了提高，修订予以接受。

表5.5 **公仆怜悯度的信度分析（N=105）**

维度	信度系数	标准化信度系数	项数
公仆怜悯度	.839	.841	7

（二）组织氛围量表的信度检验和项目判定

1. 组织氛围量表的信度分析

经检验，本次预实验中组织氛围预试量表的信度检验结果如下表所示（表5.6）。从该表可以看出，组织氛围测量量表具有较好的可信度，符合心理学测量的要求，予以接受。

表5.6　　组织氛围量表的信度分析（N=105）

维度	信度系数	标准化信度系数	项数
明确性维度	.955	.955	5
标准性维度	.884	.885	5
责任性维度	.818	.815	5
奖励性维度	.941	.941	5
灵活性维度	.911	.911	5
凝聚性维度	.933	.933	5

2. 组织氛围量表的项目分析

为了进一步探讨组织氛围各维度下题目选项的一致性，笔者采用因素分析法对组织氛围各个维度下的题目选项进行了分析。

由于组织氛围量表的各维度结构都是既定的，经过多数研究者的反复验证，因此，笔者在此直接对各维度的题目分开执行因素分析。通过对组织氛围量表的各个题项进行KMO量数和巴特利球形检验发现，KMO值=0.917，且P值显著（sig. =0.000），说明适合作因子分析。此外，量表题项累计解释变量总方差为80.384%，说明这些题项的因子具有可解释性（见表5.7）。

表5.7　　组织氛围量表的项目分析

题目项目	明确性	标准性	责任性	奖励性	灵活性	凝聚性
VAR00001	.879					
VAR00002	.921					
VAR00003	.965					
VAR00004	.942					
VAR00005	.897					
VAR00006		.818				
VAR00007		.898				
VAR00008		.813				
VAR00009		.812				
VAR00010		.797				
VAR00011			.896			

续表

题目项目	明确性	标准性	责任性	奖励性	灵活性	凝聚性
VAR00012			.907			
VAR00013			.880			
VAR00014			.704			
VAR00015			.694			
VAR00016				.903		
VAR00017				.909		
VAR00018				.934		
VAR00019				.886		
VAR00020				.867		
VAR00021					.893	
VAR00022					.781	
VAR00023					.925	
VAR00024					.773	
VAR00025					.919	
VAR00026						.837
VAR00027						.929
VAR00028						.903
VAR00029						.852
VAR00030						.921

通过观察转轴后的因子分析，可以发现，组织氛围绝大部分因子载荷的得分很高，只有责任性维度的第 15 题的因子载荷小于 0.7，但是因子载荷数值也达到了 0.694，经征询人力资源专家的意见，对该题目予以保留。

（三）工作特征量表的信度检验和项目判定

1. 工作特征量表的信度分析

经检验，本次预实验中工作特征预试量表的信度检验结果如表 5.8 所示。从该表可以看出，工作特征测量量表具有较好的可信度，符合心理学测量的要求，予以接受。

表 5.8　　工作特征量表的信度分析

维度	信度系数	标准化信度系数	项数
多样性维度	.843	.844	3
重要性维度	.849	.851	3
完整性维度	.881	.886	3
自主性维度	.933	.933	3
反馈性维度	.864	.874	3

2. 工作特征量表的项目分析

为了进一步探讨工作特征各维度下题目选项的一致性，笔者采用因素分析法对工作特征各个维度下的题目选项进行了分析。

由于工作特征量表的各维度结构都是既定的，经过很多研究者的反复验证，因此，笔者在此直接对各维度的题目分开执行因素分析。通过对工作特征量表的各个题项进行 KMO 量数和巴特利球形检验发现，KMO 值 =0.898，且 P 值显著（sig. =0.000），说明适合作因子分析。此外，量表题项的累计解释变量总方差为 79.56%，说明这些题项的因子具有可解释性（表 5.9）。

表 5.9　　工作特征量表的项目分析

题目项目	多样性维度	重要性维度	完整性维度	自主性维度	反馈性维度
VAR00003	.911				
VAR00002	.858				
VAR00001	.850				
VAR00004		.890			
VAR00006		.879			
VAR00005		.864			
VAR00008			.952		
VAR00007			.912		
VAR00009			.843		
VAR00011				.949	
VAR00010				.938	
VAR00012				.930	

续表

题目项目	多样性维度	重要性维度	完整性维度	自主性维度	反馈性维度
VAR00013					.923
VAR00015					.886
VAR00014					.870

通过观察转轴后的因子分析，可以发现，绝大部分因子载荷的得分很高，基本超过了0.8，所以工作特征的题项不用再进行修订。

（四）工作价值观量表的信度检验和项目判定

1. 工作价值观量表的信度分析

经检验，本次预实验中工作价值观预试量表的信度检验结果如表5.10所示。从该表可以看出，工作价值观量表具有较好的可信度，符合心理学测量的要求，予以接受。

表5.10 **工作价值观量表的信度分析（N=105）**

维度	信度系数	标准化信度系数	项数
自我成长取向	.914	.915	5
自我实现取向	.924	.926	5
尊严取向	.941	.943	6
社会互动取向	.881	.904	6
组织安全与经济取向	.893	.893	3
安定与免于焦虑取向	.904	.907	5

2. 工作价值观量表的项目分析

为了进一步探讨工作价值观各维度下题目选项的一致性，笔者采用因素分析法对工作价值观各个维度下的题目选项进行了分析。

由于工作价值观量表的各维度结构都是既定的，经过很多研究者的反复验证，因此，笔者在此直接对各维度的题目分开执行因素分析。通过对工作价值观量表的各个题项进行KMO量数和巴特利球形检验发现，KMO值=0.898，且P值显著（sig. =0.000），说明适合作因子分析。此外，各题项的累计解释变量总方差为79.56%，说明这些题项的因子具有可解释性（表5.11）。

表5.11　**工作价值观量表的项目分析**

题目项目	自我成长	自我实现	尊严	社会互动	组织安全与经济	安定与免于焦虑
VAR00003	.899					
VAR00004	.884					
VAR00002	.879					
VAR00005	.845					
VAR00001	.812					
VAR00009		.918				
VAR00007		.902				
VAR00008		.875				
VAR00006		.870				
VAR00010		.825				
VAR00013			.932			
VAR00014			.928			
VAR00012			.909			
VAR00015			.885			
VAR00011			.825			
VAR00016			.816			
VAR00018				.880		
VAR00019				.877		
VAR00017				.874		
VAR00021				.841		
VAR00020				.833		
VAR00022				.624		
VAR00025					.948	
VAR00024					.921	
VAR00023					.853	
VAR00028						.894
VAR00029						.888
VAR00027						.872
VAR00030						.839
VAR00026						.777

通过观察转轴后的因子分析，可以发现，绝大部分因子载荷的得分很高，虽然社会互动维度的第22题的因子载荷小于0.7，但是也可以保留，所以工作价值观的题项不用再进行修订。

（五）组织承诺量表的信度检验和项目判定

1. 组织承诺量表的信度分析

经检验，本次预实验中组织承诺预试量表的信度检验结果如表5.12所示。从该表可以看出，组织承诺量表具有较好的可信度，符合心理学测量的要求，予以接受。

表5.12　**组织承诺量表的信度分析**

维度	信度系数	标准化信度系数	项数
情感承诺维度	.963	.963	7
持续承诺维度	.826	.828	4
规范承诺维度	.937	.935	6

2. 组织承诺量表的项目分析

为了进一步探讨组织承诺各维度下题目选项的一致性，笔者采用因素分析法对组织承诺各个维度下的题目选项进行了分析。

由于组织承诺量表的各维度结构都是既定的，经过多数研究者的反复验证，因此，笔者在此直接对各维度的题目分开执行因素分析。通过对组织承诺量表的各个题项进行KMO量数和巴特利球形检验发现，KMO值=0.925，且P值显著（sig. =0.000），说明适合作因子分析。此外，量表题项累计解释变量总方差为79.454%，说明这些题项的因子具有可解释性（表5.13）。

表5.13　**组织承诺量表的项目分析**

题目项目	情感承诺	持续承诺	规范承诺
VAR00003	.928		
VAR00004	.923		
VAR00002	.907		
VAR00007	.904		

续表

题目项目	情感承诺	持续承诺	规范承诺
VAR00006	.895		
VAR00001	.892		
VAR00005	.889		
VAR00010		.856	
VAR00009		.831	
VAR00008		.788	
VAR00011		.774	
VAR00014			.938
VAR00013			.935
VAR00015			.923
VAR00012			.903
VAR00016			.757
VAR00017			.751

通过观察转轴后的因子分析，可以发现，绝大部分因子载荷的得分很高，基本超过了0.75，所以组织承诺的题项不用再进行修订。

（六）工作投入量表的信度检验和项目判定

1. 工作投入量表的信度分析

经检验，本次预实验中工作投入预试量表的信度检验结果如表5.14所示。从该表可以看出，工作投入量表具有较好的可信度，符合心理学测量的要求，予以接受。

表5.14　**工作投入量表的信度检验**

信度系数	标准化信度系数	项目数
.943	.943	9

2. 工作投入量表的项目分析

通过对工作投入量表的各个题项进行KMO量数和巴特利球形检验发现，KMO值=0.919，且P值显著（sig. =0.000），说明适合作因子分析。此外，量表题项累计解释变量总方差为68.88%，说明这些题项的因子具有可解释性（表 5.15）。

表 5.15　　　　　　　　　　**工作投入量表的项目分析**

题目项目	因子载荷
VAR00007	.870
VAR00008	.868
VAR00005	.860
VAR00006	.856
VAR00009	.826
VAR00001	.821
VAR00004	.818
VAR00002	.780
VAR00003	.764
VAR00010	.761

通过观察转轴后的因子分析，可以发现，绝大部分因子载荷的得分很高，基本超过了 0.75，所以对工作投入的题项不再进行修订。

第三节　正式调查研究

一　样本情况

本书采用调查问卷的方式进行，调查问卷主要包括经检验和修订以后的六个量表：公务员公共服务动机测量量表、组织氛围测量量表、工作特征测量量表、工作价值观测量量表、组织承诺测量量表和工作投入测量量表（见附录）。

本次正式调查自 2013 年 9 月起开始进行。在东城区委组织部和各街道办事处的支持下，本次调查面向东城区下辖的 17 个街道发放了问卷。为了保证样本的覆盖面，研究在每个街道均面向公务员群体发放不少于 45 份问卷，分两种方式发放。一种方式是由各街道利用召开会议和布置工作的机会，将本街道公务员集中在一起，由现场工作人员对问卷导语和填写要求说明后，当场发放、当场填写、当场回收。另一种方式是由街道组织部工作人员分别通知街道各部门公务员自行前来指定办公室领取问卷，在听取工作人员介绍填写说明之后，由各个公务员自己拿回办公室或其他地点作答，并在指定时间内交还工作人员。由于本次研究得到了东城区相关部门的大力支持，调查对象的准确性和参与度得到了最大程度的保证。根据街道工作人员反馈，参与作答的对象，90%以上都是东城区各街道在编在岗的公务员，而且按照笔者的要求，工作人员在发放问卷时，具体考虑了街道公务员年龄、性别和职级等因素的构成，为研究的有效性提供了极大的保障。另外，考虑到各个街道的公务员规模和人数有所差异，研究在对不同街道公务员的抽样数量上也进行了权衡，基本上抽样按照大于基数50%的样本规模进行调查，具体如表5.16所示。

表5.16 **东城区各街道公务员人数和抽样数** 单位：人

街道名称	公务员人数	抽样公务员数
安定门街道	87	45
建国门街道	103	55
朝阳门街道	86	45
东直门街道	89	45
东华门街道	100	50
和平里街道	103	55
北新桥街道	102	55
交道口街道	85	45
景山街道	85	45
东四街道	85	45
天坛街道	96	50
东花市街道	88	45
前门街道	77	45
龙潭街道	90	45
永定门外街道	110	60
崇文门外街道	77	45
体育馆路街道	87	45
总计	1550	820

截至2013年10月，笔者共在东城区街道公务员范围内发放调查问

卷820份，回收问卷795份，回收率为96.95%。其中，有效问卷760份，问卷有效率达到95.59%。

对于回收的调查问卷，我们将数据录入到SPSS软件中，进行分析。经统计分析，本次正式调查的样本基本情况如表5.17所示。

表5.17　**研究样本描述（N=760）**

项目	人口学变量	人数（人）	所占百分比（%）
性别	男性	330	43.4
	女性	414	54.5
	缺失值	16	2.1
年龄	25岁及以下	73	9.6
	26—35岁	312	41.1
	36—45岁	200	26.3
	46—55岁	133	17.5
	56岁以上	9	1.2
	缺失值	33	4.3
婚姻	已婚	543	71.4
	未婚	186	24.5
	离异及其他	5	.7
	缺失值	26	3.4
学历	初中及以下	12	1.6
	中专（高中）	7	.9
	大专	54	7.1
	本科	526	69.2
	硕士（含研究生）	146	19.2
	博士	3	.4
	缺失值	12	1.6
工龄	2年及以下	83	10.9
	2.1—5年	119	15.7
	5.1—10年	103	13.6
	10.1—15年	110	14.5
	15.1—20年	88	11.6
	20年以上	233	30.7
	缺失值	24	3.2

续表

项目	人口学变量	人数（人）	所占百分比（%）
职级	办事员、科员	281	37.0
	副科	172	22.6
	正科	204	26.8
	副处	62	8.2
	正处	21	2.7
	缺失值	20	2.6

从该表中可以看出，本次调查样本范围涵盖了东城区所有街道范围内总人数一半以上的基层公务员群体（有效作答人员达到东城区基层公务员总数的49.03%）。总体说来，在性别分布上，女性基层公务员人数略多于男性基层公务员，这与东城区街道公务员实际情况相符（据东城区人事局的内部统计资料显示，截至2011年底，东城区所有街道公务员的男女性别比例为1:1.1，其可能原因在于，在街道层面，女性公务员的流动机会较少）；在年龄结果分布上，以26—35岁的青年公务员最多，36—45岁的公务员次之，这也符合东城区公务员的实际情况（据东城区组织人事部门的内部统计资料显示，在年龄结构方面，截至2012年底，东城区35岁以下公务员约2174人，36—45岁约1721人，46—54岁约1620人，55岁以上约240人）；在婚姻情况分布上，已婚的基层公务员占了绝大多数（71.4%），这也和实际情况相符；在受教育情况上，具有本科及以上学历的人数占了总人数的90%以上，充分说明了东城区基层公务员的学历构成较好、平均受教育水平较高；在工龄方面，工龄在20年以上的基层公务员人数最多，工龄在5年以下的基层公务员人数次之，工龄分布呈现两头大中间小的状态（究其原因，笔者认为有两方面的因素：一方面是作为公务员队伍的底层，基层公务员的流动性非常差，很多基层公务员一辈子都在街道等基层单位工作，所以工龄较长的人员在基层公务员中积累较多；另一方面则与国家对于基层公务员的招考政策倾斜有关，近年来，中央和国家机关公务员基本都不直接从应届毕业生队伍中招考公务员，只有少数基层公务员才可以面向应届生直接招考，以2014年北京市公务员招考为例，东城区拟招录的125名公务员中，有一半以上是到街道层面的单位工作），所以近

年来新补充的公务员无论是年龄和工龄都比较小（据不完全统计，东城区自2008年以来，已经累计新招聘了400多名公务员到街道工作）；在职级分布上，调查样本中，以科级公务员人数为最多，其次是新入职的办事员和科员，处级公务员人数最少，这也与基层公务员的基本实际情况相符合，因为作为区一级下属的街道办事处，街道本身就只是一个处级架构的单位，所以，科级及以下的公务员是街道公务员的主要组成部分。

综上所述，我们认为本次调查的基层公务员具有较好的代表性和说服力，可以作为研究的有效样本。在下面的研究分析部分，笔者以“基层公务员”具体指代本次研究中东城区接受调查的700多名街道公务员，并对他们的公共服务动机状况、影响因素和作用结果进行统计分析。

二　正式调查问卷的信度检验

1. 公共服务动机量表的信度检验

对于正式调查中回收的公共服务动机问卷，为了进一步检验其可靠性，我们对量表进行了信度检验分析，结果如下（表5.18）。从该表可以看出，量表具有较好的可信度，符合心理学测量的要求，予以接受。

表5.18　**公共服务动机量表的信度检验（N=760）**

	信度系数	标准化信度系数	项数
公仆热诚度	.773	.793	3
公仆承诺度	.812	.818	5
公仆怜悯度	.862	.864	8
公仆奉献度	.927	.926	8
公共服务动机总量表	.946	.946	24

2. 组织氛围量表的信度检验

对于正式调查中回收的组织氛围问卷，为了进一步检验量表的可靠性，我们对量表进行了信度检验分析，结果如下（表5.19）。从该表可以看出，量表具有较好的可信度，符合心理学测量的要求，予以接受。

表5.19　　组织氛围量表的信度检验（N=760）

	信度系数	标准化信度系数	项数
明确性	.935	.935	5
责任性	.885	.886	5
标志性	.789	.800	5
奖励性	.918	.919	5
灵活性	.849	.857	5
凝聚性	.912	.911	5
组织氛围总量表	.961	.963	30

3. 工作特征量表的信度检验

对于正式调查中回收的工作特征问卷，为了进一步检验量表的可信度，我们对量表进行了信度检验分析，结果如下（表5.20）。从该表可以看出，量表具有较好的可信度，符合心理学测量的要求，予以接受。

表5.20　　工作特征量表的信度检验（N=760）

	信度系数	标准化信度系数	项数
多样性	.808	.810	3
重要性	.845	.846	3
完整性	.864	.867	3
自主性	.886	.886	3
反馈性	.861	.862	3
工作特征总量表	.937	.938	15

4. 工作价值观量表的信度检验

对于正式调查中回收的工作价值观问卷，为了进一步检验量表的可信度，我们对量表进行了信度检验分析，结果如下（表5.21）。从该表可以看出，量表具有较好的可信度，符合心理学测量的要求，予以接受。

表 5.21　　工作价值观量表的信度检验（N=760）

	信度系数	标准化信度系数	项数
自我成长取向	.884	.889	5
自我实现取向	.901	.904	5
尊严取向	.927	.929	6
社会互动取向	.813	.856	6
组织安全与经济保障取向	.867	.867	3
稳定和免于焦虑取向	.897	.896	5
工作价值观总量表	.959	.962	30

5. 组织承诺量表的信度检验

对于正式调查中回收的组织承诺问卷，为了进一步检验量表的可信度，我们对量表进行了信度检验分析，结果如下（表 5.22）。从该表可以看出，量表具有较好的可信度，符合心理学测量的要求，予以接受。

表 5.22　　组织承诺量表的信度检验（N=760）

	信度系数	标准化信度系数	项数
情感承诺	.953	.953	7
持续承诺	.831	.833	4
规范承诺	.913	.912	6
组织承诺总量表	.956	.958	17

6. 工作投入量表的信度检验

对于正式调查中回收的工作投入问卷，为了进一步检验量表的可信度，我们对量表进行了信度检验分析，结果如下（表 5.23）。从该表可以看出，量表具有较好的可信度，符合心理学测量的要求，予以接受。

表 5.23　　工作投入量表的信度检验（N=760）

	信度系数	标准化信度系数	项数
工作投入	.901	.914	10

三　访谈提纲与对象

与问卷调查的定量研究相比，定性访谈研究可以与研究对象进行面对面的沟通和交流，了解受访者更为真实的感受和想法。同时，在开展访谈时，还可以及时地对某些内容进行追问，捕获更深层次的信息，也可以根据形势灵活调整访谈的方向，获取更广泛、充实的研究内容。因此为了弥补问卷调查单向数据收集的不足，笔者在问卷调查的基础上，以熟人推荐的方式在东城区各街道范围内选取了一定数量的基层公务员，开展了进一步的访谈。

（一）访谈提纲

本研究采用半结构性访谈的方式进行，根据事先设计好的访谈提纲对受访者进行深度访谈，并根据访谈的实际内容，对访谈的内容和方向进行适当的调整和深入延展。结合研究的问题和内容，笔者构建的访谈提纲如下所述。

“基层公务员公共服务动机”访谈提纲

1. 您是通过什么方式进入到公务员队伍的？您现在街道（乡镇）工作了多少年？您当初为什么选择从事这份工作？

2. 您是如何理解为“人民服务”精神的？您认为您周围的同事是否具备“服务精神”？能否举个例子？

3. 在生活中，您是一个热心人吗？如果是，能否给我们举个例子？您认为作为公务员而言，在平时生活中，您有什么是和别人不一样的吗？

4. 您平时的日常工作包括哪些方面？您认为自己的工作职责是否明确？在您所从事的工作中，您认为最有意义的是哪一项工作，能否举一个例子？

5. 您如何评价自己所处的工作环境？您认为单位（或领导）是否为您提供了施展自己能力的平台？您如何评价自己的工作表现？

6. 在工作中，您最看重工作的什么方面？您最希望从工作中获得什么？工作在您目前的生活中占有多大的比重？

7. 您是否曾经考虑过离开这个单位，如果考虑过离开，是因为什么？而导致您目前还没有离开本单位的原因又是什么？

8. 您觉得社会大众目前对于你们这个群体（基层公务员）是如何

看待的？您认为他们的看法是否合理？为什么？

9. 您认为您的工作动力来源于哪里？是什么在支配着您积极开展工作？

10. 如果要从进一步提高服务精神和工作动机（积极性）的角度，对您所在的组织提一些改进措施，您有什么意见和建议？

（二）访谈样本

在访谈环节，通过熟人推荐“滚雪球”的方式（一般而言，通过非官方途径联系到的访谈对象，比较容易消除对方的戒心，从而保证访谈内容的真实性和客观性），作者围绕“公共服务动机”的相关问题，对目前在职的18名基层公务员进行了结构式访谈。从受访人员情况来看，作者认为本次访谈对象在不同年龄、职级、工龄和工作岗位方面均有涉及，代表性相对较好，访谈结果在解释力和说服力方面也相对较好（表5.24）。

表5.24　**接受访谈的基层公务员基本情况**

编号	性别	职级	年龄	从事街道工作年限	进入街道工作途径	工作岗位
01	男	副处	44	3年	军队转业	纪工委
02	男	副处	52	34年	插队回城安置	纪工委
03	男	科员	26	3.5年	录用考试	党办
04	男	科员	24	2.5年	录用考试	办公室
05	女	科员	36	10年	录用考试（退伍军人）	经济科
06	男	科员	25	3年	录用考试	规划办
07	女	副科	27	4.5年	录用考试	安全办
08	女	科员	24	1.5年	录用考试	团工委
09	女	办事员	23	0.5年	录用考试	宣传办
10	男	副科	28	5年	录用考试（村官）	办公室
11	男	副科	30	6年	录用考试（社会在职）	办公室
12	男	正科	32	1.5年	录用考试（社会在职）	文明办
13	女	副科	28	5.5年	录用考试（村官）	党群办
14	男	正科	43	20年	录用考试	组织人事办
15	女	正科	35	11年	录用考试	信访办

续表

编号	性别	职级	年龄	从事街道工作年限	进入街道工作途径	工作岗位
16	女	副科	31	6年	录用考试	民政科
17	男	科员	27	3年	录用考试	宣传部
18	女	副科	32	13年	录用考试	社保科

第六章　数据分析

在本章节中，笔者结合数据分析对首都基层公务员公共服务动机的现状、特点、影响因素和作用结果进行了探讨，并探索构建了基层公务员公共服务动机的过程机制作用模型。

第一节　基层公务员公共服务动机的现状与特点分析

就基层公务员的公共服务动机测量而言，国内目前关于公共服务动机的实证研究很少，对于基层公务员公共服务动机开展的实证研究几乎没有。虽然北京市委党校鄯爱红教授在2010年对北京市处级以下干部的公共服务动机进行过研究，研究结果也验证了公共服务动机在该群体中的适用性，但是严格来说，该项研究还存在两方面不足：一是在样本情况方面，没有对处级公务员的来源进行严格限定，导致了受调查的公务员并不全是基层公务员，还含有一部分市直机关的公务员，因此研究样本的代表性有欠缺；二是她在研究中采用的是开放性问卷直接询问法，通过询问公务员最初进入政府工作的原因，对公共部门和私人部门工作性质的认识以及公务员工作是否能够带来薪酬之外的满足感和成就感等问题来验证公共服务动机是否存在，这与一般研究中使用的问卷测量法还存在一定差别，而且主观作答的随意性也容易遭受诟病。在本书中，笔者借鉴大多数人的研究，依靠成熟的研究量表进行测量，保证了研究的科学性和规范性，研究发现不仅更加具有代表性，而且也更有说服力和可比较性。

一　基层公务员公共服务动机的描述性分析

（一）基层公务员公共服务动机均分的总体性描述

为了对基层公务员的公共服务动机状况进行分析，笔者首先对基层公务员的公共服务动机总体水平状况及各分维度水平进行描述性分析（表6.1）。由于本调查量表采用的是李克特5级评分法，因此将中间值“3”作为理论中值。参照现有研究，笔者将小于3分的水平界定为“低公共服务动机”，将大于3分的水平界定为“高公共服务动机”①。从分析结果来看，基层公务员的公共服务动机总水平分值能达到4.31（此数值使用小数点后两位计值，按四舍五入结果计算），说明该群体具有较好的公共服务动机水平。此外就基层公务员的公共服务动机水平具体而言，得分最高的是公仆承诺度，其次是公仆怜悯度，再次是公仆热忱度，得分最低的是公仆奉献度，换言之就是说基层公务员在对公共利益的承诺方面表现最突出，其次具有较好的同情心和关怀精神，再次是对公共事务的热心程度，最后是奉献精神和服务意识。不过，由于基层公务员公共服务动机各个维度之间的得分非常接近，差距不超过0.1，所以，笔者认为基层公务员公共服务动机的各维度之间不存在明显的差别。

表6.1　　基层公务员公共服务动机的描述性统计（N=760）

	极小值	极大值	均值	标准差	排名
公仆承诺度	2.00	5.00	4.3635	.53745	1
公仆怜悯度	2.63	5.00	4.3444	.51745	2
公仆热忱度	2.00	5.00	4.3000	.63688	3
公仆奉献度	1.75	7.13	4.2392	.64419	4
公共服务动机总均分	2.25	5.67	4.3078	.50141	

为了更好地显示基层公务员公共服务动机的状况和特点，笔者将本次研究的结果与我国之前关于公务员公共服务动机的一些研究发现作了一个简单对照。由于研究的对象和使用的量表不同，各个分析发现之间

① 参见祝军《高校教师工作压力与工作倦怠状况及其相互关系研究——以中国青年政治学院为研究对象》，《北京教育（高教）》2011年第6期。

不具备直接可比性，但是可以互为一个参照（表6.2）。

相对于以往的研究而言，本次研究发现的基层公务员的得分总水平要稍微高一些。不过，鉴于公共服务动机是一种内隐动机，而且不同的研究对于公共服务动机的测量所使用的量表和赋分方式也不同，我们并不能得出某个群体的公共服务动机比另一个群体高或低的结论，但是这些研究发现不仅验证了公共服务动机在基层公务员群体中的适用性，还说明基层公务员群体具有较好的公共服务动机水平。

表6.2　　国内不同研究中关于公务员公共服务动机水平的发现

研究人员	分析对象	研究发现
本书	北京市东城区760名街道公务员	基层公务员的公共服务动机总水平分值能达到4.31，说明该群体具有较好的公共服务动机水平。就基层公务员公共服务动机的各维度得分而言，从高到低依次是：公仆承诺度、公仆怜悯度、公仆热忱度、公仆奉献度
李小华（2010）	319名公共管理硕士学员（其中，251名为政府公务员）	公务员的公共服务动机各维度水平较好5.18（总分7分），由强到弱依次是：造福社会（奉献度）6.21、同情心5.57、政策制定4.77、公共利益4.63、自我实现4.62①
叶先宝（2011）	福建省337名省委党校学员（其中公务员81名）	受调查群体具备公共服务动机，公共服务动机的得分均值为86.81分（总分120）。其中，政府公务员群体的公共服务动机水平仅次于第三部门员工，达到87.43。各维度由高到低依次是：同情心、自我牺牲精神、对公共利益的承诺、公共政策的吸引力
李丹婷（2012）	福建省812名地市公务员	公务员群体的公共服务动机水平较高，达到4.07。其中各维度水平由强到弱依次是：公仆怜悯度4.14、公仆承诺度4.13、公仆奉献度4.03和公仆热忱度3.95
朱春奎（2012）	中西部三省一市1212名公务员	公务员的公共服务动机均值达到3.69。其中，公共服务动机的五个构成维度均值都超过3.4。各维度从高到低依次是：互助意愿4.29、自我奉献3.65、公共利益承诺3.58、公共政策制定的吸引3.54、同情心3.44
朱光楠（2012）	中西部三省一市761名公务员	公务员在四个维度的均值都超过3.5，公共服务动机均值超过3.8. 从大到小依次是公仆怜悯度4.17、公仆承诺度3.77、公仆奉献度3.63、公仆热忱度3.59
祝军②（2013）	北京市某政府系统198名青年公务员	青年公务员公共服务动机水平较好4.21，从由强到弱依次是：对公共利益承诺4.30、同情心4.29、自我奉献4.14、公共政策制定的吸引力4.11

① 注：该研究采用的是李克特7级计分法。

② 参见祝军《青年公务员公共服务动机对工作投入的影响研究》，《中国青年政治学院学报》2013年第5期。

（二）基层公务员公共服务动机均值的频率分析

在与其他研究进行比较的基础上，为了能够对基层公务员的公共服务动机状况与特征有一个更加直观的认识，笔者对基层公务员公共服务动机的得分频率进行了一个描述性分析，结果如下（图 6.1）：

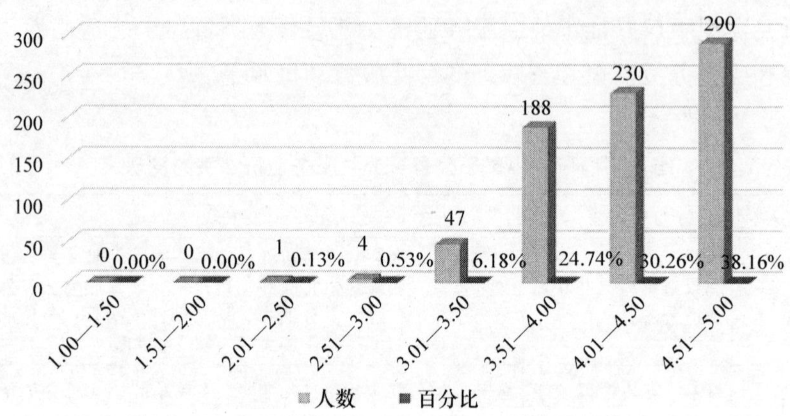

图 6.1　基层公务员公共服务动机得分频率分布

从图中可以看出，受调查的东城区基层公务员中有 95% 以上的公共服务动机得分超过了 3 分，且接近 70% 的基层公务员得分在 4 分以上，说明基层公务员群体具有较好的公共服务动机水平。究其原因，笔者认为可能是基层公务员面对的更多是前来办事的老百姓个体。与机关公务员“办文办会”的工作内容不同，基层公务员的工作结果更能为周围的人带来实实在在的改变，他们也能够更加真实、直接地体会到服务于人民群众的乐趣，从而进一步强化了他们的公共服务动机意愿，提高了水平。比如，一位受访者就在访谈中说：“作为一名‘老街道’，我对老百姓非常有感情。一次一位生病职工来申请病退，在询问中得知，他差两年工龄满 30 年。我劝他再继续缴纳两年的社会保险，这样 30 年工龄病退后退休费将提高一个档次。我又同时做他家属的工作，尽管他家生活非常困难，也动员他们请求亲戚朋友帮帮忙，哪怕退休后前几年的退休费用来还债都合适。他们听取了我的意见。一件平常的事情，几年过去我就淡忘了。一次在大街上偶遇他们两口子，他一把抓住我不放，一再道谢，说多亏听了你的意见，我现在每个月拿 2000 多元的退休费，每年退休费还比别人涨得多。”“我最希望一项工作得到老百姓的认可、好评或表扬，心里美着呢。我也不图其他的，就是看着别人过上好日子了，自己也跟着开心。”

为了进一步加强我们对基层公务员公共服务动机的直观认知，笔者对基层公务员公共服务动机的各个分维度得分也进行了频率分析。

第一，基层公务员在公仆热忱度方面的得分频率分析结果如下（图6.2）：

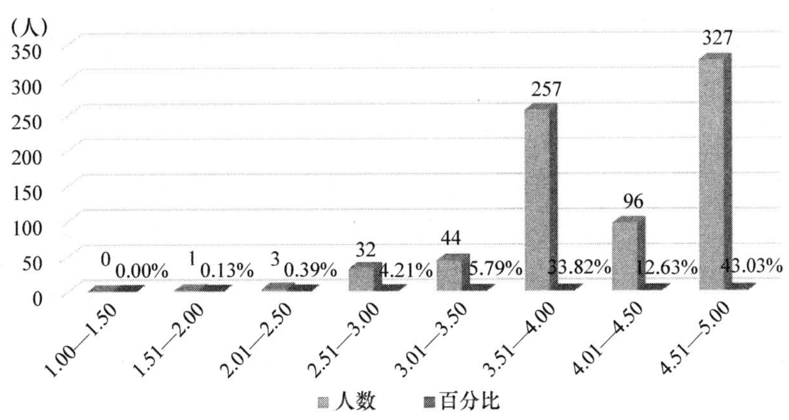

图6.2 基层公务员公仆热忱维度得分频率分布

从图中可以看出，在公仆热忱维度，95%以上的基层公务员得分都在3分以上，说明东城区的基层公务员在公仆热忱度方面具有较高水平。笔者认为，这说明作为公务员群体，东城区的基层公务员对于公共政治生活和公共事务存在较高的参与热情。在访谈中，当问及“为什么选择到街道当公务员”，有受访者如是回答：“主要是出于政治抱负、家庭意愿、社会地位、职位稳定等因素，选择了从事这份工作。我从小到大都是班干部，大学又在中国青年政治学院就读，这也是一所强调社会责任的高校，我们的同学大部分都选择了进政府机关，但我选择了当基层公务员。虽然这其中有现实的就业压力，但是可以这么说吧，公务员是自己多年的职业梦想，我个人有兴趣从事；同时，公务员还是比较体面的职业，也是很多人热烈期盼进入的系统，父母朋友也强烈建议我选择这份职业。至于为什么选择在街道工作：一方面是因为北京现在只有基层单位才招收公务员；另一方面，我认为到街道工作能够更好地帮助我接地气，认识社会，对于年轻人的职业发展也比较好。”对于关注国家和社会新闻事件方面，有受访者这么说：“新闻联播是我每天都要看的节目，倒也不是说我有多高的政治觉悟，只是觉得，我作为公务员，应该比别人更早、更好地了解党和国家的大事才对。不然，别人说你还在政府工作呢，怎么连这点事都不知道。还有就是，老百姓有时候听说中央出台个什么政策，只要和他们有关，也会主动过来问我们，这些情况也逼着我要继续学习。”

第二，基层公务员在公仆承诺度方面的得分频率分析结果如下（图6.3）：

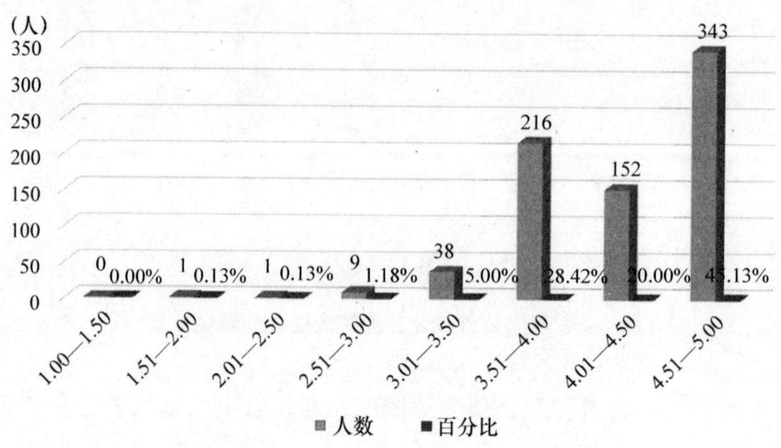

图6.3　基层公务员公仆承诺维度得分频率分布

从图中能够看出，在公仆承诺维度，98%以上的东城区基层公务员得分都在3分以上，其中，约65%的基层公务员得分超过4分。这说明基层公务员在对公共利益的承诺方面有较好的水平，对于公共事务较为支持，愿意主动为公共事务作自己力所能及的贡献。在访谈中，有访谈者表示：“中央如果出台有利于老百姓的好政策，不仅老百姓高兴，我们也跟着高兴啊。要是说需要我们帮政府或者为老百姓做点什么事情，那肯定没问题啊，而且这都是好事啊。也不会和我们的个人利益有什么冲突。”除了对公共事务和公共利益具有较好的关注度之外，笔者在访谈中还发现，在街道工作的许多同志在生活中都属于热心人，在帮助别人方面显得比较主动。比如："我在乘坐地铁时，遇到行李多而重的乘客，经常会主动帮忙拎一下；遇到线路不熟悉的乘客，会主动询问去向并指出换乘方案。我总觉得自己作为一个公务员，遇到有需要帮助的人，我们应该比别人更有责任去帮助他们，不然有点对不住自己的内心。""我发现我们街道的同志都有一个特点，比较爱管闲事，平时见到其他街道、自己的小区有个什么事情，会主动询问情况，帮助处理。比如，我看到周边地方有垃圾随意倾倒行为什么的，都会给城管部门去个电话，告知相关情况。因为在我看来，这些都是我们应该做的，其实也是我们大家自己的事情。"

第三，基层公务员在公仆怜悯度方面的得分频率分析结果如下（图6.4）：

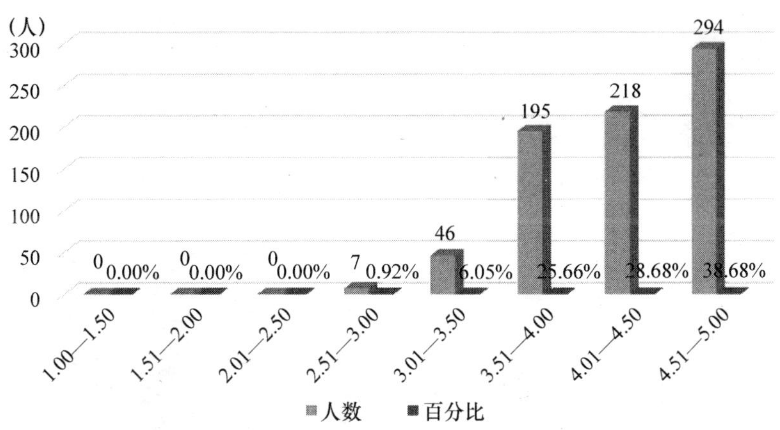

图6.4　基层公务员公仆怜悯维度得分频率分布

从图中能够看出，在公仆怜悯维度，98%以上的东城区基层公务员得分都在3分以上，这说明基层公务员在同情心方面有较好的水平，特别是超过2/3的基层公务员得分都超过4分，说明该群体对于社会弱势群体具备较好的同情心。在访谈中，受访者的一些说法也为该结论提供了佐证，如"我周围的同事经过长期教育和工作训练，都具备较好的服务精神，也特别关心群众。比如在我们街道残联工作的几个同事，每天都服务于残疾人特殊群体。部分残疾人因个人、家庭、社会等因素造成性子急、脾气大、态度横，他就认为自己的事情最重要，他想办的事情必须办，否则跟你没完。这就特别需要残联的同志理解，甚至需要承受挨骂挨打的心理准备。我经常看到残联的同志怀着热情帮助他们，耐心细致、不厌其烦地讲解有关政策规定，还有为了帮助他们解决问题都着急上火了的。我认为他们都是有较好奉献精神的人，也是在生活中特别懂得同情别人的人”，“中国人讲究行善积德，在工作中能帮助别人，也是一件很高兴的事情。因为我在民政科工作，辖区内居民的家庭情况我比较清楚，一些低保户虽然不是我的联系对象，但是我也会经常去看望他们，科里逢年过节我们也会去慰问，有时候甚至自己也掏点钱给他们买点油和大米什么的。怎么说呢，反正看着别人日子过得苦，自己心里也挺不好受的，以前去探视什么的还哭过几次”。

第四，基层公务员在公仆奉献度方面的得分频率分析结果如下（图6.5）：

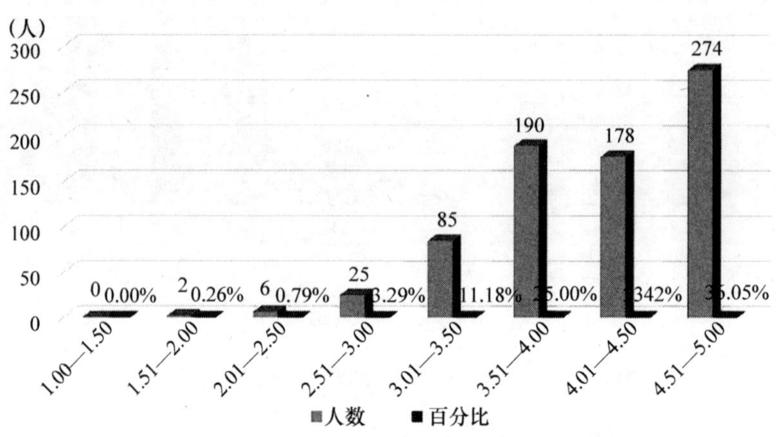

图6.5　基层公务员公仆奉献维度得分频率分布

从图中能够看出，在公仆奉献维度，95%以上的东城区基层公务员得分都在3分以上，这说明基层公务员在个人奉献和付出方面有较好的水平，特别是接近2/3的基层公务员得分都超过4分，说明他们具有较好的奉献精神。在问及对“为人民服务”精神的理解时，有受访者说：“我理解的为人民服务精神就是作为一名公务员，应当明确自身的角色定位就是为社会大众提供公共事务管理和服务的政府工作人员，没有任何特权和特殊地位，自身一切工作的宗旨就是为人民服务。我周围的同事基本都具备服务精神，例如一个同事在为百姓办理相关证明手续时，经常会存在材料不齐全、部分错误等问题，他会直接与社区居委会联系沟通，详细说明所有材料及正确的证明内容，而不是简单地告知办事群众，避免了群众来回奔波、反复开具材料。”也有受访者这样说：“我觉得为人民服务其实是每个人都应该具备的素质和要求，街道作为基层一线，每天和居民打交道，服务精神都是很好的。例如每月两次的党员奉献日，我们街道的党员都会定期下到社区胡同，帮助清扫环境卫生，协调解决日常生活中遇到的琐事，等等。社会上有很多人都戴有色眼镜看我们，其实仔细想一想，比一比，除了工作以外，我们为老百姓做的很多事情，或者说奉献的义务，是那些在公司和企业工作的人根本没法比的，只是好多人都不知道而已。”“要说奉献吧，我认为加班加点工作也是一种奉献，在基层，加班几乎是常态的，周末休息时间也不保证。特别是遇到大型活动，类似于国庆活动什么的，我们办公室7个人天天不休息，轮流值班两个月，但是我们从来也没有想过要加班费什么的，觉得都是应该的，这是我们的本职工作。”

二　人口学特征在公共服务动机上的检验

为了更清晰地描述基层公务员的状况和特点，笔者对基层公务员的公共服务动机水平进行了人口学变量上的检验。

（一）不同性别基层公务员公共服务动机的差异检验

在本书中，采用独立样本T检验的方法检验不同性别的基层公务员在公共服务动机方面的差异，结果发现，性别因素在基层公务员的公共服务动机方面不存在显著性差异，具体结果如下（表6.3）：

表6.3　**不同性别基层公务员的公共服务动机各维度检验表**（N = 760）

维度	性别	样本数量	均值	标准差	t	Sig.（2 – tailed）
公共服务动机总水平	男	330	4.3387	.52335	1.528	.127
	女	414	4.2822	.48197	1.514	.130
公仆热忱维度	男	330	4.3503	.64004	1.970	.049 *
	女	414	4.2578	.63277	1.968	.049 *

续表

维度	性别	样本数量	均值	标准差	t	Sig.（2 - tailed）
公仆承诺维度	男	330	4.4055	.55897	1.959	.050
	女	414	4.3277	.52113	1.944	.052
公仆怜悯维度	男	330	4.3699	.54214	1.207	.228
	女	414	4.3240	.49396	1.195	.233
公仆奉献维度	男	330	4.2613	.67363	.844	.399
	女	414	4.2212	.62019	.837	.403

注：＊＊$p<0.01$，＊$p<0.05$。

从表中可以看出，从公共服务动机总水平上来看，男性基层公务员和女性基层公务员的公共服务动机水平都比较高，男性基层公务员的公共服务动机总得分达到了4.3387分，女性基层公务员的公共服务动机总得分达到了4.2822分。总体而言，男性基层公务员的公共服务动机水平略高于女性基层公务员。同时，不同性别的基层公务员在公共服务水平方面不存在明显差异，研究发现也与国内其他学者（朱春奎、李小华）的研究相佐证，但是在公仆热忱维度上存在显著差异。经检验，在公仆热忱维度，男性的公仆热忱水平高于女性（男性为4.35，女性为4.25），究其原因；一方面可能因为受中国传统文化的影响，受“天下兴亡匹夫有责”等价值观念的引导，男性公务员更偏爱于关注公共新闻和社会事件：另一方面可能也与社会分工有关系，中国家庭一般都倾向于男主外女主内的分工模式，因此男性公务员会更加关注社会事件。

（二）不同年龄基层公务员公共服务动机的差异检验

对于基层公务员的年龄，我们作了五类年龄段的划分，25岁以下为一组，刚参加工作的本科和硕士毕业生归入此类；26—35岁为一组，主要是青年公务员群体；36—45岁为一组，主要是壮年公务员群体；46—55岁为一组，主要是中年公务员群体；56岁及以上为一组，基本上是临近退休的人员群体。为了更加直观地分析基层公务员公共服务动机四个维度在各年龄段上的具体状况和差异，我们在对各年龄段进行单因素方差分析的同时，也对基层公务员各年龄段公共服务动机的不同维度得分情况作一个比较分析（表6.4）。结果发现，就公共服务动机总体水平而言，46—55岁的基层公务员群体的公共服务动机水平最高，其次是36—45岁的基层公务员群体，再次是25岁以下的基层公务员群体，又次是26—35岁的基层公务群体，而55岁及以上的公务员群体公共服务动机最低。总体而言，去除临近退休的基层公务员群体，基层公务员的公共服务动机水平呈现随年龄增加而上升的状况。

表6.4　　**不同年龄基层公务员公共服务动机得分比较**（N=760）

年龄	公共服务动机总分			公仆热忱维度			公仆承诺维度			公仆怜悯维度			公仆奉献维度		
	M	SD	F	M	SD	F	M	SD	F	M	SD	F	M	SD	F
25岁及以下	4.29	.49		4.31	.59		4.25	.59		4.36	.47	1.70	4.23	.58	
26—35岁	4.28	.51		4.24	.66		4.35	.52		4.34	.53		4.17	.67	
36—45岁	4.32	.46	3.033**	4.32	.62	3.74*	4.38	.51	3.10*	4.33	.49		4.26	.57	4.15*
46—55岁	4.45	.47		4.47	.57		4.50	.49		4.44	.51		4.44	.63	
56岁及以上	4.23	.67		4.00	.50		4.33	.81		4.10	.67		4.39	.80	
总体	4.32	.49		4.31	.63		4.38	.53		4.35	.51		4.26	.63	

注：$^{**}p<0.01$，$^{*}p<0.05$。

针对这种原因，笔者认为有以下两方面的原因解释。第一，在街道公务员层面，46—55岁的公务员作为公务员队伍里的中坚力量，都是单位的业务骨干或部门领导（表6.5）。这部分公务员正处壮年，一方面，他们对于自己的工作业务比较熟悉，工作更加从容，工作主动性更强；另一方面，作为单位的顶梁柱，他们的工作受到领导、下属和群众的期待程度更高，受内心责任的召唤，他们的工作责任意识、服务意识和奉献意识可能会进一步加强，因此他们在公共服务动机方面的表现要高于其他年龄群体。而36—45岁的公务员位于工作和事业发展的第二梯队，各方面情况稍微次之。其他年龄段的公务员，则因为工作内容和工作责任等原因，受到内心公共服务动机的召唤和激励程度稍小。第二，由于本次调查问卷是通过东城区组织部门的途径发放，不排除年龄越大、职级越高的公务员所具备的政治觉悟和敏感性也越高。因此导致在作答过程中，出现“趋同”和“美化”心理，按照社会规范来选择他们认为更为组织部门和调查者所接受的答案。而其他年龄段的公务员，则因为身份和社会阅历的原因，作答较为真实。此外，由于是一项实证研究，研究样本的局限性，也导致个别公务员的作答差异会影响到整体研究结果。

表 6.5　　基层公务员年龄与职级的分布情况表

		职级					合计
		科员	副科	正科	副处	正处	
年龄段	25 岁及以下	67	5	0	0	0	72
	26—35 岁	143	99	57	8	4	311
	36—45 岁	35	48	83	18	15	199
	46—55 岁	25	17	58	31	1	132
	56 岁及以上	1	1	3	4	0	9
合计		271	170	201	61	20	723

再进一步来看，就基层公务员公共服务动机的具体维度而言，在公仆热忱度层面，46—55 岁的基层公务员群体水平最高，36—45 岁的基层公务员群体次之，再次是 25 岁及以下的基层公务员群体，又次是 26—35 岁的基层公务群体，而 56 岁及以上的基层公务员群体公共服务动机最低。在公仆承诺度层面，46—55 岁的基层公务员群体水平最高，36—45 岁的基层公务员群体次之，又次是 26—35 岁的基层公务群体，之后是 56 岁及以上的公务员群体，最后是 25 岁及以下的公务员群体。在公仆怜悯度层面，46—55 岁的基层公务员群体水平最高，25 岁及以下的基层公务员群体次之，又次是 26—35 岁的基层公务群体，之后是 36—45 岁的基层公务员群体，最后是 56 岁及以上的基层公务员群体。在公仆奉献度层面，从高到低分别是：46—55 岁、56 岁及以上、36—45 岁、25 岁及以下、26—35 岁。

此外，根据我们对不同年龄基层公务员公共服务动机水平进行的检验，发现不同年龄基层公务员的公共服务动机水平存在显著差异，且在公仆热忱度、公仆承诺度和公仆奉献度方面存在显著性差别。由于不同年龄的基层公务员在公共服务水平及其相关维度方面存在明显差异，为了进一步挖掘这种差异，我们对不同年龄段的基层公务员在公共服务动机各维度上的表现进行了事后检验，结果如下（表 6.6）。

表 6.6　　不同年龄段基层公务员公共服务动机的事后检验

	不同年龄段		均值差	标准误	显著性	95% 置信区间	
						下限	上限
公仆热忱度	25 岁及以下	26—35	.06895	.08121	.396	-.0905	.2284
		36—45	-.00759	.08541	.929	-.1753	.1601
		46—55	-.16145	.09098	.076	-.3401	.0172
		56 及以上	.31088	.22066	.159	-.1223	.7441
	26—35 岁	36—45	-.07655	.05658	.176	-.1876	.0345
		46—55	-.23041*	.06468	.000	-.3574	-.1034
		56 及以上	.24192	.21118	.252	-.1727	.6565
	36—45 岁	46—55	-.15386*	.06988	.028	-.2911	-.0167
		56 及以上	.31847	.21283	.135	-.0994	.7363
	46—55 岁	56 及以上	.47233*	.21513	.028	.0500	.8947
公仆承诺度	25 岁及以下	26—35	-.10076	.06814	.140	-.2345	.0330
		36—45	-.13186	.07167	.066	-.2726	.0089
		46—55	-.24956*	.07635	.001	-.3994	-.0997
		56 及以上	-.08402	.18517	.650	-.4475	.2795
	26—35 岁	36—45	-.03110	.04748	.513	-.1243	.0621
		46—55	-.14880*	.05428	.006	-.2554	-.0422
		56 及以上	.01674	.17721	.925	-.3312	.3647
	36—45 岁	46—55	-.11770*	.05864	.045	-.2328	-.0026
		56 及以上	.04784	.17860	.789	-.3028	.3985
	46—55 岁	56 及以上	.16554	.18052	.359	-.1889	.5200
公仆奉献度	25 岁及以下	26—35	.05648	.08173	.490	-.1040	.2169
		36—45	-.03327	.08596	.699	-.2020	.1355
		46—55	-.20424*	.09157	.026	-.3840	-.0245
		56 及以上	-.15772	.22208	.478	-.5937	.2783
	26—35 岁	36—45	-.08976	.05694	.115	-.2015	.0220
		46—55	-.26073*	.06510	.000	-.3885	-.1329
		56 及以上	-.21421	.21254	.314	-.6315	.2031
	36—45 岁	46—55	-.17097*	.07033	.015	-.3091	-.0329
		56 及以上	-.12445	.21420	.561	-.5450	.2961
	46—55 岁	56 及以上	.04652	.21651	.830	-.3786	.4716

续表

	不同年龄段		均值差	标准误	显著性	95%置信区间	
						下限	上限
公共服务动机总均分	25岁及以下	26—35	.01250	.06382	.845	-.1128	.1378
		36—45	-.02946	.06712	.661	-.1612	.1023
		46—55	-.16773*	.07150	.019	-.3081	-.0274
		56及以上	.05567	.17342	.748	-.2848	.3961
	26—35岁	36—45	-.04196	.04446	.346	-.1293	.0453
		46—55	-.18023*	.05083	.000	-.2800	-.0804
		56及以上	.04317	.16597	.795	-.2827	.3690
	36—45岁	46—55	-.13827*	.05492	.012	-.2461	-.0304
		56及以上	.08513	.16726	.611	-.2433	.4135
	46—55岁	56及以上	.22340	.16907	.187	-.1085	.5553

（注：＊＊p<0.01，＊p<0.05）

根据事后检验结果可以发现，在公共服务动机总水平方面，46—55岁的基层公务员群体分别与25岁及以下、26—35岁、36—45岁的基层公务员群体之间存在显著性差异；在公仆热忱度方面，46—55岁的基层公务员群体分别与26—35岁、36—45岁、56岁及以上的基层公务员群体之间存在显著性差异；就公仆承诺度而言，46—55岁的基层公务员群体分别与25岁及以下、26—35岁、36—45岁的基层公务员群体之间存在显著性差异；就公仆怜悯度而言，各不同年龄段之间的基层公务员群体不存在显著性差异；就公仆奉献度而言，46—55岁的基层公务员群体分别与25岁及以下、26—35岁、36—45岁的基层公务员群体之间存在显著性差异。这也再次说明，46—55岁的基层公务员群体在公共服务动机方面，不仅总体水平高于其他年龄段的公务员，而且与其他年龄段相比，具有显著性差异。综上所述，在以后关于基层公务员公共服务动机的研究中，年龄因素需要重点加以考虑。

（三）不同婚姻状况基层公务员公共服务动机的差异检验

为了更加直观地分析基层公务员公共服务动机四个维度在不同婚姻状况上的具体状况和差异，我们在对婚姻情况进行单因素方差分析的同时，也对基层公务员不同婚姻状况内公共服务动机的各维度得分情况作一个比较分析（表6.7）。

表6.7　**不同婚姻状况的基层公务员公共服务动机得分比较**（N=727）

婚姻	公共服务动机总分			公仆热忱维度			公仆承诺维度			公仆怜悯维度			公仆奉献维度		
	M	SD	F	M	SD	F	M	SD	F	M	SD	F	M	SD	F
已婚	4.33	.49	1.55	4.30	.63	.48	4.39	.51	3.20*	4.35	.52	.25	4.27	.64	2.08
未婚	4.25	.53		4.27	.65		4.28	.61		4.32	.52		4.16	.65	
离异	4.25	.62		4.07	.64		4.28	.61		4.40	.54		4.15	.78	
总体	4.31	.50		4.30	.64		4.36	.54		4.34	.52		4.24	.65	

注：**p<0.01，*p<0.05。

从表6.7中可知，已婚公务员的公共服务动机总体得分要略高一些。通过方差检验分析，我们发现不同婚姻状况的基层公务员在公共服务动机方面不存在显著性差异。但是在公仆承诺维度，不同婚姻状况的基层公务员存在显著差异，且已婚基层公务员的公仆承诺水平要高于未婚群体（离异的基层公务员群体因为人数相对较少，对于该群体不作深入比较分析），对于它们二者之间的差异，我们进行了事后检验（表6.8）。

表6.8　**不同婚姻状况基层公务员公仆承诺度的事后检验**

婚姻状况		均值差	标准误	显著性	95%置信区间	
					下限	上限
已婚	未婚	.11427*	.04561	.012	.0247	.2038
	离异	.11358	.24117	.638	−.3599	.5870
未婚	离异	−.00068	.24327	.998	−.4783	.4769

注：**p<0.01，*p<0.05。

从表6.8中可知，通过对不同婚姻状况基层公务员在公仆承诺度上的表现进行事后检验，可以发现已婚的基层公务员在公仆承诺度方面与未婚基层公务员之间存在显著性差异，且已婚基层公务员在公仆承诺度方面的得分要高于未婚的基层公务员。究其原因，笔者认为有可能是结婚以后的基层公务员，由于肩负着对家庭的责任、对配偶的承诺，内心责任意识更为强烈，在工作行为表现方面比未婚群体要更加有责任和担当意识，因此他们对公共利益、公共服务方面的承诺水平也得到了强化提升。

（四）不同学历基层公务员公共服务动机上的差异检验

同样，为了更加直观地分析基层公务员公共服务动机四个维度在不同受教育程度上的具体状况和差异，我们在对学历情况进行单因素方差分析的同时，也对不同学历基层公务员群体的公共服务动机各维度得分情况作一个比较分析（表6.9）。

表6.9　不同学历情况基层公务员公共服务动机得分比较（N=734）

教育程度	公共服务动机总分			公仆热忱维度			公仆承诺维度			公仆怜悯维度			公仆奉献维度		
	M	SD	F	M	SD	F	M	SD	F	M	SD	F	M	SD	F
初中及以下	4.19	.40		3.92	.64		4.29	.82		4.32	.25		4.64	.53	
中专或高中	4.19	.25		3.95	.65		4.51	.34		4.38	.29		4.43	.73	
大专	4.13	.54		4.31	.68		4.38	.54		4.28	.52		4.26	.81	
本科	4.15	.48	1.06	4.34	.63	2.95**	4.38	.53	.93	4.37	.53	.84	4.25	.63	1.74
硕士	4.06	.49		4.20	.62		4.29	.54		4.30	.51		4.15	.63	
博士	3.85	.21		3.78	.51		4.13	.61		4.00	.13		3.96	.31	
总体	4.13	.48		4.30	.64		4.36	.54		4.35	.52		4.24	.64	

注：**$p<0.01$，*$p<0.05$。

佩里认为，因为学历教育在塑造个人信仰或价值方面具有很重要的地位，受教育程度越高，越可能增强和促进个人的公共服务动机水平，因此学历对于公共服务动机具有很重要的影响。本书我们发现了一个很有意思的现象：即以本科学历为临界点，学历层次与公共服务动机水平呈现下降的趋势。一方面，学历越高的基层公务员，公共服务动机水平越低。另一方面，学历越低的基层公务员，公共服务动机水平越高。这有两个解释。一是总体而言，学历还是与公共服务动机水平呈正相关关系。因为东城区基层公务员的学历水平多集中于本科水平，所以从初中到大学学历，公共服务动机水平还是随学历程度呈现上升状态。但是，因为在基层公务员群体层面，本科以上学历（硕士和博士）群体的样本量太少，所得这部分的得分分值不足以说明问题。二是公共服务动机作为公务员个人内心层面的因素，与个人深层次的需求和价值观念有关，在我国更是受到传统文化和家庭教育方面的影响，所以与学历之间的关系较小。此外，根据对不同学历层次的基层公务员公共服务动机水平进行方差检验发现：不同学历的基层公务员在公共服务动机水平上不存在显著性差异，但是在公仆热忱度方面存在显著性不同，其中本科学历水平的基层公务员在公仆热忱度方面的水平最高。

同样，通过对不同学历基层公务员在公仆热忱度上的表现进行事后检验，我们发现，本科学历群体的基层公务员在公仆热忱度的表现方面，与初中学历群体和硕士学历群体的基层公务员存在显著性差异。就初中学历和本科学历之间的差异而言，由于在受调查的样本中，初中学历水平的基层公务员数量较少（不足15人），因此，有可能因为样本规模原因造成二者之间具有显著性差异。而就硕士学历和本科学历之间在公仆热忱度方面存在的显著性差异而言，笔者认为可能与学历群体的年龄构成有关。东城区基层公务员中拥有本科学历的群体一般为35岁及以上的人员（在本调查中，本科学历群体占到35—45岁、46—55岁基层公务员的66%以上），而近年来新进入基层公务员队伍的硕士群体一般都比较年轻（在本调查中，硕士学历群体占到35岁以下基层公务员的70%以上）。由于受年龄因素的影响，导致了本科学历群体的基层公务员与硕士学历群体的基层公务员在公仆热忱度方面存在显著性差异（表6.10）。

表6.10　　**不同学历状况基层公务员公仆热忱度的事后检验**

学历		均值差	标准误	显著性	95% 置信区间	
					下限	上限
初中及以下	中专或高中	-.03571	.30127	.906	-.6272	.5557
	大专	-.38580	.20216	.057	-.7827	.0111
	本科	-.42553*	.18494	.022	-.7886	-.0625
	硕士	-.27987	.19023	.142	-.6533	.0936
	博士	.13889	.40890	.734	-.6638	.9416

续表

学历		均值差	标准误	显著性	95% 置信区间	
					下限	上限
中专或高中	大专	-.35009	.25447	.169	-.8497	.1495
	本科	-.38981	.24101	.106	-.8630	.0833
	硕士	-.24415	.24510	.320	-.7253	.2370
	博士	.17460	.43713	.690	-.6836	1.0328
大专	本科	-.03972	.09052	.661	-.2174	.1380
	硕士	.10594	.10089	.294	-.0921	.3040
	博士	.52469	.37575	.163	-.2130	1.2624
本科	硕士	.14566*	.05926	.014	.0293	.2620
	博士	.56442	.36677	.124	-.1556	1.2844
硕士	博士	.41876	.36947	.257	-.3066	1.1441

注：**$p<0.01$，*$p<0.05$。

（五）不同工龄基层公务员公共服务动机的差异检验

对于基层公务员的工龄，我们作了六个阶段的划分，工作两年及以下为一组，这类人员大部分为新入职公务员；工龄在2.1—5年为一组，按照公务员晋职序列，这类公务员应该对应为办事员或科员级别；工龄在5.1—10年为一组，按照公务员晋职序列，副科级别的公务员应集中于该群体；工龄在10.1—15年为一组，按照公务员晋职序列，正科级别的公务员应集中于该群体；工龄在15.1—20年为一组，按照公务员晋职序列，从理论上来说，副处及以上级别的公务员应集中于该群体，但是，由于基层公务员处于公务员“金字塔”底层，很少有公务员能够在此阶段晋升到处级岗位；工龄在20年以上为一组，该工龄段的公务员，一般为在单位工作时间较长、资历较老的同志。

同样，为了更加直观地分析基层公务员公共服务动机四个维度在不同工龄段上的具体状况和差异，我们在对工龄情况进行单因素方差分析的同时，也对不同工龄基层公务员群体的公共服务动机各维度得分情况作一个比较分析（表6.11）。

表 6.11　　不同工龄基层公务员公共服务动机得分比较（N = 736）

工龄	公共服务动机总分			公仆热忱维度			公仆承诺维度			公仆怜悯维度			公仆奉献维度		
	M	SD	F	M	SD	F	M	SD	F	M	SD	F	M	SD	F
2 年及以下	4.10	.49		4.28	.61		4.23	.61		4.40	.48		4.18	.62	
2.1—5	4.08	.50		4.32	.67		4.32	.57		4.29	.51		4.15	.65	
5.1—10	4.09	.51		4.22	.65		4.33	.52		4.32	.55		4.18	.70	
10.1—15	4.09	.49	1.985	4.24	.63	1.86	4.32	.52	3.17 **	4.33	.54	.80	4.17	.62	2.51 *
15.1—20	4.12	.42		4.20	.64		4.34	.51		4.31	.45		4.25	.60	
20 年以上	4.21	.47		4.39	.61		4.46	.51		4.38	.53		4.35	.64	
总体	4.13	.48		4.30	.63		4.36	.54		4.34	.52		4.24	.64	

注：* p < 0.05，* * p < 0.01，* * * p < 0.001。

从表 6.11 中可以看出，就工龄而言，除了新入职的基层公务员公共服务动机较高之外，工龄与公共服务动机水平呈现正相关递增，这一研究发现也与不同年龄阶段公务员的公共服务动机状况相吻合。其中的可能原因在于：工龄越高的基层公务员群体职级也相对较高，受到工作责任和内心使命的感召程度也越大，他们的公共服务动机水平也相对越高。此外，通过对不同工龄的基层公务员公共服务动机水平进行方差检验发现，不同工龄的基层公务员在公共服务动机水平上不存在显著性差异，但是在公仆承诺度和公仆奉献度方面存在显著性差异。在公仆承诺度和公仆奉献度方面，工作 20 年以上的基层公务员得分水平最高。究其原因，可能是工龄越长的基层公务员，在工作中积累的经验也越多，工作较娴熟，因此他们在工作的同时也更注重个人内心层面的感受，服务意愿更强，公共服务动机水平也较好。

通过对不同工龄基层公务员在公仆承诺度上的表现进行事后检验，我们发现，工龄在 20 年以上的基层公务员在公仆承诺方面与其他几个工龄段的基层公务员之间存在显著性的差异（表 6.12）。

表 6.12　　不同工龄状况基层公务员公仆承诺度的事后检验

工龄		均值差	标准误	显著性	95% 置信区间	
					下限	上限
2 年及以下	2.1—5	-.09118	.07647	.234	-.2413	.0590

续表

工龄		均值差	标准误	显著性	95% 置信区间	
					下限	上限
2 年及以下	5.1—10	-.10690	.07888	.176	-.2617	.0480
	10.1—15	-.09154	.07775	.239	-.2442	.0611
	15.1—20	-.11597	.08182	.157	-.2766	.0447
	20 年以上	-.23796*	.06836	.001	-.3722	-.1038
2.1—5	5.1—10	-.01571	.07197	.827	-.1570	.1256
	10.1—15	-.00036	.07073	.996	-.1392	.1385
	15.1—20	-.02479	.07518	.742	-.1724	.1228
	20 年以上	-.14678*	.06025	.015	-.2651	-.0285
5.1—10	10.1—15	.01535	.07332	.834	-.1286	.1593
	15.1—20	-.00908	.07763	.907	-.1615	.1433
	20 年以上	-.13107*	.06327	.039	-.2553	-.0068
10.1—15	15.1—20	-.02443	.07648	.749	-.1746	.1257
	20 年以上	-.14642*	.06186	.018	-.2679	-.0250
15.1—20	20 年以上	-.12199	.06691	.069	-.2533	.0094

（六）不同职级基层公务员公共服务动机上的差异

为了更加直观地分析基层公务员公共服务动机四个维度在不同职级上的具体状况和差异，我们在对职级情况进行单因素方差分析的同时，也对不同职级基层公务员群体的公共服务动机各维度得分情况作一个比较分析（表 6.13）。

表 6.13　**不同职级基层公务员公共服务动机得分比较（N = 740）**

工龄	公共服务动机总分			公仆热忱维度			公仆承诺维度			公仆怜悯维度			公仆奉献维度		
	M	SD	F	M	SD	F	M	SD	F	M	SD	F	M	SD	F
办事员、科员	4.22	.52	5.02***	4.22	.65	2.52*	4.25	.59	6.80***	4.28	.52	2.95*	4.14	.68	4.71***
副科	4.33	.49		4.31	.62		4.41	.49		4.39	.53		4.22	.63	
正科	4.39	.47		4.35	.62		4.45	.48		4.38	.51		4.37	.60	
副处	4.43	.50		4.45	.60		4.51	.53		4.45	.53		4.36	.63	
正处	4.14	.43		4.35	.61		4.14	.52		4.15	.45		4.05	.53	
总体	4.31	.51		4.30	.63		4.36	.54		4.35	.52		4.24	.65	

注：* $p<0.05$，** $p<0.01$，*** $p<0.001$。

从上表中可以看出，基层公务员群体中，公共服务动机水平得分值从高到低依次是：副处、正科、副科、科员、正处。总体而言，职级与公共服务动机水平呈正相关关系（正处群体因人数太少而排除分析在外）。具体而言，在公共服务动机方面，副处级公务员的公共服务动机水平最高，其次是正科级。在公仆热忱度方面，副处级公务员的水平最高。在公仆承诺度方面，副处级基层公务员的水平最高。在同情心维度方面，副处级基层公务员的水平最高。在公仆怜悯度方面，也是副处级公务员的水平最高。究其原因，可能是因为职级越高的公务员，承担的工作责任越重要、受到的期望值也越高、个人对于自己的工作要求也越高，所以他个人对于从事公共事务、奉献社会的意愿也越强烈，公共服务动机水平也越高。这也与之前关于基层公务员年龄和工龄方面的发现相印证。

在对不同职级层次的基层公务员公共服务动机水平进行方差检验方面，我们发现不同职级的基层公务员在公共服务动机水平方面存在显著性差异，且在四个维度方面都存在差异。为了进一步说明这种差异，我们对不同职级的基层公务员在公共服务动机上的表现进行了事后检验，结果如下（表 6. 14）。

表 6. 14　　**不同职级基层公务员公共服务动机的事后检验**

<table>
<tr><th rowspan="2">因变量</th><th rowspan="2" colspan="2">不同职级</th><th rowspan="2">均值差</th><th rowspan="2">标准误</th><th rowspan="2">显著性</th><th colspan="2">95% 置信区间</th></tr>
<tr><th>下限</th><th>上限</th></tr>
<tr><td rowspan="10">公仆热忱度</td><td rowspan="4">办事员、科员</td><td>副科</td><td>-. 10072</td><td>. 06115</td><td>. 100</td><td>-. 2208</td><td>. 0193</td></tr>
<tr><td>正科</td><td>-. 13836*</td><td>. 05809</td><td>. 017</td><td>-. 2524</td><td>-. 0243</td></tr>
<tr><td>副处</td><td>-. 23091*</td><td>. 08862</td><td>. 009</td><td>-. 4049</td><td>-. 0569</td></tr>
<tr><td>正处</td><td>-. 13388</td><td>. 14288</td><td>. 349</td><td>-. 4144</td><td>. 1466</td></tr>
<tr><td rowspan="3">副科</td><td>正科</td><td>-. 03764</td><td>. 06538</td><td>. 565</td><td>-. 1660</td><td>. 0907</td></tr>
<tr><td>副处</td><td>-. 13019</td><td>. 09356</td><td>. 164</td><td>-. 3139</td><td>. 0535</td></tr>
<tr><td>正处</td><td>-. 03316</td><td>. 14600</td><td>. 820</td><td>-. 3198</td><td>. 2535</td></tr>
<tr><td rowspan="2">正科</td><td>副处</td><td>-. 09254</td><td>. 09159</td><td>. 313</td><td>-. 2724</td><td>. 0873</td></tr>
<tr><td>正处</td><td>. 00449</td><td>. 14474</td><td>. 975</td><td>-. 2797</td><td>. 2886</td></tr>
<tr><td>副处</td><td>正处</td><td>. 09703</td><td>. 15947</td><td>. 543</td><td>-. 2160</td><td>. 4101</td></tr>
</table>

续表

因变量	不同职级		均值差	标准误	显著性	95%置信区间	
						下限	上限
公仆承诺度	办事员、科员	副科	-.15509*	.05139	.003	-.2560	-.0542
		正科	-.19921*	.04883	.000	-.2951	-.1034
		副处	-.25334*	.07448	.001	-.3996	-.1071
		正处	.11025	.12009	.359	-.1255	.3460
	副科	正科	-.04413	.05495	.422	-.1520	.0638
		副处	-.09825	.07863	.212	-.2526	.0561
		正处	.26534*	.12270	.031	.0245	.5062
	正科	副处	-.05413	.07698	.482	-.2053	.0970
		正处	.30947*	.12165	.011	.0706	.5483
	副处	正处	.36359*	.13402	.007	.1005	.6267
公仆怜悯度	办事员、科员	副科	-.11095*	.04996	.027	-.2090	-.0129
		正科	-.09598*	.04747	.044	-.1892	-.0028
		副处	-.16437*	.07241	.024	-.3065	-.0222
		正处	.12845	.11675	.272	-.1008	.3577
	副科	正科	.01496	.05342	.780	-.0899	.1198
		副处	-.05342	.07645	.485	-.2035	.0967
		正处	.23940*	.11929	.045	.0052	.4736
	正科	副处	-.06838	.07484	.361	-.2153	.0785
		正处	.22443	.11827	.058	-.0078	.4566
	副处	正处	.29282*	.13030	.025	.0370	.5486
公仆奉献度	办事员、科员	副科	-.07704	.06194	.214	-.1986	.0446
		正科	-.22459*	.05885	.000	-.3401	-.1090
		副处	-.21708*	.08978	.016	-.3933	-.0408
		正处	.09619	.14475	.507	-.1880	.3804
	副科	正科	-.14755*	.06624	.026	-.2776	-.0175
		副处	-.14005	.09478	.140	-.3261	.0460
		正处	.17322	.14790	.242	-.1171	.4636
	正科	副处	.00751	.09279	.936	-.1747	.1897
		正处	.32077*	.14664	.029	.0329	.6086
	副处	正处	.31327	.16155	.053	-.0039	.6304

续表

因变量	不同职级		均值差	标准误	显著性	95%置信区间	
						下限	上限
公共服务动机	办事员、科员	副科	-.10756*	.04817	.026	-.2021	-.0130
		正科	-.16566*	.04577	.000	-.2555	-.0758
		副处	-.20879*	.06981	.003	-.3458	-.0717
	副科	正处	.10756*	.04817	.026	.0130	.2021
		正科	-.05809	.05150	.260	-.1592	.0430
		副处	-.10123	.07370	.170	-.2459	.0435
	正科	正处	.16566*	.04577	.000	.0758	.2555
		副处	.05809	.05150	.260	-.0430	.1592
	副处	正处	.20879*	.06981	.003	.0717	.3458

根据事后检验结果表明发现，在公共服务动机总水平方面，办事员、科员群体分别与副科、正科和副处群体之间存在显著性差异；在公仆热忱度方面，办事员、科员群体分别与正科和副处群体之间存在显著性差异；在公仆承诺度方面，办事员、科员群体分别与副科、正科和副处群体之间存在显著性差异，副处和正处群体之间也存在显著性差异；在公仆怜悯度方面，办事员、科员群体与副处群体之间存在显著性差异，正处与副科群体之间存在显著性差异，正处与副处群体之间存在显著性差异；在公仆奉献度方面，正科群体分别与办事员、科员、副科和正处群体存在显著性差异。不过，鉴于本书仅仅是对职级与公共服务动机各维度的关系进行简单验证，二者之间的确切关系还有待在日后的研究中进一步探讨。

第二节　基层公务员公共服务动机的影响因素分析

按照研究设计，在分析基层公务员公共服务动机的影响分析环节，我们分别从组织环境、工作特征和工作价值观三个层面对基层公务员公共服务动机可能存在的影响进行了考察。

一 基层公务员公共服务动机影响因素的描述性分析

（一）基层公务员所处公共部门之组织氛围状况

为了更加直观地了解基层公务员对自己所处组织氛围的认识，我们对基层公务员关于组织氛围的认知情况进行了描述性分析，具体结果如下（表6.15）：

表6.15 **基层公务员组织氛围的总体得分描述性分析**（N=760）

项目	极小值	极大值	均值	标准差	方差
明确性	2.20	5.00	4.4661	.55582	.309
责任性	1.60	5.00	4.0240	.64224	.412
标准性	1.60	5.00	4.2834	.62534	.391
奖励性	1.00	5.00	3.7913	.86081	.741
灵活性	1.60	5.00	3.9678	.69837	.488
凝聚性	1.80	5.00	4.1939	.68779	.473
组织氛围均分	2.13	5.00	4.1211	.56686	.321

同样，由于本量表采用的是李克特5级评分法，因此把3分界定为理论中值。因为组织氛围不同于公共服务动机，它是一个多维度的客观存在，所以对它的描述要从各个维度分别展开讨论。从分析结果来看，基层公务员的组织氛围在明确性、责任性、标准性、奖励性、灵活性和凝聚性六个方面都有比较强烈的认知，说明街道作为一级基层组织，其组织特性较为明显，公务员感知到的组织气氛强烈。就基层公务员具体感知的组织氛围因素而言，得分最高的是明确性，其次是标准性，再次是凝聚性，又次是责任性，得分最低的依次是灵活性和奖励性。

（二）基层公务员所从事工作岗位之工作特征状况

同样，为了更加直观地了解基层公务员对自己工作特征的认识，我们对基层公务员关于自己工作特征的认知情况进行了描述性分析，具体结果如下（表6.16）：

表 6.16　**基层公务员工作特征的总体得分描述性分析（N = 760）**

项目	极小值	极大值	均值	标准差
多样性	1.33	5.00	3.8805	.72529
重要性	1.33	5.00	4.0715	.74152
完整性	2.00	5.00	4.2103	.67596
自主性	1.00	5.00	3.6785	.86180
反馈性	1.00	5.00	3.9535	.74362
工作特征均分	1.73	5.00	3.9589	.62387

同样，由于本量表采用的是李克特5级评分法，因此把3分界定为理论中值。由于工作特征也是一个多构面的客观存在，所以对它的描述也是从各个维度分开来讨论。从分析结果来看，基层公务员的工作特征在多样性、重要性、完整性、自主性和反馈性等五个方面都较好，说明基层公务员的工作特征感知状况良好。换言之，说明街道各部门工作职能明晰，基层公务员的工作岗位职责各方面规定比较明确。就基层公务员关于工作特征具体维度的感知状况而言，得分最高的是完整性，其次是重要性，再次是反馈性，又次是多样性，得分最低的是自主性。关于公务员的工作特征感受到"自主性较差"方面，笔者认为正好与公务员所感受到的组织氛围的灵活性较低相互印证，毕竟是在官僚层级体制内，公务员的工作难免会受到繁文缛节的程序影响。同时，本次研究发现也与之前研究者的发现有一定的吻合，比如李小华（2010 年，公务员公共服务动机对个体绩效的影响研究）的研究发现，公务员群体对自身工作特征的知觉——技能多样性、任务整体性、任务重要性、工作自主性、反馈性五个特征变量的均值为 3.77—4.43（7 分法），处于这两端的分别是工作自主性和任务整体性，从大到小依次是：整体性、反馈性、重要性、多样性、自主性。

（三）基层公务员个人工作价值观状况分析

为了更加直观地了解基层公务员对自身工作价值观的认识，我们对基层公务员的工作价值观情况进行了调查，具体结果如下（表 6.17）：

表6.17　基层公务员工作价值观的总体得分描述性分析（N=760）

	极小值	极大值	均值	标准差
自我成长	1.20	5.00	4.2238	.65847
自我实现	1.40	5.20	4.2322	.65715
尊严	1.83	5.00	4.1189	.69109
社会互动	1.83	5.00	4.1095	.61490
组织安全与经济	1.00	5.00	4.0132	.82612
安定和免于焦虑	1.40	5.00	3.7601	.81461
目的价值	1.80	5.00	4.1917	.62134
工具价值	1.74	5.00	3.9609	.65325
工作价值观总均分	1.97	5.00	4.0830	.57423

同样，由于本量表采用的是李克特5级评分法，因此把得分3分界定为理论中值。因为工作价值观不同于公共服务动机，它可以分为目的价值和工具价值两个子维度，所以对它的描述从两个子维度进行会更合理。从分析结果来看，基层公务员在目的价值方面的得分要高于在工具价值方面的得分，这说明基层公务员在工作中追求精神层面的需求多一些。其中，在目的价值维度，得分从高到低依次是：自我实现取向、自我成长取向、尊严取向。在工具价值维度，得分从高到低依次是：社会互动取向、组织安全与经济取向、安定和免于焦虑取向。

二　组织氛围对基层公务员公共服务动机的影响分析

（一）组织氛围对基层公务员公共服务动机的影响分析

相关分析法是通过测量变量与变量之间的相关系数来描述他们之间关系强弱的一种常用统计方法。在本书中，我们采用皮尔逊（Pearson）法对变量进行相关分析。就组织氛围对公共服务动机的相关性检验而言，从下表的分析结果中可以看出，组织氛围的各个维度与公共服务动机各个维度之间都存在显著相关关系（表6.18）。

表6.18　基层公务员组织氛围对公共服务动机的相关分析（N=760）

	公仆热忱	公仆承诺	公仆怜悯	公仆奉献	公共服务动机总分
明确性	.428**	.450**	.502**	.434**	.527**

续表

	公仆热忱	公仆承诺	公仆怜悯	公仆奉献	公共服务动机总分
责任性	.440**	.469**	.538**	.532**	.587**
标准性	.436**	.479**	.547**	.515**	.585**
奖励性	.395**	.392**	.474**	.474**	.516**
灵活性	.410**	.424**	.488**	.501**	.542**
凝聚性	.453**	.460**	.527**	.548**	.590**
组织氛围均分	.509**	.530**	.611**	.600**	.666**

参考前人的研究，为了进一步探讨组织氛围各个维度对公共服务动机各个维度是否具有影响和预测作用，我们将组织氛围的各个维度作为自变量，将公共服务动机总水平作为因变量，同时采用SPSS统计分析中的“逐步回归法”（Stepwise）来对他们之间的关系作进一步分析①。

（二）组织氛围对公共服务动机的回归分析

1. 组织氛围对公共服务动机总水平的回归分析

将组织氛围各维度对公共服务动机总水平进行回归分析，得出结果如下（表6.19）：

表6.19　基层公务员组织氛围对公共服务动机总水平的回归分析（N=760）

因变量	自变量	标准化回归系数	t值	t值的显著性	容忍度	调整R方	F值	F值的显著性
公共服务动机	凝聚性	.232	5.545	.000	.413	.45	126.44	0.000
	责任性	.206	4.713	.000	.379			
	明确性	.174	4.390	.000	.458			
	奖励性	.090	2.227	.026	.440			
	标准性	.103	2.112	.035	.304			

从表中可以看出，组织氛围的六个因素中只有凝聚性、责任性、明确性、奖励性和标准性五个维度进入了回归模型，灵活性维度由于各项

① 参见胡海涛《高校教师工作压力与工作倦怠的关系研究》，硕士学位论文，大连理工大学，2007年，第16页。

标准没有达到显著水平而没有进入回归模型。根据T检验结果表明，凝聚性、责任性、明确性、奖励性和标准性的系数值均具有统计意义，其中，凝聚性对公共服务动机具有最佳的解释力，标准化回归系数值为0.232，显示凝聚性越强，基层公务员公共服务动机越高，其余从大到小分别是：责任性、明确性、标准性、奖励性，它们的标准化回归系数值分别为0.206、0.174、0.103、0.090 。另外，组织氛围的这五个维度容忍度均高于0.3，表明变量之间不存在多元共线性现象①。回归模型检验的结果表明，这三个维度可以解释公仆热忱度45%的变化量，具有适度的解释比率，且回归效果达显著水平（$p<0.001$），具有统计上的意义。根据这种关系，在基层公务员管理中，可以通过强化组织氛围的凝聚性、责任性、明确性、标准性和奖励性来提升他们公共服务动机，比如加强公务员之间的信任与合作、明确公务员的工作使命、鼓励公务员承担工作责任、帮助公务员认识工作目标和组织愿景等来增强基层公务员的公共服务动机。

为了进一步分析组织氛围对公共服务动机各维度的影响，接下来，我们将组织氛围各个维度作为自变量，以公共服务动机的各维度作为因变量，分别对它们进行回归分析。

2. 基层公务员组织氛围对公仆热忱度的回归分析

通过将组织氛围各个维度作为自变量，分别对公仆热忱度进行回归分析，得出结果如下（表6.20）：

表6.20　**基层公务员组织氛围对公仆热忱度的回归分析**（N=760）

因变量	自变量	标准化回归系数	t值	t值的显著性	容忍度	调整R方	F值	F值的显著性
公仆热忱度	凝聚性	.223	5.204	.000	.528	.265	92.369	0.000
	明确性	.204	5.208	.000	.629			
	责任性	.182	4.220	.000	.522			

从表中可以看出，组织氛围的六个因素中只有凝聚性、明确性和

① 根据统计学要求，自变量的容忍度只要大于0.1以上，就说明存在多重共线性问题的可能性越小。

责任性三个维度进入了回归模型，标准性、奖励性和灵活性三个维度由于各项标准没有达到显著水平而没有进入回归模型。根据 T 检验结果表明，凝聚性、明确性和责任性的系数值均具有统计意义，其中，凝聚性对公仆热忱度具有最佳的解释力，标准化回归系数值为 0. 223，显示凝聚性越强，公务员公仆热忱度越高。其次是明确性和责任性，标准化回归系数值分别为 0. 204 和 0. 182 。另外，三个维度容忍度均高于 0. 5 ，表明变量之间不存在多元共线性现象。回归模型检验的结果表明，这三个维度可以解释公仆热忱度 26. 5% 的变化量，具有适度的解释比率，且回归效果达显著水平（$p < 0.001$），具有统计上的意义。

3. 组织氛围各维度对公仆承诺度的回归分析

通过将组织氛围各个维度作为自变量，公共服务动机的公仆承诺度作为因变量，进行回归分析，得出结果如下（表 6. 21）：

表 6. 21　**基层公务员组织氛围各维度对公仆承诺度的回归分析**（N = 760）

因变量	自变量	标准化回归系数	t 值	t 值的显著性	容忍度	调整 R 方	F 值	F 值的显著性
公仆承诺度	标准性	. 099	1. 801	. 072	. 307	. 292	79. 211	0. 000
	凝聚性	. 175	4. 006	. 000	. 486			
	明确性	. 179	4. 005	. 000	. 466			
	责任性	. 185	3. 995	. 000	. 437			

从表中可以看出，组织氛围的六个因素中只有标准性、凝聚性、明确性和责任性四个维度进入了回归模型，奖励性和灵活性两个维度由于各项标准没有达到显著水平而没有进入回归模型。根据 T 检验结果表明，凝聚性、明确性和责任性的系数值均具有统计意义（标准性的 T 值显著性接近于明显水平）。其中，责任性对公仆承诺度具有最佳的解释力，标准化回归系数值为 0. 185，显示责任性越强，公务员公仆承诺度越高。其余维度从大到小依次是明确性、凝聚性和标准性，它们的标准化回归系数值分别为 0. 179、0. 175 和 0. 099。另外，四个维度容忍度均高于 0. 3（除标准性维度外，其余维度都高于 0. 4），表明变量之间不存在多元共线性现象。回归模型检验的结果表明，这四个维度可以解释

公仆热忱度29.2%的变化量，具有适度的解释比率，且回归效果达显著水平（p<0.001），具有统计上的意义。

4. 组织氛围各维度对公仆怜悯度的回归分析

通过将组织氛围各个维度作为自变量，以公仆怜悯度作为因变量，进行回归分析，得出结果如下（表6.22）：

表6.22 **基层公务员组织氛围各维度对公仆怜悯度的回归分析**（N=760）

因变量	自变量	标准化回归系数	t值	t值的显著性	容忍度	调整R方	F值	F值的显著性
公仆怜悯度	标准性	.113	2.184	.029	.304	.382	95.020	0.000
	凝聚性	.164	3.705	.000	.413			
	责任性	.177	3.811	.000	.379			
	明确性	.191	4.532	.000	.458			
	奖励性	.100	2.322	.021	.440			

从表中可以看出，组织氛围的六个因素中标准性、凝聚性、责任性、明确性和奖励性五个维度进入了回归模型，灵活性维度由于各项标准没有达到显著水平而没有进入回归模型。根据T检验结果表明，标准性、凝聚性、责任性、明确性和奖励性的系数值均具有统计意义，其中，明确性对公仆怜悯度具有最佳的解释力，标准化回归系数值为0.191，显示明确性越强，公务员公仆怜悯度越高。其余从大到小依次是：责任性、凝聚性、标准性和奖励性，标准化回归系数值分别为0.177、0.164、0.113和0.100。另外，五个维度的容忍度均高于0.3，表明变量之间不存在多元共线性现象。回归模型检验的结果表明，这五个维度可以解释公仆热忱度38.2%的变化量，具有适度的解释比率，且回归效果达显著水平（p<0.001），具有统计上的意义。

5. 组织氛围各维度对公仆奉献度的回归分析

通过将组织氛围各个维度作为自变量，以公仆奉献度作为因变量，进行回归分析，得出结果如下（表6.23）：

表 6.23　**基层公务员组织氛围各维度对公仆奉献度的回归分析（N = 760）**

因变量	自变量	标准化回归系数	t 值	t 值的显著性	容忍度	调整 R 方	F 值	F 值的显著性
公仆奉献度	凝聚性	.296	7.156	.000	.491	.360	143.586	0.000
	责任性	.232	5.292	.000	.437			
	标准性	.150	3.329	.001	.415			

从表中可以看出，组织氛围的六个因素中只有凝聚性、责任性和标准性三个维度进入了回归模型，明确性、奖励性和灵活性三个维度由于各项标准没有达到显著水平而没有进入回归模型。根据 T 检验结果表明，凝聚性、责任性和标准性的系数值均具有统计意义，其中，凝聚性对公仆奉献度具有最佳的解释力，标准化回归系数值为 0.296，显示凝聚性越强，公务员公仆奉献度越高。其次是责任性和标准性，它们的标准化回归系数值分别为 0.232 和 0.150。另外，三个维度容忍度均高于 0.4，表明变量之间不存在多元共线性现象。回归模型检验的结果表明，这三个维度可以解释公仆热忱度 36% 的变化量，具有适度的解释比率，且回归效果达显著水平（$p < 0.001$），具有统计上的意义。

三　工作特征对基层公务员公共服务动机的影响分析

（一）基层公务员工作特征与公共服务动机的相关性分析

就工作特征对公共服务动机的相关性检验而言，从下表的分析结果中可以看出，工作特征的各个维度与公共服务动机各个维度之间都存在显著相关关系（表 6.24）。

表 6.24 **基层公务员工作特征与公共服务动机的相关性分析（N = 760）**

	多样性	重要性	完整性	自主性	反馈性	工作特征均分
公仆热忱	.322**	.401**	.354**	.304**	.363**	.417**
公共利益承诺	.357**	.453**	.361**	.270**	.367**	.431**
同情心	.377**	.485**	.425**	.365**	.444**	.501**
奉献精神	.426**	.519**	.417**	.401**	.476**	.537**
公共服务动机总均分	.443**	.554**	.461**	.406**	.496**	.565**

（二）工作特征各维度对公共服务动机的回归分析

1. 工作特征各维度对公共服务动机总水平的回归分析

同样，为了进一步探讨工作特征各个维度对公共服务动机总水平及其各个维度的预测作用，我们将工作特征作为自变量，公共服务动机作为因变量，采用逐步回归法来对他们之间的关系作进一步分析。

通过将工作特征各维度对基层公务员公共服务动机总水平进行回归分析，得出结果如下（表6.25）：

表6.25 基层公务员工作特征对公共服务动机总水平的回归分析（N=760）

因变量	自变量	标准化回归系数	t值	t值的显著性	容忍度	调整R方	F值	F值的显著性
公共服务动机	重要性	.352	8.303	.000	.481	.344	133.732	.000[c]
	反馈性	.205	5.066	.000	.528			
	完整性	.109	2.659	.008	.517			

从表中可以看出，工作特征的五个因素中只有重要性、反馈性和完整性三个维度进入了回归模型，自主性和多样性两个维度由于各项标准没有达到显著水平而没有进入回归模型。根据T检验结果表明，重要性、反馈性和完整性的系数值均具有统计意义，其中，重要性对公共服务动机具有最佳的解释力，标准化回归系数值为0.352，显示工作重要性越强，公务员公共服务动机水平越高。其次是反馈性和完整性，标准化回归系数值分别为0.205和0.109。另外，三个维度容忍度均高于0.45，表明变量之间不存在多元共线性现象。回归模型检验的结果表明，这三个维度可以解释公共服务动机34.4%的变化量，具有适度的解释比率，且回归效果达显著水平（$p<0.001$），具有统计上的意义。根据这种关系，在基层公务员管理中，可以通过强调工作的重要性、加强工作的反馈性和增强工作的完整性来提升基层公务员的公共服务动机水平。

为了进一步分析工作特征对公共服务动机各维度的影响，接下来，我们将工作特征各个维度作为自变量，公共服务动机的各维度分别作为因变量，进行回归分析。

2. 工作特征各维度对公仆热忱度的回归分析

通过将工作特征各个维度作为自变量，分别对公仆热忱度进行回归分析，得出结果如下（表6.26）：

表6.26　**基层公务员工作特征对公仆热忱度回归分析（N=760）**

因变量	自变量	标准化回归系数	t值	t值的显著性	容忍度	调整R方	F值	F值的显著性
公仆热忱度	重要性	.234	4.947	.000	.481	.183	57.792	.000[c]
	反馈性	.143	3.169	.002	.528			
	完整性	.116	2.534	.011	.517			

从表中可以看出，工作特征的五个因素中只有重要性、反馈性和完整性三个维度进入了回归模型，自主性和多样性两个维度由于各项标准没有达到显著水平而没有进入回归模型。根据T检验结果表明，重要性、反馈性和完整性的系数值均具有统计意义，其中，重要性对公仆热忱度具有最佳的解释力，标准化回归系数值为0.234，显示工作重要性越强，基层公务员公仆热忱度越高。其次是反馈性和完整性，标准化回归系数值分别为0.143和0.116。另外，三个维度容忍度均高于0.45，表明变量之间不存在多元共线性现象。回归模型检验的结果表明，这三个维度可以解释公共服务动机18.3%的变化量，具有适度的解释比率，且回归效果达显著水平（$p<0.001$），具有统计上的意义。

3. 工作特征各维度对公仆承诺度的回归分析

通过将工作特征各个维度作为自变量，分别对公仆承诺度进行回归分析，得出结果如下（表6.27）：

表6.27　**基层公务员工作特征对公共承诺度回归分析（N=760）**

因变量	自变量	标准化回归系数	t值	t值的显著性	容忍度	调整R方	F值	F值的显著性
公共承诺度	重要性	.370	8.817	.000	.590	.213	103.766	.000
	反馈性	.130	3.100	.002	.590			

从表中可以看出，工作特征的五个因素中只有重要性和反馈性两个

维度进入了回归模型，完整性、自主性和多样性三个维度由于各项标准没有达到显著水平而没有进入回归模型。根据T检验结果表明，重要性和反馈性的系数值均具有统计意义，其中，重要性对公仆承诺度具有最佳的解释力，标准化回归系数值为0.370，显示工作重要性越强，公务员公仆承诺度越高。其次是反馈性，标准化回归系数值分别为0.130。另外，两个维度容忍度均高于0.5，表明变量之间不存在多元共线性现象。回归模型检验的结果表明，这两个维度可以解释公共服务动机21.3%的变化量，具有适度的解释比率，且回归效果达显著水平（$p<0.001$），具有统计上的意义。

4. 工作特征各维度对公仆怜悯度的回归分析

通过将工作特征各个维度作为自变量，分别对公仆怜悯度进行回归分析，得出结果如下（表6.28）：

表6.28　**基层公务员工作特征对公仆怜悯度回归分析**（N=760）

因变量	自变量	标准化回归系数	t值	t值的显著性	容忍度	调整R方	F值	F值的显著性
公仆怜悯度	重要性	.282	6.321	.000	.481	.271	94.989	.000^{c}
	反馈性	.184	4.310	.000	.528			
	完整性	.130	3.019	.003	.517			

从表中可以看出，工作特征的五个因素中只有重要性、反馈性和完整性三个维度进入了回归模型，自主性和多样性两个维度由于各项标准没有达到显著水平而没有进入回归模型。根据T检验结果表明，重要性、反馈性和完整性的系数值均具有统计意义，其中，重要性对公仆怜悯度具有最佳的解释力，标准化回归系数值为0.282，显示工作重要性越强，公务员公仆怜悯度越高。其次是反馈性和完整性，标准化回归系数值分别为0.184和0.130。另外，三个维度容忍度均高于0.45，表明变量之间不存在多元共线性现象。回归模型检验的结果表明，这三个维度可以解释公共服务动机27.1%的变化量，具有适度的解释比率，且回归效果达显著水平（$p<0.001$），具有统计上的意义。

5. 工作特征各维度对公仆奉献度的回归分析

通过将工作特征各个维度作为自变量，分别对公仆奉献度进行回归分析，得出结果如下（表6.29）：

表6.29　**基层公务员工作特征对公仆奉献度回归分析（N=760）**

因变量	自变量	标准化回归系数	t值	t值的显著性	容忍度	调整R方	F值	F值的显著性
公仆奉献度	重要性	.363	9.184	.000	.590	.303	165.735	.000[b]
	反馈性	.244	6.187	.000	.590			

从表中可以看出，工作特征的五个因素中只有重要性、反馈性两个维度进入了回归模型，完整性、自主性和多样性三个维度由于各项标准没有达到显著水平而没有进入回归模型。根据T检验结果表明，重要性、反馈性的系数值均具有统计意义，其中，重要性对公仆奉献度具有最佳的解释力，标准化回归系数值为0.363，显示工作重要性越强，公务员公仆奉献度越高。其次是反馈性，标准化回归系数值为0.244。另外，两个维度容忍度均高于0.5，表明变量之间不存在多元共线性现象。回归模型检验的结果表明，这两个维度可以解释公共服务动机30.3%的变化量，具有适度的解释比率，且回归效果达显著水平（$p<0.001$），具有统计上的意义。

四　工作价值观对基层公务员公共服务动机的影响分析

（一）基层公务员工作价值观和公共服务动机的相关性分析

就工作价值观对公共服务动机的相关性检验而言，从下表的分析结果中可以看出，工作价值观的各个维度与公共服务动机各个维度之间都存在显著相关关系（表6.30）。

表6.30　**基层公务员工作价值观和公共服务动机的相关性分析（N=760）**

	公仆热忱	公仆承诺	公仆怜悯	公仆奉献	公共服务动机总均分
自我成长取向	.400**	.360**	.441**	.429**	.479**
自我实现取向	.404**	.376**	.468**	.480**	.514**
尊严取向	.360**	.310**	.434**	.406**	.450**
社会互动取向	.284**	.251**	.386**	.346**	.382**

续表

	公仆热忱	公仆承诺	公仆怜悯	公仆奉献	公共服务动机总均分
组织安全与经济保障取向	.182**	.133**	.232**	.212**	.229**
稳定和免于焦虑取向	.085*	.027	.129**	.086*	.101**

从上表可知，工作价值观除了“稳定和免于焦虑”之外的各个维度与公共服务动机各个维度之间都存在显著相关关系，这也与李丹婷（2012）的研究结果相印证。

由于工作价值观又分为“目的价值”与“工具价值”两个维度，目的价值由自我成长、自我实现和尊严三个因素组成；工具价值由社会互动、组织安全与经济保障、稳定和免于焦虑三个因素组成，所以在进行回归分析之前，我们对工作价值观的“目的价值”和“工具价值”与公共服务动机各维度之间进行了相关性分析，结果发现，目的价值和工具价值与公共服务动机的各维度之间存在显著性相关（表6.31）。

表6.31　**基层公务员目的价值观和工具价值观与公共服务动机的相关性分析（N=760）**

	公仆热忱	公仆承诺	公仆怜悯	公仆奉献	公共服务动机总均分
目的价值	.417**	.375**	.482**	.471**	.517**
工具价值	.201**	.146**	.272**	.234**	.258**

为了进一步探讨工作价值观各个维度对公共服务动机的影响作用，我们将工作价值观作为自变量，公共服务动机作为因变量，采用SPSS统计分析中的逐步回归法来对他们之间的关系作进一步分析。此外，由于工作价值观由目的价值和工具价值两大子价值观构成，这两类价值观的区别比较大，因此在回归分析中，我们将“目的价值”和“工具价值”两个维度对于公共服务动机的影响又分别进行了讨论。

（二）目的价值观各维度对公共服务动机的回归分析

1. 目的价值观各维度对公共服务动机总水平的回归分析

通过将目的价值观各维度对基层公务员公共服务动机总水平进行回归分析，得出结果如下（表6.32）：

表6.32　**基层公务员目的价值观对公共服务动机的回归分析（N=760）**

因变量	自变量	标准化回归系数	t值	t值的显著性	容忍度	调整R方	F值	F值的显著性
公共服务动机	自我实现	.365	6.977	.000	.349	.275	144.589	.000[b]
	自我成长	.185	3.523	.000	.349			

从表中可以看出，目的价值的三个因素中只有自我实现取向和自我成长取向两个维度进入了回归模型，尊严取向维度由于各项标准没有达到显著水平而没有进入回归模型。根据T检验结果表明，自我实现取向和自我成长取向的系数值均具有统计意义，其中，自我实现取向对公共服务动机具有最佳的解释力，标准化回归系数值为0.365，显示自我实现取向越强，公务员公共服务动机越高。其次是自我成长取向，标准化回归系数值为0.185。另外，两个维度容忍度均高于0.3，表明变量之间不存在多元共线性现象。回归模型检验的结果表明，这两个维度可以解释公共服务动机27.5%的变化量，具有适度的解释比率，且回归效果达显著水平（$p<0.001$），具有统计上的意义。根据这种关系，在基层公务员管理中，可以通过引导公务员在工作中不断学习和提升、在工作中努力实现自己人生目标和社会价值来提升基层公务员的公共服务动机。

2. 目的价值各维度对公仆热忱度的回归分析

通过将目的价值观各维分别对基层公务员公仆热忱度进行回归分析，得出结果如下（表6.33）：

表6.33　**基层公务员目的价值观对公仆热忱度的回归分析（N=760）**

因变量	自变量	标准化回归系数	t值	t值的显著性	容忍度	调整R方	F值	F值的显著性
公仆热忱度	自我实现	.232	4.166	.000	.349	.177	82.545	.000
	自我成长	.213	3.813	.000	.349			

从表中可以看出，目的价值的三个因素中只有自我实现取向和自我成长取向两个维度进入了回归模型，尊严取向维度由于各项标准没有达到显著水平而没有进入回归模型。根据T检验结果表明，自我实现取向

和自我成长取向的系数值均具有统计意义，其中，自我实现取向对公仆热忱度具有最佳的解释力，标准化回归系数值为0.232，显示自我实现取向越强，公务员公仆热忱度越高。其次是自我成长取向，标准化回归系数值为0.213。另外，两个维度容忍度均高于0.3，表明变量之间不存在多元共线性现象。回归模型检验的结果表明，这两个维度可以解释公共服务动机17.7%的变化量，具有适度的解释比率，且回归效果达显著水平（$p<0.001$），具有统计上的意义。

3. 目的价值各维度对公仆承诺度的回归分析

通过将目的价值观各维度对基层公务员公仆承诺度进行回归分析，得出结果如下（表6.34）：

表6.34　**基层公务员目的价值观对公仆承诺度的回归分析**（N=760）

因变量	自变量	标准化回归系数	t值	t值的显著性	容忍度	调整R方	F值	F值的显著性
公仆承诺度	自我实现	.244	4.296	.000	.349	.148	67.057	$.000^b$
	自我成长	.164	2.882	.004	.349			

从表中可以看出，目的价值的三个因素中只有自我实现取向和自我成长取向两个维度进入了回归模型，尊严取向维度由于各项标准没有达到显著水平而没有进入回归模型。根据T检验结果表明，自我实现取向和自我成长取向的系数值均具有统计意义，其中，自我实现取向对公仆承诺度具有最佳的解释力，标准化回归系数值为0.244，显示自我实现取向越强，公务员公仆承诺度越高。其次是自我成长取向，标准化回归系数值为0.164。另外，两个维度容忍度均高于0.3，表明变量之间不存在多元共线性现象。回归模型检验的结果表明，这两个维度可以解释公共服务动机14.8%的变化量，具有适度的解释比率，且回归效果达显著水平（$p<0.001$），具有统计上的意义。

4. 目的价值各维度对公仆怜悯度的回归分析

通过将目的价值观各维度对基层公务员公仆怜悯度进行回归分析，得出结果如下（表6.35）：

表 6.35　**基层公务员目的价值观对公仆怜悯度的回归分析（N=760）**

因变量	自变量	标准化回归系数	t 值	t 值的显著性	容忍度	调整 R 方	F 值	F 值的显著性
公仆怜悯度	自我实现	.320	5.929	.000	.349	.228	113.339	.000
	自我成长	.183	3.384	.001	.349			

从表中可以看出，目的价值的三个因素中只有自我实现取向和自我成长取向两个维度进入了回归模型，尊严取向维度由于各项标准没有达到显著水平而没有进入回归模型。根据 T 检验结果表明，自我实现取向和自我成长取向的系数值均具有统计意义，其中，自我实现取向对公仆怜悯度具有最佳的解释力，标准化回归系数值为 0.320，显示自我实现取向越强，公务员公仆怜悯度越高。其次是自我成长取向，标准化回归系数值为 0.183。另外，两个维度容忍度均高于 0.3，表明变量之间不存在多元共线性现象。回归模型检验的结果表明，这两个维度可以解释公共服务动机 22.8% 的变化量，具有适度的解释比率，且回归效果达显著水平（$p<0.001$），具有统计上的意义。

5. 目的价值各维度对公仆奉献度的回归分析

通过将目的价值观各维度对基层公务员公仆奉献度进行回归分析，得出结果如下（表 6.36）：

表 6.36　**基层公务员目的价值观对公仆奉献度的回归分析（N=760）**

因变量	自变量	标准化回归系数	t 值	t 值的显著性	容忍度	调整 R 方	F 值	F 值的显著性
公仆奉献度	自我实现	.383	7.108	.000	.349	.233	116.267	.000
	自我成长	.120	2.227	.026	.349			

从表中可以看出，目的价值的三个因素中只有自我实现取向和自我成长取向两个维度进入了回归模型，尊严取向维度由于各项标准没有达到显著水平而没有进入回归模型。根据 T 检验结果表明，自我实现取向和自我成长取向的系数值均具有统计意义，其中，自我实现取向对公仆奉献度具有最佳的解释力，标准化回归系数值为 0.383，显示自我实现

取向越强，公务员公仆奉献度越高。其次是自我成长取向，标准化回归系数值为0.120。另外，两个维度容忍度均高于0.3，表明变量之间不存在多元共线性现象。回归模型检验的结果表明，这两个维度可以解释公共服务动机23.3%的变化量，具有适度的解释比率，且回归效果达显著水平（$p<0.001$），具有统计上的意义。

（三）工具价值各维度对公共服务动机的回归分析

1. 工具价值各维度对公共服务动机总水平的回归分析

通过将工具价值各维度对基层公务员公共服务动机总水平进行回归分析，得出结果如下（表6.37）：

表6.37　**基层公务员工具价值观对公共服务动机的回归分析（N=760）**

因变量	自变量	标准化回归系数	t值	t值的显著性	容忍度	调整R方	F值	F值的显著性
公共服务动机	社会互动	.460	11.671	.000	.714	.159	72.674	.000
	稳定和免于焦虑	-.145	-3.689	.000	.714			

从表中可以看出，工具价值的三个因素中只有社会互动取向、稳定和免于焦虑取向两个维度进入了回归模型，组织安全与经济保障取向维度由于各项标准没有达到显著水平而没有进入回归模型。根据T检验结果表明，社会互动取向、稳定和免于焦虑取向的系数值均具有统计意义，其中，社会互动取向对基层公务员的公共服务动机具有最佳的解释力，标准化回归系数值为0.460，显示社会互动取向越强，公务员公共服务动机越高。其次是稳定和免于焦虑取向，标准化回归系数值为-0.145，说明稳定和免于焦虑取向与公共服务动机存在负向影响关系，即基层公务员越是在稳定和免于焦虑维度表现强烈，越会导致他的公共服务动机水平下降。另外，两个维度容忍度均高于0.7，表明变量之间不存在多元共线性现象。回归模型检验的结果表明，这两个维度可以解释公共服务动机15.9%的变化量，具有适度的解释比率，且回归效果达显著水平（$p<0.001$），具有统计上的意义。根据这种关系，在基层公务员管理中，可以通过引导基层公务员在工作中进一步丰富自己的社会资源、提高与周围社会关系的互动来提升基层公务员

的公共服务动机水平；也可以进一步引导基层公务员重视工作本身的社会意义，不要把工作的稳定性和舒适性这些外在因素看得太重，来达到提升基层公务员公共服务动机的目的。

2. 工具价值各维度对公仆热忱度的回归分析

通过将工具价值观各维度对基层公务员公仆热忱度进行回归分析，得出结果如下（表 6. 38）：

表 6. 38　**基层公务员工具价值观对公仆热忱度的回归分析**（N = 760）

因变量	自变量	标准化回归系数	t 值	t 值的显著性	容忍度	调整 R 方	F 值	F 值的显著性
公仆热忱度	社会互动	. 335	8. 139	. 000	. 714	. 085	36. 107	. 000
	稳定和免于焦虑	-. 094	-2. 290	. 022	. 714			

从表中可以看出，工具价值的三个因素中只有社会互动取向、稳定和免于焦虑取向两个维度进入了回归模型，组织安全与经济保障取向维度由于各项标准没有达到显著水平而没有进入回归模型。根据 T 检验结果表明，社会互动取向、稳定和免于焦虑取向的系数值均具有统计意义，其中，社会互动取向对基层公务员的公仆热忱度具有最佳的解释力，标准化回归系数值为 0. 335，显示社会互动取向越强，公务员公仆热忱度越高。其次是稳定和免于焦虑取向，标准化回归系数值为 -0. 094，说明稳定和免于焦虑取向对公仆热忱度存在负向影响关系，即基层公务员越是在稳定和免于焦虑取向追求强烈，越会导致他的公仆热忱度下降。另外，两个维度容忍度均高于 0. 7，表明变量之间不存在多元共线性现象。回归模型检验的结果表明，这两个维度可以解释公共服务动机 8. 5% 的变化量，具有适度的解释比率，且回归效果达显著水平（$p < 0.001$），具有统计上的意义。

3. 工具价值各维度对公仆承诺度的回归分析

通过将工具价值观各维度对基层公务员公仆承诺度进行回归分析，得出结果如下（表 6. 39）：

表6.39 **基层公务员工具价值观对公仆承诺度的回归分析**（N=760）

因变量	自变量	标准化回归系数	t值	t值的显著性	容忍度	调整R方	F值	F值的显著性
公仆承诺度	社会互动	.331	8.021	.000	.714	.077	32.464	.000
	稳定和免于焦虑	–.150	–3.645	.000	.714			

从表中可以看出，工具价值的三个因素中只有社会互动取向、稳定和免于焦虑取向两个维度进入了回归模型，组织安全与经济保障取向维度由于各项标准没有达到显著水平而没有进入回归模型。根据T检验结果表明，社会互动取向、稳定和免于焦虑取向的系数值均具有统计意义，其中，社会互动取向对基层公务员的公仆承诺度具有最佳的解释力，标准化回归系数值为0.331，显示社会互动取向越强，公务员公仆承诺度越高。其次是稳定和免于焦虑取向，标准化回归系数值为–0.150，说明稳定和免于焦虑取向对公仆承诺度存在负向影响关系，即基层公务员越是在稳定和免于焦虑取向追求强烈，越会导致他的公仆承诺度下降。另外，两个维度容忍度均高于0.7，表明变量之间不存在多元共线性现象。回归模型检验的结果表明，这两个维度可以解释公共服务动机7.7%的变化量，具有适度的解释比率，且回归效果达显著水平（$p<0.001$），具有统计上的意义。

4. 工具价值各维度对公仆怜悯度的回归分析

通过将工具价值观各维度对基层公务员公仆怜悯度进行回归分析，得出结果如下（表6.40）：

表6.40 **基层公务员工具价值观对公仆怜悯度的回归分析**（N=760）

因变量	自变量	标准化回归系数	t值	t值的显著性	容忍度	调整R方	F值	F值的显著性
公仆怜悯度	社会互动	.444	11.240	.000	.714	.155	70.618	.000
	稳定和免于焦虑	–.109	–2.754	.006	.714			

从表中可以看出，工具价值的三个因素中只有社会互动取向、稳定和免于焦虑取向两个维度进入了回归模型，组织安全与经济保障取

向维度由于各项标准没有达到显著水平而没有进入回归模型。根据T检验结果表明，社会互动取向、稳定和免于焦虑取向的系数值均具有统计意义，其中，社会互动取向对基层公务员的公仆怜悯度具有最佳的解释力，标准化回归系数值为0.444，显示社会互动取向越强，公务员公仆怜悯度越高。其次是稳定和免于焦虑取向，标准化回归系数值为-0.109，说明稳定和免于焦虑取向对公仆怜悯度存在负向影响关系，即基层公务员越是在稳定和免于焦虑取向追求强烈，越会导致他的公仆怜悯度的下降。另外，两个维度容忍度均高于0.7，表明变量之间不存在多元共线性现象。回归模型检验的结果表明，这两个维度可以解释公共服务动机7.7%的变化量，具有适度的解释比率，且回归效果达显著水平（$p<0.001$），具有统计上的意义。

5. 工具价值各维度对公仆奉献度的回归分析

通过将工具价值观各维度对基层公务员公仆奉献度进行回归分析，得出结果如下（表6.41）：

表6.41 **基层公务员工具价值观对公仆奉献度的回归分析**（N=760）

因变量	自变量	标准化回归系数	t值	t值的显著性	容忍度	调整R方	F值	F值的显著性
公仆奉献度	社会互动	.421	10.502	.000	.714	.131	58.395	.000
	稳定和免于焦虑	-.139	-3.464	.001	.714			

从表中可以看出，工具价值的三个因素中只有社会互动取向、稳定和免于焦虑取向两个维度进入了回归模型，组织安全与经济保障取向维度由于各项标准没有达到显著水平而没有进入回归模型。根据T检验结果表明，社会互动取向、稳定和免于焦虑取向的系数值均具有统计意义，其中，社会互动取向对基层公务员的公仆奉献度具有最佳的解释力，标准化回归系数值为0.421，显示社会互动取向越强，公务员公仆奉献度越高。其次是稳定和免于焦虑取向，标准化回归系数值为-0.139，说明稳定和免于焦虑取向对公仆奉献度存在负向影响关系，即基层公务员越是在稳定和免于焦虑取向追求强烈，越会导致他的公仆奉献度的下降。另外，两个维度容忍度均高于0.7，表明变量之

间不存在多元共线性现象。回归模型检验的结果表明，这两个维度可以解释公共服务动机13.1%的变化量，具有适度的解释比率，且回归效果达显著水平（$p<0.001$），具有统计上的意义。

五 基层公务员公共服务动机影响因素机制模型

综合上述分析，笔者构建了基层公务员公共服务动机影响因素结构方程模型图，如下图所示（图6.6）：

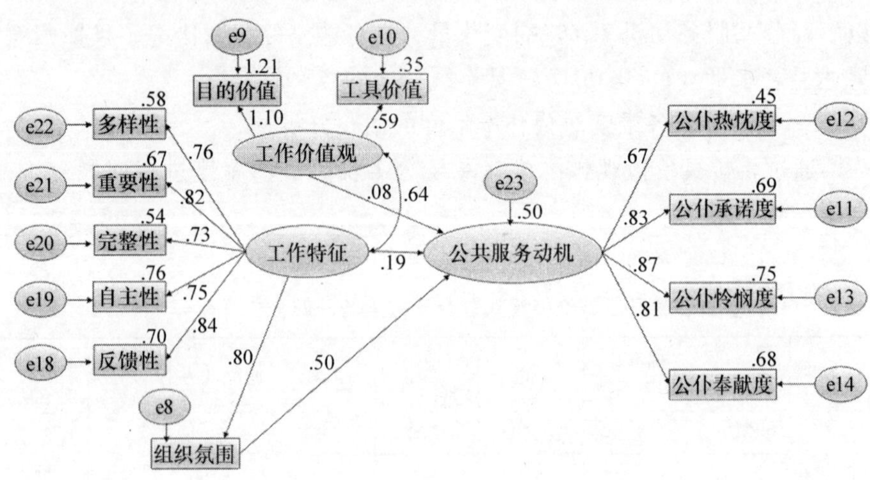

图6.6 基层公务员公共服务动机影响因素结构方程模型

表6.42 **基层公务员组织氛围、工作特征、工作价值观对公共服务动机的影响模型拟合指标**

χ^2	df	P	χ^2/ df	GFI	TLI	RMSEA	CFI
334.809	50	0.000	6.696	0.933	0.935	0.087	0.951

如上表所示，RMSEA低于0.1表示好的拟合；CFI为0—1，大于0.9，越大越是一个好模型。从χ^2/df的值来看，也是可以接受的模型。GFI也应大于等于0.90，同样的TLI也应当为0—1，越接近1表示模型

拟合度越好①。表中各项指标都在合理范围内，说明图中的模型与实际数据契合。

第三节　基层公务员公共服务动机对工作态度的影响分析

按照研究设计，笔者将基层公务员的工作态度作为公共服务动机的作用变量进行研究，并以组织承诺和工作投入作为研究变量对基层公务员公共服务动机的作用效果进行了考察。

一　基层公务员组织承诺和工作投入的描述性分析

为了更加直观地了解基层公务员的工作态度情况，笔者对基层公务员的组织承诺和工作投入情况进行了调查，具体结果如下所示。

（一）基层公务员组织承诺情况的描述性分析

为了更加直观地体现基层公务员组织承诺的情况，笔者对基层公务员的组织承诺情况进行了描述性分析，具体结果如下（表 6.43）：

表 6.43　**基层公务员组织承诺的总体得分描述性分析**（N = 760）

描述统计量					
	N	极小值	极大值	均值	标准差
情感承诺	760	1.00	5.00	3.9215	.79169
持续承诺	760	1.00	5.00	3.6457	.80908
规范承诺	760	1.00	5.00	3.6199	.85421
组织承诺总均分	760	1.00	5.00	3.7502	.73961

从表中可以看出，基层公务员有较好的组织承诺水平。组织承诺各维度从大到小依次是：情感承诺、持续承诺、规范承诺。

（二）基层公务员工作投入情况的描述性分析

为了更加直观地体现基层公务员的工作投入情况，笔者对基层公务

① 参见温忠琳等《结构方程模型检验：拟合指数与卡方准则》，《心理学报》2004 年第 2 期。

员的工作投入情况进行了描述性分析，具体结果如下（表6.44）：

表6.44　　基层公务员工作投入总体得分描述性分析（N=760）

描述统计量					
	N	极小值	极大值	均值	标准差
工作投入总均分	760	1.00	5.00	3.8009	.75679

从表中可以看出，基层公务员工作投入得分达到了3.8009。与前人的研究相比较，基层公务员的工作投入水平较好（朱光楠2012年研究发现西部地区三省一市政府公务员的工作投入均值得分3.21，李丹婷2012年的研究发现福建省三个地市公务员的工作投入水平为3.63，作者2013年对北京地区青年公务员进行调查发现青年公务员的工作投入均值为3.75）。

二　基层公务员公共服务动机对组织承诺的影响

（一）公共服务动机与组织承诺的相关性分析

就公共服务动机和组织承诺的相关性检验而言，从下表的分析结果中可以看出（表6.45），公共服务动机和组织承诺之间存在显著相关关系。

表6.45　　基层公务员公共服务动机与组织承诺的相关性分析（N=760）

	公仆热忱	公仆承诺	公仆怜悯	公仆奉献	公共服务动机总均分
情感承诺	.451**	.404**	.421**	.479**	.512**
持续承诺	.272**	.231**	.263**	.291**	.310**
规范承诺	.400**	.367**	.385**	.444**	.468**
组织承诺总均分	.432**	.387**	.410**	.467**	.496**

从上表的分析结果中可以看出，由于公共服务动机各个维度与组织承诺各个维度之间都存在显著相关关系，可以进行进一步的回归分析。

（二）公共服务动机对组织承诺的回归分析

同样，为了进一步探讨公共服务动机各个维度对组织承诺各个维度的影响作用，我们将公共服务动机作为自变量，组织承诺作为因变量，对他们之间的关系进行回归分析。

1. 公共服务动机对组织承诺总水平的回归分析

通过将公共服务动机各维度对基层公务员组织承诺总水平进行回归分析，得出结果如下（表6.46）：

表6.46　基层公务员公共服务动机对组织承诺的回归分析（N = 760）

因变量	自变量	标准化回归系数	t值	t值的显著性	容忍度	调整R方	F值	F值的显著性
组织承诺	公仆奉献度	.338	9.589	.000	.772	.273	143.230	.000
	公仆热忱度	.271	7.679	.000	.772			

从表中可以看出，公共服务动机四个因素中只有公仆奉献度和公仆热忱度两个维度进入了回归模型，公仆承诺度和公仆怜悯度两个维度由于各项标准没有达到显著水平而没有进入回归模型。根据T检验结果表明，公仆奉献度和公仆热忱度的系数值均具有统计意义，其中，公仆奉献度对组织承诺具有最佳的解释力，标准化回归系数值为0.338，显示公仆奉献度意识越强，公务员组织承诺水平越高。其次是公仆热忱度，标准化回归系数值为0.271。另外，两个维度容忍度均高于0.7，表明变量之间不存在多元共线性现象。回归模型检验的结果表明，这两个维度可以解释公共服务动机27.3%的变化量，具有适度的解释比率，且回归效果达显著水平（$p < 0.001$），具有统计上的意义。根据这种关系，在基层公务员管理中，可以通过强调公务员的奉献精神、提高他们对公共事务和公共政策的热情来达到增强组织承诺的效果。

为了进一步分析公共服务动机对组织承诺各维度的影响，接下来，我们将公共服务动机各个维度作为自变量，分别对组织承诺的各维度进行回归分析。

2. 公共服务动机对情感承诺的回归分析

通过将公共服务动机各维度对基层公务员情感承诺进行回归分析，得出结果如下（表6.47）：

表6.47 基层公务员公共服务动机对情感承诺的回归分析（N=760）

因变量	自变量	标准化回归系数	t值	t值的显著性	容忍度	调整R方	F值	F值的显著性
情感承诺	公仆奉献度	.341	9.818	.000	.772	.292	157.245	.000[b]
	公仆热忱度	.288	8.292	.000	.772			

从表中可以看出，当情感承诺作为因变量时，公共服务动机四个因素中只有公仆奉献度和公仆热忱度两个维度进入了回归模型，公仆承诺度和公仆怜悯度两个维度由于各项标准没有达到显著水平而没有进入回归模型。根据T检验结果表明，公仆奉献度和公仆热忱度的系数值均具有统计意义，其中，公仆奉献度对情感承诺具有最佳的解释力，标准化回归系数值为0.341，显示公仆奉献意识越强，公务员情感承诺水平越高。其次是公仆热忱度，标准化回归系数值为0.288。另外，两个维度容忍度均高于0.7，表明变量之间不存在多元共线性现象。回归模型检验的结果表明，这两个维度可以解释公共服务动机29.2%的变化量，具有适度的解释比率，且回归效果达显著水平（$p<0.001$），具有统计上的意义。

3. 公共服务动机对持续承诺的回归分析

通过将公共服务动机各维度对基层公务员持续承诺进行回归分析，得出结果如下（表6.48）：

表6.48 基层公务员公共服务动机对持续承诺的回归分析（N=760）

因变量	自变量	标准化回归系数	t值	t值的显著性	容忍度	调整R方	F值	F值的显著性
持续承诺	公仆奉献度	.208	5.334	.000	.772	.105	45.594	.000
	公仆热忱度	.172	4.415	.000	.772			

从表中可以看出，当持续承诺作为因变量时，公共服务动机四个因素中只有公仆奉献度和公仆热忱度两个维度进入了回归模型，公仆承诺度和公仆怜悯度两个维度由于各项标准没有达到显著水平而没有进入回归模型。根据T检验结果表明，公仆奉献度和公仆热忱度的系数值均具有统计意义，其中，公仆奉献度对持续承诺具有最佳的解释力，标准化

回归系数值为0.208，显示公仆奉献意识越强，公务员持续承诺水平越高。其次是公仆热忱度，标准化回归系数值为0.172。另外，两个维度容忍度均高于0.7，表明变量之间不存在多元共线性现象。回归模型检验的结果表明，这两个维度可以解释公共服务动机10.5%的变化量，具有适度的解释比率，且回归效果达显著水平（$p<0.001$），具有统计上的意义。

4. 公共服务动机对规范承诺的回归分析

通过将公共服务动机各维度对基层公务员规范承诺进行回归分析，得出结果如下（表6.49）：

表6.49　**基层公务员公共服务动机对规范承诺的回归分析**（N=760）

因变量	自变量	标准化回归系数	t值	t值的显著性	容忍度	调整R方	F值	F值的显著性
规范承诺	公仆奉献度	.328	9.115	.000	.772	.241	121.368	.000[b]
	公仆热忱度	.243	6.753	.000	.772			

从表中可以看出，当规范承诺作为因变量时，公共服务动机四个因素中只有公仆奉献度和公仆热忱度两个维度进入了回归模型，公仆承诺度和公仆怜悯度两个维度由于各项标准没有达到显著水平而没有进入回归模型。根据T检验结果表明，公仆奉献度和公仆热忱度的系数值均具有统计意义，其中，公仆奉献度对规范承诺具有最佳的解释力，标准化回归系数值为0.328，显示公仆奉献意识越强，公务员规范承诺水平越高。其次是公仆热忱度，标准化回归系数值为0.243。另外，两个维度容忍度均高于0.7，表明变量之间不存在多元共线性现象。回归模型检验的结果表明，这两个维度可以解释公共服务动机24.1%的变化量，具有适度的解释比率，且回归效果达显著水平（$p<0.001$），具有统计上的意义。

三　基层公务员公共服务动机对工作投入的影响

（一）公共服务动机与工作投入的相关关系分析

就公共服务动机和工作投入的相关性检验而言，从下表的分析结果中可以看出，公共服务动机与工作投入之间存在显著相关关系（表

6.50）。

表6.50 基层公务员公共服务动机与工作投入的相关关系

	公仆热忱	公仆承诺	公仆怜悯	公仆奉献	公共服务动机总均分
工作投入总均分	.443 **	.400 **	.427 **	.496 **	.519 **

从上表的分析结果中可以看出，公共服务动机与工作投入之间都存在显著相关关系。为了进一步探讨公共服务动机各个维度对工作投入的预测作用，我们对二者之间的关系进行回归分析。

（二）公共服务动机对工作投入的回归分析

通过将公共服务动机各维度对基层公务员工作投入进行回归分析，得出结果如下（表6.51）：

表6.51 基层公务员公共服务动机对工作投入的回归分析（N=760）

因变量	自变量	标准化回归系数	t值	t值的显著性	容忍度	调整R方	F值	F值的显著性
工作投入	公仆奉献度	.369	10.667	.000	.772	.299	163.248	.000[b]
	公仆热忱度	.267	7.726	.000	.772			

从表中可以看出，当工作投入作为因变量时，公共服务动机四个因素中只有公仆奉献度和公仆热忱度两个维度进入了回归模型，公仆承诺度和公仆怜悯度两个维度由于各项标准没有达到显著水平而没有进入回归模型。根据T检验结果表明，公仆奉献度和公仆热忱度的系数值均具有统计意义，其中，公仆奉献度对工作投入具有最佳的解释力，标准化回归系数值为0.369，显示公仆奉献意识越强，公务员工作投入水平越高。其次是公仆热忱度，标准化回归系数值为0.267。另外，两个维度容忍度均高于0.7，表明变量之间不存在多元共线性现象。回归模型检验的结果表明，这两个维度可以解释公共服务动机29.9%的变化量，具有适度的解释比率，且回归效果达显著水平（$p<0.001$），具有统计上的意义。根据这种关系，在基层公务员管理中，可以通过强调公务员的奉献精神、提高他们对公共事务和公共政策的热情来达到增强他们工作投入水平的效果。

四　公共服务动机对组织承诺和工作投入的作用机制模型

综合公共服务动机对工作态度（组织承诺和工作投入）的作用分析，可以得出基层公务员公共服务动机对组织承诺和工作投入的结构方程模型图，如下图所示（图 6.7）：

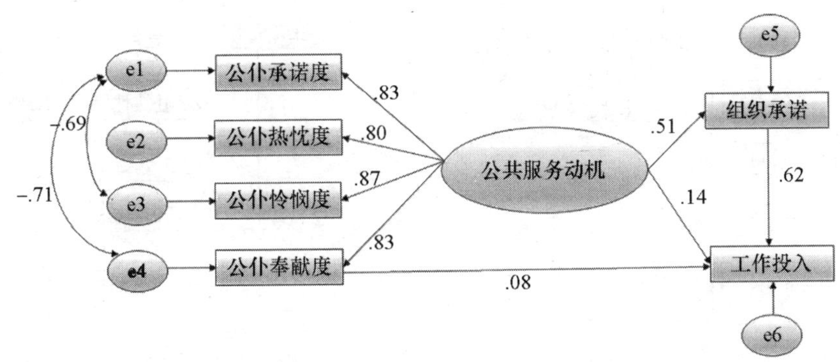

图 6.7　基层公务员公共服务动机对组织承诺和工作投入的结构方程模型

如下表所示（表 6.52），RMSEA 低于 0.1 表示拟合较好；CFI 为 0—1，大于 0.9，越大越是一个好模型。χ^2/df 的值为 2—5 时，是可以接受的模型。GFI 也应大于等于 0.90，同样的 TLI 也应当为 0—1，越接近 1 表示模型拟合度越好。总之，表中各项指标都在合理范围内，说明图中的模型与实际数据契合①。

表 6.52　**基层公务员公共服务动机对工作态度的作用模型拟合指标**

χ^2	df	P	χ^2/df	GFI	TLI	RMSEA	CFI
20.49	5	0.001	4.10	0.991	0.982	0.064	0.994

第四节　基层公务员公共服务动机影响和作用过程的结构方程

根据上述关于基层公务员公共服务动机的影响因素分析结果和公共

① 参见温忠琳等《结构方程模型检验：拟合指数与卡方准则》，《心理学报》2004 年第 2 期。

服务动机对工作态度（组织承诺和工作投入）的作用分析，笔者尝试着用 AMOS 软件进一步分析了组织氛围、工作特征、工作价值观、组织承诺、工作投入与公共服务动机的结构方程模型，具体如下图所示（图 6.8）：

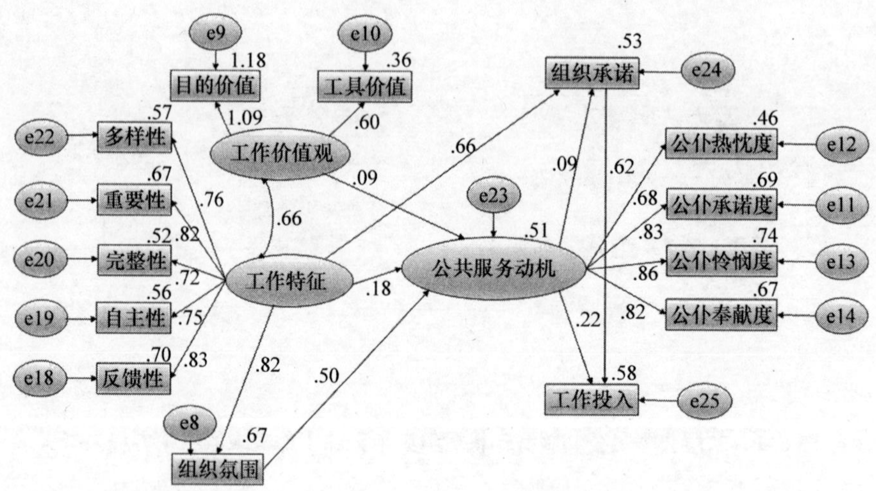

图 6.8　基层公务员公共服务动机影响和作用过程的结构方程模型

表 6.53　**基层公务员公共服务动机过程结构方程模型的拟合指标**

χ^2	df	P	χ^2/df	GFI	TLI	RMSEA	CFI
529.52	71	0.000	7.458	0.910	0.917	0.092	0.936

如上表所示，RMSEA 低于 0.1 表示好的拟合；CFI 为 0—1，大于 0.9，越大越是一个好模型。从 χ^2/df 的值来看，也是可以接受的模型。GFI 也应大于等于 0.90，同样的 TLI 也应当为 0—1，越接近 1 表示模型拟合度越好①。表中各项指标都在合理范围内，说明图中的模型与实际数据契合。

为了进一步看清基层公务员公共服务动机影响和作用过程的相互关系，作者对各路径系数值进行了检验，结果发现，工作价值观、工作特

① 参见温忠琳等《结构方程模型检验：拟合指数与卡方准则》，《心理学报》2004 年第 2 期。

征和组织氛围对于基层公务员公共服务动机的影响都达到了显著性水平，其中，组织氛围对基层公务员公共服务动机的影响作用最为显著。在作用方面，基层公务员公共服务动机对组织承诺和工作投入的影响都达到了显著性水平，其中，公共服务动机对工作投入的影响作用最为显著（表6.54）。

表6.54　**基层公务员公共服务动机影响和作用过程的路径系数**

			Unstandardized Estimate	Standardized Estimate	S. E.	C. R.	P	Label
组织氛围	←	工作特征	0.816	0.746	0.028	26.687	* * *	par_ 13
公共服务动机	←	工作价值观	0.091	0.058	0.022	2.653	0.01	par_ 5
公共服务动机	←	工作特征	0.184	0.127	0.044	2.9	0.02	par_ 6
公共服务动机	←	组织氛围	0.499	0.378	0.044	8.517	* * *	par_ 7
组织承诺	←	公共服务动机	0.094	0.162	0.069	2.339	0.02	par_ 14
组织承诺	←	工作特征	0.661	0.787	0.051	15.492	* * *	par_ 17
目的价值	←	工作价值观	1.088	1				
工具价值	←	工作价值观	0.6	0.58	0.042	13.714	* * *	par_ 1
公仆热忱	←	公共服务动机	0.675	1				
公仆承诺	←	公共服务动机	0.831	1.038	0.051	20.407	* * *	par_ 2
公仆怜悯	←	公共服务动机	0.862	1.037	0.052	20.132	* * *	par_ 3
公仆奉献	←	公共服务动机	0.817	1.225	0.064	19.239	* * *	par_ 4
反馈性	←	工作特征	0.834	1				
自主性	←	工作特征	0.75	1.041	0.043	23.969	* * *	par_ 8
完整性	←	工作特征	0.719	0.784	0.035	22.287	* * *	par_ 9
重要性	←	工作特征	0.819	0.979	0.037	26.431	* * *	par_ 10
多样性	←	工作特征	0.758	0.886	0.037	23.911	* * *	par_ 11
工作投入	←	公共服务动机	0.224	0.396	0.055	7.174	* * *	par_ 15
工作投入	←	组织承诺	0.62	0.634	0.029	21.743	* * *	par_ 16

通过对公共服务动机作用机制模型的构建和修正，本研究有以下几项发现：

第一，公共服务动机的影响因素层面。组织氛围、工作特征和工作价值观都对基层公务员的公共服务动机水平存在影响，证明了组织特征、工作特征和个体特征都会对基层公务员的公共服务动机产生影响。

第二，公共服务动机对工作态度的作用影响层面。基层公务员的公共服务动机水平对其工作态度具有影响作用，具体而言，对于基层公务员的组织承诺和工作投入都具有影响作用。

第三，在公共服务动机的具体作用过程中，公共服务动机对组织氛围、工作特征、工作价值观和组织承诺、工作投入可能存在的中介作用。从修订后的模型各因素之间的相互关系来看，结合张一弛等人关于工作特征对组织承诺具有显著积极影响作用的研究发现①，可以推断基层公务员的公共服务动机对工作特征和组织承诺之间存在不完全中介关系；此外，我们认为，从组织行为学的视角来看，由于个体工作态度中的情感和认知因素会对工作态度的行为因素产生影响（即组织承诺对工作投入也存在影响作用），结合修订后的模型各因素之间的相互关系，可以推断基层公务员的公共服务动机对组织承诺和工作投入之间也存在不完全中介关系，不过公共服务动机究竟在具体过程中是如何发挥中介效用等相关问题还有待进一步研究。

---

① 张一弛2005年基于对中国企业员工工作特征和组织承诺的关系分析时发现，工作特征的任务整体性、任务重要性、工作自主性和反馈四个核心维度对组织承诺具有显著的积极作用。

第七章　研究结论与启示

在本章节，笔者对研究发现进行了归纳和总结，并结合相关发现对进一步加强基层公务员队伍建设提出了相关建议，就公共服务动机的扩展研究问题进行了延伸探讨。

第一节　对理论假设的验证

通过选取北京市东城区基层公务员作为调查研究对象，结合数据分析结果，笔者对研究设计中提出的理论假设进行了检验，结果如下所述。

一　关于对基层公务员公共服务动机状况与特点的理论假设之验证

假设1：基层公务员具备公共服务动机，且在公共服务动机各维度上的表现不同——成立。

从研究结果来看，基层公务员群体的公共服务动机总水平能达到4.31分，超过了理论中值，说明该群体具有较好的公共服务动机水平。就基层公务员的公共服务动机各维度而言，得分从高到低依次是：公仆承诺度、公仆怜悯度、公仆热忱度、公仆奉献度，证明了公共服务动机在各维度上的表现是不同的。

假设2：基层公务员的公共服务动机水平在人口统计学变量方面存在差异——部分成立。

从研究结果来看，基层公务员的公共服务动机在性别、学历和工龄等方面不存在显著性差异，但是在年龄和职级等方面存在显著差异，验证结果如下（表7.1）：

表 7.1　对基层公务员公共服务动机状况与特点的理论假设验证

序号	理论假设	研究发现	验证结果
1	性别因素在对基层公务员的公共服务动机检验方面存在显著性差异	研究发现，男性基层公务员的公共服务动机水平略高于女性基层公务员。不同性别的基层公务员在公共服务动机水平方面不存在明显差异，但是男性基层公务员和女性基层公务员在公仆热忱维度上存在显著性差异	部分成立
2	年龄因素在对基层公务员的公共服务动机检验方面存在显著性差异	研究发现，不同年龄基层公务员的公共服务动机水平存在显著差异。且在公仆热忱度、公仆承诺度和公仆奉献度方面存在显著性差异	成立
3	婚姻因素在对基层公务员的公共服务动机检验方面存在显著性差异	研究发现，不同婚姻状况的基层公务员在公共服务动机方面不存在显著性差异。但是在公仆承诺维度，不同婚姻状况的基层公务员存在差异，且已婚基层公务员的公仆承诺水平要高于未婚群体	部分成立
4	学历因素在对基层公务员的公共服务动机检验方面存在显著性差异	研究发现，不同学历的基层公务员在公共服务动机水平上不存在显著性差异。但是在公仆热忱度方面存在显著性差异，且本科学历水平的基层公务员在公仆热忱度方面的水平最高	部分成立
5	工龄因素在对基层公务员的公共服务动机检验方面存在显著性差异	研究发现，不同工龄的基层公务员在公共服务动机水平上不存在显著性差异。但是不同年龄的基层公务员在公仆承诺度和公仆奉献度方面存在显著性差异，其中以工龄在 20 年以上的群体最为明显	部分成立
6	职级因素在对基层公务员的公共服务动机检验方面存在显著性差异	研究发现，不同职级的基层公务员在公共服务动机总水平和各个维度方面都存在显著差异。从公共服务动机总水平和各维度的得分情况来看，副处职级的基层公务员公共服务动机水平最高，且在各维度表现上与其他群体之间具有显著性差异	成立

二　关于对基层公务员公共服务动机影响因素的理论假设之验证

假设 1：组织氛围对基层公务员的公共服务动机存在影响——基本成立。

从研究结果来看，组织氛围的总体水平对基层公务员的公共服务动机具备影响关系。具体而言，除了灵活性维度之外，组织氛围中的凝聚性、责任性、明确性、奖励性和标准性五个维度都对基层公务员的公共服务动机具有影响关系，并且对基层公务员的公共服务动机具有很好的预测能力。具体验证结果如下（表 7.2）：

表 7.2　对基层公务员公共服务动机影响因素的理论假设验证（一）

序号	理论假设	研究发现	验证结果
1	组织氛围的明确性对基层公务员的公共服务动机存在影响	研究发现，组织氛围的明确性对基层公务员公共服务动机的公仆热忱度、公仆承诺度和公仆怜悯度均存在影响	部分成立
2	组织氛围的标准性对基层公务员的公共服务动机存在影响	研究发现，组织氛围的标准性对基层公务员公共服务动机的公仆承诺度、公仆怜悯度和公仆奉献度均存在影响	部分成立
3	组织氛围的责任性对基层公务员的公共服务动机存在影响	研究发现，组织氛围的责任性对基层公务员公共服务动机的公仆热忱度、公仆承诺度、公仆怜悯度和公仆奉献度均存在影响	成立
4	组织氛围的奖励性对基层公务员的公共服务动机存在影响	研究发现，组织氛围的奖励性对基层公务员公共服务动机的公仆怜悯度存在影响	部分成立
5	组织氛围的灵活性对基层公务员的公共服务动机存在影响	研究发现，组织氛围的灵活性对基层公务员公共服务动机的各个维度均不存在影响	不成立
6	组织氛围的凝聚性对基层公务员的公共服务动机存在影响	研究发现，组织氛围的凝聚性对基层公务员公共服务动机的公仆热忱度、公仆承诺度、公仆怜悯度和公仆奉献度均存在影响	部分成立

假设 2：工作特征对对基层公务员的公共服务动机存在影响——基本成立。

从研究结果来看，工作特征变量对基层公务员的公共服务动机存在影响关系，除了工作的多样性和自主性维度之外，工作特征中的重要性、完整性和反馈性维度都对基层公务员的公共服务动机具有影响关系，并且对基层公务员的公共服务动机具有很好的预测能力。具体验证结果如下（表 7.3）：

表 7.3　对基层公务员公共服务动机影响因素的理论假设验证（二）

序号	理论假设	研究发现	验证结果
1	工作特征的多样性对基层公务员的公共服务动机存在影响	研究发现，工作特征的多样性对基层公务员公共服务动机的各个维度均不存在影响	不成立

续表

序号	理论假设	研究发现	验证结果
2	工作特征的重要性对基层公务员的公共服务动机存在影响	研究发现，工作特征的重要性对基层公务员公共服务动机的公仆热忱度、公仆承诺度、公仆怜悯度和公仆奉献度均存在影响	成立
3	工作特征的完整性对基层公务员的公共服务动机存在影响	研究发现，工作特征的完整性对基层公务员公共服务动机的公仆热忱度和公仆怜悯度均存在影响	部分成立
4	工作特征的自主性对基层公务员的公共服务动机存在影响	研究发现，工作特征的自主性对基层公务员公共服务动机的各个维度均不存在影响	不成立
5	工作特征的反馈性对基层公务员的公共服务动机存在影响	研究发现，工作特征的反馈性对基层公务员公共服务动机的公仆热忱度、公仆承诺度、公仆怜悯度和公仆奉献度均存在影响	成立

假设3：工作价值观对基层公务员的公共服务动机存在影响——基本成立。

从研究结果来看，工作价值观的目的价值维度和工具价值维度都对基层公务员的公共服务动机具有影响关系。具体验证结果如下（表7.4）：

表7.4　对基层公务员公共服务动机影响因素的理论假设验证（三）

序号	理论假设	研究发现	验证结果
1	工作价值观的目的价值观对基层公务员的公共服务动机存在影响	研究发现，目的价值观的尊严取向对基层公务员公共服务动机的各个维度都不存在影响。但是目的价值观的自我实现取向和自我成长取向对基层公务员公共服动机的所有维度存在影响	部分成立
2	工作价值观的工具价值观对基层公务员的公共服务动机存在影响	研究发现，工具价值观的组织安全与经济保障取向对基层公务员公共服务动机的各个维度都不存在影响。但是工具价值观的社会互动取向、稳定和免于焦虑取向均对基层公务员公共服动机的所有维度存在影响	部分成立

三　关于对基层公务员公共服务动机作用结果的理论假设之验证

假设1：基层公务员的公共服务动机对组织承诺存在影响——基本成立。

从研究结果来看，基层公务员公共服务动机的公仆热忱度和公仆奉献度两个维度对组织承诺的各维度均具有影响关系。具体验证结果如下（表7.5）：

表7.5　对基层公务员公共服务动机作用结果的理论假设验证

序号	理论假设	研究发现	验证结果
1	基层公务员的公共服务动机对其情感承诺存在显著性影响	研究发现，基层公务员公共服务动机的公仆热忱度和公仆奉献度均对组织承诺中的情感承诺维度存在影响	部分成立
2	基层公务员的公共服务动机对其持续承诺存在显著性影响	研究发现，基层公务员公共服务动机的公仆热忱度和公仆奉献度均对组织承诺中的持续承诺维度存在影响	部分成立
3	基层公务员的公共服务动机对其规范承诺存在显著性影响	研究发现，基层公务员公共服务动机的公仆热忱度和公仆奉献度均对组织承诺中的规范承诺维度存在影响	部分成立

假设2：基层公务员的公共服务动机对工作投入存在影响——基本成立。

从研究结果来看，当将公共服务动机各维度作为自变量，工作投入作为因变量时，通过对二者之间的关系进行回归分析发现，基层公务员的公共服务动机对工作投入存在影响，其中公仆热忱和公仆奉献维度都进入了回归方程，说明基层公务员公共服务动机的公热忱仆和公仆奉献维度对其工作投入具有影响作用，并有一定的预测能力。

第二节　研究结论和启示

一　研究结论

与前人的研究相比较，笔者首次从组织特征、工作特征和个体特征三个层面选取不同变量（组织氛围、工作特征模型、工作价值观），综合分析了它们对公共服务动机的影响，并根据对基层公共服务动机的影响因素和作用结果分析，构建了基层公务员公共服务动机的影响和作用机制模型，结果显示模型成立且具有良好的解释力。为了更加直观地将研究结果加以呈现，笔者将本次研究的发现进行作图如下（图7.1）：

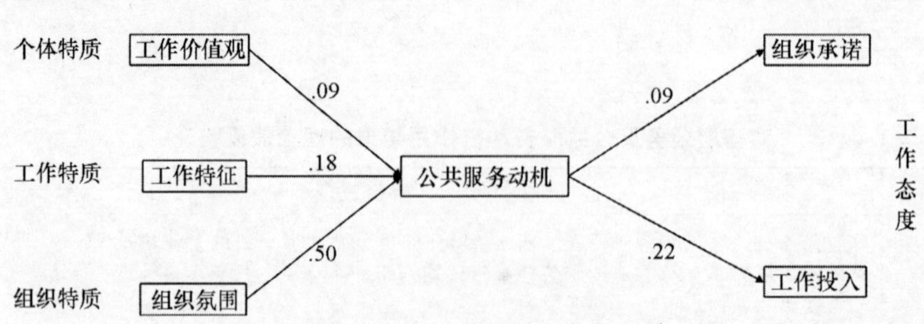

图 7.1　基层公务员公共服务动机影响和作用过程

通过对北京市东城区基层公务员关于"公共服务动机"方面第一手调查资料的量化分析，本研究发现：

（1）基层公务员具有公共服务动机，且公共服务动机总水平以及公共服务动机在各维度指标上的表现较好。与以往的研究结果情况相对比，基层公务员的公共服务动机水平得分较其他公务员群体稍高。

（2）基层公务员公共服务动机在各人口学特征方面的检验结果不完全相同。基层公务员的公共服务动机在性别、学历和工龄方面的差异性不显著，但是在年龄和职级方面的差异比较显著。

（3）在影响因素层面，组织环境中的组织氛围、工作特征以及个人工作价值观都对基层公务员公共服务动机水平存在影响关系。从对基层公务员公共服务动机的影响程度来看，从大到小依次是：组织氛围、工作特征、工作价值观。

（4）基层公务员的公共服务动机水平对其工作态度（组织承诺和工作投入）存在影响作用，而且对工作态度具有较好的预测能力。

（5）从基层公务员公共服务动机影响和作用机制模型的构建与验证情况来看，可以发现基层公务员的公共服务动机在工作特征和组织承诺之间可能存在中介效应关系；基层公务员的公共服务动机在组织承诺和工作投入之间也可能存在中介效应关系，具体程度和水平有待进一步研究。

二　研究启示

本次研究除却验证了公共服务动机理论在中国基层公务员群体中的

适用性之外，对于后续的公共服务动机及其相关研究，可能会有以下两方面的启示。

第一，来自理论层面的启示。从对公共服务动机理论的丰富和发展来看，公共服务动机理论需要通过不同国家的跨文化研究来加以发展和丰富。通过在不同国家、不同地区开展基于公共服务动机的比较研究，可以使理论进一步深化，从而更好地指导实践。本研究以公共服务动机理论作为基础，特别是以佩里和布鲁尔的公共服务动机过程理论作为研究的逻辑起点，通过实证分析对现有的理论假说作了进一步的验证、丰富和拓展，为后续的研究提供了理论支持。此外，虽然本研究的结果再次验证佩里四维度的公共服务动机量表在我国的行政实践中具有良好的信度和效度，但是，量表中的“公仆承诺”等维度的个别题目仍然需要进一步契合中国的国情和文化。因此，未来的研究不仅要思考如何更好地修订现有的公共服务动机量表，使之进一步本土化、中国化，更要结合中西方的文化差异，基于西方公共服务动机的理论架构，认真开发和设计出一套更符合我国国情的公共服务动机量表，使之更具有实践价值。

第二，来自实践层面的启示。由于本研究发现组织氛围、工作特征和自身的工作价值观都会对基层公务员的公共服务动机水平产生显著影响，且公共服务动机又会对其组织承诺、工作投入产生显著作用，因此在今后的实践中，可以通过进一步加强组织氛围建设、完善工作特征模型、增强对工作价值观的引导等方面实现提升公务员公共服务动机水平的目的。其中，从影响程度来看，组织氛围因素是提升我国基层公务员公共服务动机的关键。因此，要特别注意在公共组织中努力营造健康向上的组织氛围，形成公而忘私、团结合作、关心集体、维护公共利益的良好组织气氛。此外，由于基层公务员的公共服务动机对其工作态度和行为也存在影响，本书的发现对以后公共组织和部门进一步开展人才选拔、培养、使用和激励等工作都具有很好的实践指导意义，也为我们进一步加强公务员队伍建设提供了理论依据。

第三节　政策建议

一　对进一步提升基层公务员公共服务动机水平的政策建议

根据本书发现，组织氛围、工作特征和工作价值观等因素会对基层公务员的公共服务动机产生影响，因此从公共服务动机的影响因素层面提出加强和提高基层公务员公共服务动机水平的相关建议如下所述。

（一）基于改善组织氛围视角的建议

西方学者的研究认为，凡是有碍文官公共服务动机的工作环境，包括组织成员的不信任、组织中的繁文缛节、威权领导模式等，都应该进行调整（Moynihan & Pandey，2007；Kim，2004；Samantrai，1992）。由于组织氛围对公共服务动机存在影响，特别是凝聚性、责任性、明确性、奖励性和标准性五个因素对公共服务动机各维度的变异有较好的预测能力，因此可以采取以下措施，实现公共服务动机的提升。

1. 增强基层公务员组织氛围的凝聚性方面

第一，培养基层公务员的协作和分享意识，打造一支团结的工作团队。协作意识是每个基层公务员应该具备的基本素质，通过开展团队合作，使每个公务员都认识到，自己的工作是整体工作的一个部分、一个流程，自己的成功是建立在与他人合作的基础上。通过营造良好的协作分享氛围，使得基层公务员之间能够取长补短、集思广益，增进信任感和团队合作意识。第二，注重对基层公务员的情感关怀和感情投入，给予基层公务员家庭式的情感抚慰，为他们营造一个幸福和温暖的工作环境。卡耐基说过："人类行为有个非常重要的法则——时刻让他人感到温暖。如果我们照着这样做，一切就会很和平，而且可以得到很多友谊和永恒的快乐。但是，如果我们破坏了这个法则，就会带来很多麻烦。"对于基层公务员而言，大部分都是"白加黑""5+2"的工作节奏，这也意味着基层公务员每周要在单位和同事相处的有效时间往往会超过家人。营造一个温暖的工作环境，让大家在舒心的环境中快乐工作，有益于增强组织的凝聚力和向心力。第三，对于公共组织的管理者而言，要善于倾听基层公务员的意见和建议，保持一个畅通的信息沟通环境。要建立正式或者非正式的意见表达机制，除了通过领导信箱、职工代表大会等正式渠道吸收职工的意见外，还可以通过集体活动、团队竞赛、文体娱乐活动和主题论坛沙龙等非正式渠道加强基层公务员之间的联系，营造"高效畅通"的沟通氛围。在访谈中，很多青年基层公务员都提到，希望上级领导在生活上更加关心基层公务员尤其是年轻公务员，多倾听基层公务员的心声和诉求，帮助他们解决生活中的实际困难和问题。

2. 增强基层公务员组织氛围的责任性方面

第一，就增强基层公务员的责任性而言，责任不仅是一种规范因素，更多的是一种激励因素，它在很大程度上代表了信任、权威、理解和尊重，也代表着能力提升的机会。让基层公务员多承担一份责任，就等于让他们多了一份自信心和成就感。鉴于员工大多对成功和自我实现有所期待，承担责任将是他们提升工作动机的驱动。公共组织可以考虑更为扁平化的机构设置，让更多的公务员有机会参与到公共政策制定的讨论过程中来，集思广益，同时使政策制定的过程至少在政府机关内部和一定社会范围内公开透明，这样不仅仅有助于听取一线公共管理实践者的声音，从而提高公共政策制定的质量，还可以使得基层公务员在作为政策执行者为人民服务的同时，增加他们的参与积极性，使他们获得成就感，从而增强对组织的认同，强化他们的责任和奉献意识。第二，在基层公务员的职责范围内，尽可能对其进行授权，方便他们自主开展工作，灵活处理各种突发情况，以增强他们的工作主动性和积极性。李普斯基在《基层官僚》一书中曾经指出，自由裁量权是基层公务员手中握有的最管用的武器，因为他们处于工作第一线，他们可以在第一时间收集到工作服务对象的相关情况并迅速作出回应。如果公共部门愿意给予基层公务员充分信任，让他们有更多的自由裁量权来应对和解决基层的情况，不仅可以有效解决基层的各种突发情况，也有利于增强他们的工作责任感和自豪感。

3. 增强基层公务员组织氛围的奖励性方面

第一，要制定公平公正的奖励标准，对基层公务员的工作结果要有定期考评和反馈，可以通过年终考评和先进表彰等机会，对基层公务员的工作结果进行评定和表彰，用合理的奖励制度调动基层公务员的工作积极性。第二，在表彰和奖励过程中，要进一步丰富奖励的形式。对基层公务员的表彰和奖励，不仅要重视物质奖励，更要重视非物质奖励。《中华人民共和国公务员法》规定，对于公务员的奖励要“坚持精神奖励与物质奖励相结合、以精神奖励为主”。因此，对绩效突出的基层公务员可以采取现场表扬、通报嘉奖等方式予以奖励，对于数十年如一日、在本职工作岗位上取得优秀业绩的基层公务员，可以通过推荐优秀公务员、先进工作者和优秀共产党员等方式进行表彰和激励。适当时候，也可以借助一些宣传媒体，开展“最美基层公务员”的评比活动，充分利用各种媒体宣传手段宣扬和推广典型，以众多基层公务员先进和优秀的事迹激励广大同行。

4. 增强基层公务员组织氛围的明确性和标准性方面

第一，对于基层公务员而言，由于身处一线，工作多、内容杂、任务急，很多工作内容都是突发的、不可预知的，因此他们很容易对自己的工作结果和前景产生不确定的想法。这就需要领导者或者有经验的基层公务员帮助他们明确其角色定位、履行职责、能力培养、发展方向等方面的期望，清楚本单位的社会责任和义务，让他们充分体验到直接服务于老百姓的幸福和快乐，让他们感到工作的意义和价值。第二，针对基层工作千头万绪的局面，可以通过制定明确的工作规章制度、完备的工作规范、具体的工作流程，来帮助基层公务员制订合理工作计划，更加有效开展工作，进而起到减少公务员焦虑和烦躁情绪的作用。此外，还可以通过大力发展电子政务的方式，使得基层公务员和老百姓实现双赢。例如，有受访公务员就表示“如果电子政务网络可以进一步完善，老百姓的许多事情，比如申请退休、迁移户口和医疗费报销等都可以由他们自己上网申请，有关部门通过网上审核就能够完成所有程序，那么老百姓就可以少跑几次相关部门和街道，我们的工作效率也可以大幅度提高，干工作的积极性也自然会提高”。第三，鉴于基层公务员的工作具有很强的操作性和实践性，作者认为，可以通过加强教育与培训，给基层公务员多一些学习培训的机会，让他们掌握更多的工作技能，帮助他们在工作中学习，在学习中工作，使他们感觉到工作增值，帮助他们及时更新知识体系，以利于更好地从事和开展本职工作。

（二）基于丰富工作设计视角的建议

从组织行为学的角度来看，工作特征和工作设计是紧密联系在一起的。工作特征模型的研究发现最终要靠工作的重新设计来检验。由于本研究发现基层公务员对工作特征的认知对公共服务动机存在影响，特别是工作特征的重要性、完整性和反馈性三个因素对公共服务动机各维度的变异有较好的预测能力（多样性和自主性除外），因此可以采取以下措施，实现基层公务员公共服务动机的提升。

1. 增强基层公务员关于工作重要性的认知方面

第一，可以借鉴“工作生活质量”的理念对工作进行重新设计，提升员工对工作的认知度。工作生活质量（Quality of Working Life，QWL）

标准是当今人力资源管理的重要价值和政策导向，它选择了更加人道、尊重员工发展、强化民主参与的管理方式。工作生活质量标准意味着，在人力资源使用、开发与发展的过程中，让员工认同自身工作的意义，重视工作的质量，形成工作中的相互尊重；倡导管理者创造充分沟通和参与决策的组织氛围，通过工作再设计、工作扩大化与丰富化等途径，使员工感觉工作更有挑战性和重要性，并给予个人能力充分发展的机会，以增强员工对组织的满意度；以美好的组织愿景和发展蓝图激励员工，形成有效的团队合作①。对于基层公务员而言，管理者要尽可能引导他们正确认知自己的工作意义和价值，以周围一些活生生的案例来引导他们重视自己的工作职责，要经常向他们强调基层工作的重要性，进一步增强他们“执政为民，立党为公”的工作理念。第二，与增强基层公务员组织氛围的“责任性”相类似，要让基层公务员正确认识自己的工作岗位和工作职责，明确自己的工作意义。同时，在有条件的基层单位之间或单位内部实行轮岗制，也有利于丰富基层公务员的工作内容，增强他们对于工作重要性的认知。比如可以通过组织内工作任务或程序的重新归并，将工作任务和工作内容作横向扩展，增加基层公务员工作职位任务的内容含量，扩充他们的技能多样性，从而使基层公务员增强工作兴趣，提高工作热情。此外，领导对下属工作的重视和关怀、上级部门定期开展工作检查、群众对基层公务员工作进行不定期点评等方式，也都可以增强基层公务员对工作重要性的认知。

2. 增强基层公务员关于工作完整性的认知方面

增强基层公务员的工作完整性，具体而言又包括工作内容完整性和工作实施完整性。工作内容完整性指公务员的工作内容要广覆盖、负全责，不能拖泥带水，或者与其他工作脱节；工作实施完整性指一项工作做起来应该有始有终，能够有机会从头到尾参与工作的全过程（如工作计划、决策、执行和评估等环节）。同样针对基层公务员的实际工作情况，作者建议在基层公务员从事某项具体工作的过程中，除突发性事件以外，尽量不要同时抽调他参与其他工作，保证其能专心致志地完成自己所负责的工作任务，让他们在工作中体会责任感，在工作结束后体验

① 参见孙柏瑛、祁凡骅《公共部门人力资源开发与管理》，中国人民大学出版社2014年第3版，第46页。

到更大的成就感和满足感，也有利于他们及时总结经验，在今后的工作中更好地应对类似的情况。

3. 增强基层公务员关于工作反馈性的认知方面

对于增强基层公务员的工作反馈而言，可以采取即时反馈和定期反馈两种途径。提高即时反馈性要努力建立定期反馈制度，上级领导应该关注基层公务员的工作结果，对他们的工作及时给出反馈意见，并将反馈结果及时清晰地告知给基层公务员，以便其及时对工作和个人行为进行调整。此外，还要建立定期检查和评比制度，对好的工作绩效进行表彰，对糟糕的工作绩效要进行批评，并帮助查找原因，改进工作，努力形成“在干中学、在干中比、在干中改”的工作局面。

（三）基于提升工作价值观视角的建议

理查德·查普曼曾指出：“在公共服务伦理中，公务人员的个人价值观最为重要。”工作价值观作为一种内化的行为规范，会对基层公务员的工作动机产生影响。由于本书发现基层公务员的工作价值观对公共服务动机存在影响，特别是工作价值观的自我成长、自我实现、社会互动、稳定和免于焦虑（负向影响）四个因素对公共服务动机各维度的变异有较好的预测能力（尊严、组织安全与经济保障除外），因此可以采取以下措施，实现公共服务动机的提升。

1. 从帮助基层公务员实现自我成长的角度

第一，加强对基层公务员的教育培训。在今后对基层公务员的培训方式上，可以采取灵活多样的方式，既要坚持和加强传统的集体学习与政治学习的模式；也要创新多元载体，利用新的方式和方法不断丰富培训形式，强化培训效果，将培训内容渗透到公务员的日常工作之中。一方面可以继续开展以集中教育为主的强化式培训，如入职培训、在职培训、任职培训和政治学习等；另一方面，在日常的工作中把握好各种机会，加强对公务员工作价值观和公共服务动机的针对性教育培训。可以有计划、有部署地安排一些事迹报道活动，也可以在各类活动中渗透式地加入一些强化公共服务动机的教育内容。第二，在基层公务员的具体工作中，可以通过组建新的工作团队、增加工作反馈、改变工作流程、整合工作程序、加强参与管理和自主控制等管理手段实现工作的丰富化，使得基层公务员能够在工作中不断增长见识，学习新的知识与技能，不断收获成长。

2. 从促进基层公务员自我实现的角度

马斯洛的需求层次理论认为，自我实现的需要是个体最高层次的需要。它包括个人成长、开发自我潜能和自我实现等方面①。就促进基层公务员的自我实现途径来看，可以采取以下措施。第一，帮助基层公务员在工作中充分发挥自己的才能或专长，善于发掘和发现爱岗敬业与无私奉献的工作先进及典型，让基层公务员感受到他们所从事的工作能对社会和人民有所贡献，提高他们的工作成就感。第二，在基层公务员的工作环境中营造积极向上的工作氛围，任何个体的价值观在很大程度上都会受到社会环境的影响，积极向上的工作氛围有利于形成良好的价值观，反之，负面的工作氛围也会对个体的价值观产生不利的影响。党中央提出要建设“社会主义核心价值体系”，就是要大力发挥价值观的引导功能。在具体工作实践中，不仅要大力弘扬主流价值，大力倡导公共服务价值和公共精神，还要大力倡导公正、诚信、责任、包容。最后要善于疏导矛盾、凝聚人心，引导基层公务员正确看待社会上的负面现象和消极评价，引导他们的价值观回到主流价值上来。第三，进一步加强对基层公务员的教育和激励。作为公权力部门，基层公务员工作中的一言一行都关系到群众的利益福祉。为了不断激发基层公务员的工作热情和主动性，政府机关要积极发挥作用，引导基层公务员认真履职，号召他们积极承担从事公共事务和开展公共服务的社会责任，进而对基层公务员的工作价值观和公共服务动机产生正面影响作用。

3. 从增强基层公务员社会互动的角度

由于增强基层公务员工作价值观的社会互动维度与加强组织氛围的凝聚性有相类似之处，因此不再展开论述。具体而言，我们可以通过创建人际关系良好的工作环境、团结合作的工作团队、融洽温馨的组织氛围来加强基层公务员的社会互动价值取向。

4. 从帮助基层公务员实现稳定和免于焦虑的角度

根据本书结果显示，基层公务员工作价值观中的“稳定和免于焦虑”维度与其公共服务动机之间呈负向的影响关系。从权利和义务统一的角度来说，社会和组织应该为公务员提供良好的生活保障，这既是公

① 参见［美］斯蒂芬·P. 罗宾斯、蒂莫西·A. 贾奇《组织行为学》，孙健敏译，中国人民大学出版社2008年版，第172页。

务员应有的权利，也是公共组织挽留员工、培养和提高员工公共服务动机的重要机制。虽然从研究结果来看，“工作稳定，不必太担心被调动、降职或解雇”“工作中不必处理太多的烦琐事务”“工作比较轻松，竞争的压力比较小”“下班后不必为工作的事而感到焦虑和烦心”这些因素并不是影响基层公务员公共服务动机的重要因素，但是考虑到工作环境和组织氛围会对个体工作动机产生影响，作为公共组织的管理者而言，在有条件的情况下，可以进一步加强对于基层公务员的工作保障和福利待遇，为他们更好地履职和服务民众提供保证。特别是对于基层这样时刻需要应对各种突发情况的公共组织和部门而言，更要帮助解决好基层公务员的“后顾之忧”。

二　对进一步加强基层公务员队伍建设的政策建议

就中国公务员制度而言，中国国家政权的性质和国家行政机关的职能本质上决定了各级政府是人民的政府，国家公务员是人民的公仆，代表人民执行国家公务。他们没有也不应有自己特殊的利益，不能成为特殊的利益集团。因此，中国公务员制度强调公务员必须坚持全心全意为人民服务的宗旨[①]。在我国公务员选拔、任用和考核、培训各个环节，始终坚持德才兼备、以德为先，即坚持既重德又重才的人才使用和发展标准，并将公务员的政治态度和思想品德放在首位。结合本研究关于基层公务员具备公共服务动机，且公共服务动机对其工作态度存在影响这一研究发现，就进一步加强基层公务员队伍建设提出针对性政策建议如下所述。

（一）将公共服务动机的评测结果纳入基层公务员的选拔和管理

我国在公务员的选拔过程中虽然一直强调要“以德为先”，但是在目前基层公务员的招聘和选拔环节，却仅注重对行政职业能力和公文处理能力的考核，对于如何考量候选人的“德”，并没有一个明确的操作办法。对于基层公务员而言，每天都与老百姓打交道，每个言行举止都关乎政府形象，每项工作都事关百姓的民生，每次履职都承载着老百姓的希望，奉献精神和服务意识对于他们开展工作更显重要。通过本研究，笔者认为我国基层公务员的公共服务动机水平是完全可以测量的。

① 参见孙柏瑛、祁凡骅《公共部门人力资源开发与管理》，中国人民大学出版社 2014 年第 3 版，第 38 页。

因此，在未来基层公务员的招聘和选任环节，可以通过对应聘者进行问卷调查、深度面谈、加强试用期考核以及公共服务动机外显行为测量等多种方式，对他们的公共服务动机水平和服务公众意愿进行评估，争取将更多愿意服务公众、自愿服务于公共事业的候选人招聘到公务员队伍之中，进而将公共服务动机水平高低作为同等条件下基层公务员选拔的参考依据。

（二）将公共服务动机与基层公务员的职业道德教育相联系开展针对性培训

在访谈过程中，多名受访谈者表示，在现行的基层公务员教育培训中，无论是新入职培训还是在职培训，更多的都是关于业务方面的培训，比如数据统计培训、计算机培训和业务技能培训等。对于公务员的职业道德要求，更多的还停留在喊口号的层面，主要依靠个人自觉和自律，缺乏顶层设计，针对基层公务员公共服务动机方面的培训，更是鲜有涉及。结合本研究发现，作者认为基层公务员群体不仅具备公共服务动机，而且还具有较好的公共服务动机水平。因此，在今后的培训中，建议将加强基层公务员的思想道德建设作为切入点，不仅强调公务员群体的角色定位和应有职责，更要明确提出基层公务员应具备的品德和品质规范要求，通过开展以“奉献和服务”为主题的教育学习活动，增强基层公务员从事公共服务的意愿和动力，进一步提升他们的公共服务动机水平。此外，从现代人力资源培训的视角来看，鉴于动机、态度、行为和绩效之间具有层层深入作用的关系，结合基层公务员的公共服务动机开展针对性培训，还可以实现进一步改善公务员工作态度、行为和绩效的目的（图 7.2）。

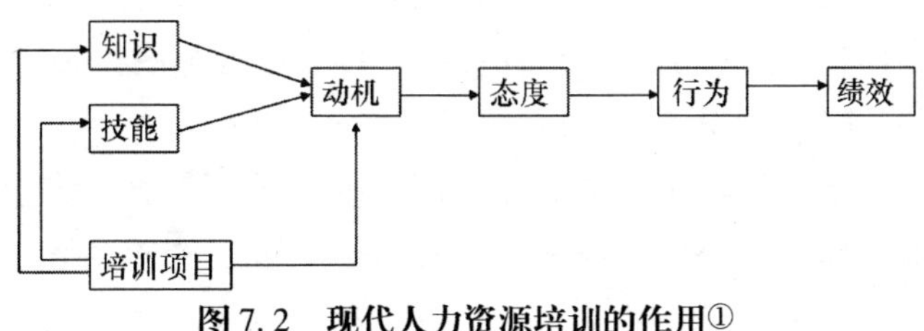

图 7.2　现代人力资源培训的作用①

① 参见孙柏瑛、祁凡骅《公共部门人力资源开发与管理》，中国人民大学出版社 2014 年第 3 版，第 240 页。

（三）以提升公共服务动机水平来改善基层公务员的工作态度，扩大影响效应

从组织行为学的角度看，“员工在界定恰当的行为时，会把高级管理层的行为视为标杆。当他们看到高级管理层选择的是道德道路时，向所有员工传递了一个积极的信息”①。结合本研究发现，笔者认为基层公务员的公共服务动机对他们的工作态度，如组织承诺和工作投入具有较好的预测和影响作用。因此，在以后针对基层公务员的工作激励环节，不单单要强调物质奖励，更要强调精神激励。通过提升基层公务员公共服务动机水平，达到改善其工作态度、增进工作投入的目的。在实践中，良好的公共服务动机和工作态度还具有辐射效应，正所谓“为政以德，譬如北辰。居其所而众星拱之”，一个具备良好公共服务动机和工作态度的基层公务员，可能对他周围公务员形成的示范和带动效应是无穷的。在今后的工作实践中，公共组织管理者可以通过对具有较好服务意识和奉献意识的基层公务员进行表彰和宣传，努力建设良好的基层工作软环境，开创“人人争当先进，人人争做优秀”的工作新局面。

三 对进一步培育公民公共服务动机的扩展性建议

公共服务动机究其本质而言是一种内隐性的心理倾向。在笔者看来，作为一种习得性的心理动机，公民公共服务动机的培养和形成必然会受到社会与家庭的影响，因此教育才是培育和提升公共服务动机的最根本因素所在。从这个角度来看，除却上述从组织氛围、工作特征和工作价值观角度关于公共服务动机提升方面的建议之外，在具体实践中，还需要从教育的源头来进一步提升和强化公民公共服务精神，提升他们的公共服务动机。就此提出扩展性建议如下所述。

（一）在社会范围内进一步加强对公共服务精神的宣传和引导，培养公民的公共服务意识

公共服务是一种责任更是一种意识。在我国，有学者结合中国的社会背景和语言环境对公共服务精神做过如下定义：“公共服务精神是指在公共行政中，出于对公共的事务、事业和利益负责的理念，以追求公

① 参见［美］斯蒂芬·P. 罗宾斯、蒂莫西·A. 贾奇《组织行为学》，孙健敏等译，中国人民大学出社 2008 年版，第 503 页。

众幸福为目标，为公众提供优质的公共服务而努力所表现出的一种精神。公共服务精神的核心是坚持全心全意为人民服务的宗旨，贯彻以人为本的理念，把为人民服务作为政府的神圣职责和公务人员的基本准则，从根本上维护人民的利益。”①鉴于公共服务精神的核心内容包括奉献、敬业、责任和服务等多个维度，我们可以从多个角度切入对公共服务的精神进行宣传和介绍，在具体宣传过程中，一方面要结合具体、生动、群众喜闻乐见的事例来教育和引导公民；另一方面，要善于用广播、电视、报纸、互联网传媒等资源，通过内容丰富、形式多样的宣传途径，不断扩大公共服务精神宣传的覆盖面和影响力，大力提高公共服务精神的吸引力和感染力，吸引和激发更多的人自愿从事公共服务、投身于公共服务。

（二）将公共服务精神的培养纳入学校课程教学体系，针对不同学习阶段分别开设相关的公共服务类教育课程

在一个公民社会里，公民公共服务精神的培养应该受到学校的重视。学校应该充分发挥传统国民教育在公民道德行为塑造方面的优势，对公民的公共服务精神和意识进行培养和灌输。比如，可以在不同的学习阶段为学生开设不同的公共服务精神学习课程。在小学阶段，主要以公共服务有关的故事案例或学习读本的形式向学生教授公共服务精神的相关内容；在中学阶段，可以在思想道德修养等相关课程上，引导学生围绕“公共服务精神”展开讨论或辩论活动，让学生从多方面认识公共服务精神的本质、内涵和外在表现；在大学阶段，可以借鉴国外“服务学习”的课程模式，通过课堂讲解、参与服务、案例分享、个人反思、团队合作等参与式和体验式的教学方式，使学生参与到社会服务中，让他们在从事服务的过程中应用新学到的知识，对所做所见进行反思，并进一步促进在课堂中所学到的知识技能，培养其公民责任感和社会实践能力以及奉献社会的人生观②。

① 仰和芝、周建：《公共服务精神培育与服务型政府建设》，《当代世界与社会主义》2009 年第 5 期。

② 研究者认为，无论是社区服务还是志愿者行动，核心都是服务，与课程并没有任何正式的联系，虽然服务者在服务过程中也会在知识技能等方面有所收获，但这并不是精心组织策划所要达到的主要目标，其主要目标是通过服务满足社区的需要。服务性学习则不然，它的核心是课程、服务与反思的结合，比社区服务多了课程整合与反思的过程。

（三）将公共服务的教育和生活实践相结合，努力构建“社会—社区—家庭”的公共服务教育模式

佩里曾指出，作为社会历史背景的一个组成部分，家庭教育对于个人公共服务动机的形成具有良好的塑造作用。鉴于环境塑造对于个人品质的塑造具有非常重要的作用，培养公共服务精神，除了要充分发挥政府和学校的作用之外，更要重视家庭、社区乃至社会的力量。对于家庭而言，父母是子女最好的老师，父母的身教胜于言传。只有父母双方都做好模范带头作用，身体力行地践行公共服务的理念和行动，才能充分做好子女的教育工作。因为我们很难想象家庭中一个坏的榜样能给自己的子女在公共服务精神培养方面起到好的示范作用。此外，由于社区和社会作为直接与个体发生联系的纽带，社区氛围和社会环境对于个人公共服务精神的培养和熏陶也至关重要。在现实生活中，要尽可能加强“社会—社区—家庭”的联动效应，发挥三方的教育合力优势，让每个公民都在潜移默化中接受到公共服务精神的教育，自觉承担公民责任，关心公共利益，自发服务于公共事业。

第四节　研究不足与展望

一　研究局限

本研究作为实证类的案例研究，受研究方法和相关条件的限制，还存在一些局限，主要表现为以下几点。

（1）在研究对象方面。作为个案调查，本研究仅以北京市东城区的街道公务员作为研究对象，由于国内目前关于公务员公共服务动机的研究还比较少，特别是基于基层公务员层面开展的研究更少，所以在研究结论方面缺乏纵向（不同层级公务员的公共服务动机水平）和横向（其他地区、不同部门公共雇员的公共服务动机水平）的比较，从而使研究结果在推论上会受到一定影响。

（2）在研究设计方面。公共服务动机的测量实际要比我们想象的更难，不仅因为这种内隐性动机结构复杂，而且作为动机而言，公共服务动机也不是固定不变的，它会受到情境因素的干扰。本研究仅将组织氛围、工作特征和工作价值观三个因素作为影响基层公务员公共服务动机的变量，但是在实际工作中，可能还有其他影响因素的存在，而这些

因素对公共服务动机可能产生的影响作用，还有待于进一步研究。此外，由于本研究主要目的在于探讨基层公务员的公共服务动机及其影响因素，因此在公共服务动机的作用因素方面，仅分析了公共服务动机对工作态度变量（组织承诺和工作投入）的影响，在基层公务员公共服务动机作用结果方面的相关研究也需要进一步拓展。

（3）在调查方法方面。首先，调查方法的有限性问题，尽管是匿名调查，而且笔者在问卷的指导语和问卷发放介绍环节都作了诸多解释，但是不能排除部分公务员对于问卷本身不可避免地存在戒心，可能会由于“心理二重区域”现象而导致调查对象文过饰非的作用。其次，由于采用的是心理学中准实验设计的方法，采用自填式问卷调查，所有的数据来源都是公务员自陈自述，每个调查对象在作答时的细致程度也不一样，这也对数据的真实性带来了一定的挑战。此外，鉴于问卷调查方式的局限性，笔者还采取了访谈调查，但是由于访谈范围有限，访谈时间有限，访谈问题有限，没能完全达到预期目的。在今后的研究中，如果有可能，希望能以参与式观察、案例分析等质性研究的形式，更深入、全面地了解公务员公共服务动机的结构、表现和特点。

（4）在研究工具方面。在本次调查中，虽然笔者在前人研究的基础上对“公共服务动机量表”“组织氛围量表”“工作特征量表”“工作价值观量表”“工作投入量表”和“组织承诺量表”进行了预测试和相关修订，并对量表的信度和效度也进行了验证，获得了较好的结果，但是由于测试的样本有限，量表在推论使用范围方面还缺乏一定的权威性和说服力，该量表是否完全符合基层公务员的特点还有待进一步验证。

（5）在研究模型构建方面。在本研究中，笔者所建立的几个回归方程模型都是基于理想层面的探讨。而在实际工作中，由于公共服务动机会受到各方面因素的影响，在构建模型时，本研究无法把相关因素一一罗列完全，因此这些模型在实践中的适用性和解释力需要进一步探讨。此外，对于研究中发现的公共服务动机可能存在的一些中介作用关系也没能进行深入探讨，也是本研究的一个遗憾。

（6）由于研究者本身不是公务员，也没有从事过基层公务员的具体工作，在对基层公务员的日常工作、生活和行为进行描述时，难免会有信息疏漏和选择性偏颇；在对基层公务员群体的工作行为进行解释和说明过程中难免会有“管中窥豹”和以偏概全的不足；在相关政策建议方面也难免会有纸上谈兵之嫌，以上不足，还望读者见谅，同时作为一项探索性研究尝试也希望本研究可以为公共服务动机在国内的进一步开展起到抛砖引玉的作用。

二 研究展望

研究虽然有种种不足让人遗憾，但是正因为这些研究不足的存在，为我们展望日后进一步的研究提供了可能。以本次研究为基础，笔者对日后的研究作如下展望。

（1）对公共服务动机的形成机制作进一步研究。与之前一些学者的研究相类似，本研究揭示了组织因素、工作因素和个体因素三个层面对基层公务员公共服务动机的影响关系，但是并没有解决困扰西方公共行政学者多年的问题：究竟是政府部门的工作吸引了本身就具有高公共服务动机水平的个体，还是政府部门的工作环境等因素造就了具有高公共服务动机水平的个体。在以后的研究中，可以进一步通过实验的方法解决这一问题，比如对公务员入职前和入职后的公共服务动机水平进行测量和比较，通过研究为政府部门公务员的选拔和培训提供具体的指导。

（2）对公共服务动机的影响因素作进一步梳理和归纳。在关于基层公务员公共服务动机的影响因素层面，本书只探讨了组织氛围、工作特征和工作价值观三个因素。借鉴他人的研究，角色知觉、性格特征、宗教信仰等因素都可能对公共服务动机产生影响，这些影响因素与基层公务员公共服务动机之间的相互关系和影响程度都需要我们在以后的研究中进一步发掘和验证。

（3）对公共服务动机的作用结果作进一步探讨。在关于基层公务员公共服务动机的作用结果层面，本书只探讨了公共服务动机对工作态度（组织承诺和工作投入）的影响。鉴于公共服务动机与个体工作满意度、工作绩效、组织绩效和组织公民行为等方面也具有影响，它们之间的相互关系究竟如何，在不同的背景下这些影响关系会产生什么样的变化，类似相关问题也有待于进一步检验。

（4）对公共服务动机的测量工具作进一步本土化开发。目前关于公共服务动机的结构与测量大多是借鉴国外的量表，特别是佩里开发的公共服务动机量表。虽然该量表经过不同国家的学者验证（包括在中国的预试也有较好的水平），具有较好的信效度和适用性，但是，由于文化背景存在差异，如何结合亚洲的传统文化和亚洲公职人员的性格特点进一步开发更加适合中国本土文化的公共服务动机量表（或者是分行业细化的量表）是需要进一步关注的问题。

（5）对公共服务动机的本土化实证研究作进一步丰富。公共服务动机的研究在中国还处于新兴阶段，虽然在公共服务动机的实证研究方面还存在很多困难，但是也希望有更多的研究者能从各个视角、不同行业开展公共服务动机研究。中国拥有世界上最多的人口数量，不同的地域、组织和群体，都会有不同的公共服务动机表现和特征，如何针对不同情况，进一步丰富公共服务动机的研究，进一步拓展公共服务动机的研究领域，进一步为建设服务型政府提供理论支持和依据，也是我们今后需要继续关注的研究方向。

第五节　延伸思考

行文到最后，既然本研究发现基层公务员具备公共服务动机，且他们的公共服务动机水平还呈现出较好的水平，那么，在现实生活中，除了本研究所分析的组织氛围、工作特征和工作价值观等因素之外，是否还有其他因素对基层公务员的公共服务动机水平和特点产生影响，结合我国的实际情况，笔者认为，基层公务员的个人需求、基层公务员所处的行政层级和中国现行的行政文化三个因素都可能对基层公务员的公共服务动机存在影响，而这些因素在本研究的访谈中也都得到了不同程度的印证。

一　基层公务员个体的高层次需求会对公共服务动机存在积极影响

一般而言，基层公务员处于公务员队伍的最底层，他们所从事的工作都是“苦活脏活累活”，可是从研究发现来看，基层公务员不仅具备公共服务动机，而且公共服务动机水平还比较好。究其原因，可能是公共服务动机作为一种内隐的倾向性动机，除了受工作价值观的影响之外，也受到基层公务员个体需求的影响。

从马斯洛的需求层次理论来看，人的需求是不同的，从低层次到高层次依次为：生理需求、安全需求、爱和归属感、尊重、自我实现等五类。在我国，公务员一度被视为是“铁饭碗”，而基层公务员在进入了公务员队伍之后，虽然薪酬微薄，但是养家糊口和维持基本体面的生活是没有太大问题的；虽然工作任务繁重，但是各项医疗保健的福利待遇还是相对比较健全的，工作安全保障度较高；虽然工作内容琐碎，但是工作稳定，从目前来看，基本没有“被下岗”之忧患。从这些情况来看，基层公务员的低层次需求基本上是可以得到满足的，因此，他们必然会在此基础上寻求一些高层次需求的满足，比如主动从事和开展一些有益于民众、造福于社会的公共服务行为。换言之，基层公务员高层次的个体需求会对他们的公共服务动机产生积极影响。在笔者看来，这也正好与前文关于基层公务员工作价值观的分析中，他们的目的性价值均分高于工具性价值均分，而且“自我实现”和“自我成长”两个指标得分较高形成了印证。

在本研究的访谈环节，一些基层公务员的回答也可以与作者的预设形成佐证。比如，在问及“你最看重工作的什么方面？你最希望从工作中获得什么”时，受访人回答：“我个人认为最有意义的就是切实帮助困难党员、困难群众做点事情，例如帮助他们申请困难帮扶资金，我感觉这个是最实在的”；“我最看重的是工作的社会效果，看重工作中取得成果和收获，从中获得支撑自己发展的营养和知识，我最希望一项工作得到老百姓的认可、好评或表扬，心里美着呢”；“最看重工作的发展空间，最希望从工作中收获经验和喜悦，获得领导和同事的认可”；“最看重工作的效果，希望能从工作中不断提升自己的能力”。虽然以上这些访谈的只言片语看似很普通，但是，它们不约而同都折射出一个重点，那就是基层公务员在从事本职工作时具有较高层次的需求。换言之，作为“国家公仆”的一员，基层公务员比较注重精神层面的追求，寻求高层次的个体需求满足，而不仅仅关注工资待遇、生活保障等物质层面的追求。

二　基层公务员所处的行政层级“低位”会对其公共服务动机存在积极影响

在本书中，我们研究的基层公务员主要是街道的公务员。按照《中华人民共和国地方各级人民代表大会和地方各级人民政府组织法》规定“市辖区、不设区的市人民政府，经上一级人民政府批准，可以设立若干街道办事处，作为它的派出机关”，就行政层级而言，街道可以说是我国行政系统的最基层，可在实际工作中，街道办事处却是“麻雀虽小五脏俱全”，担负着非常繁重的基层管理任务。它既要贯彻、落实市辖区或县级市人大和政府的决议与命令，承办市辖区或县级市政府交办的各种事项；还要对辖区内的市政、集体和个体经济、民政、司法、公安、卫生、教育、计划生育等各项行政事务进行管理；同时要协调辖区内各部门和单位开展社会治安、综合治理、精神文明、抢险救灾等活动；此外，它还承担着指导居民委员会的工作职能。基层公务员的工作内容特点，一言以蔽之，就是三个字——“接地气”。

就笔者看来，在国家部委或省市机关工作的公务员，由于工作内容偏向于宏观，他们的日常工作内容更多是在办文、办事和办会方面，直接回应群众需求的工作机会少之又少。可是对于是基层公务员而言，党和政府每一项方针政策的落实都离不开他们的亲力亲为。作为街道公务员，一方面直面群众需求，使得他们更加接地气，更加贴近民众生活，这有利于强化他们的工作责任感。另一方面，由于他们更直接地服务于周边民众，直接回应基层群众的利益诉求，他们的工作成绩也更容易见诸实效，得到群众认可，从而进一步增加了他们的工作热情。

从访谈的结果来看，街道公务员的自述也对此形成了印证。比如当问及“在从事基层工作中，你认为最有意义的一件事是什么”时，有受访者这样说：“我在街道办主要负责科室内勤和文字信息工作，几年来，先后换过三个岗位，在这些从事的工作中，比较有意思的是经济科的工作，比如协助企业完成注册登记以及帮助企业协调银行贷款。有一次，我和朋友走在路上，看到有一家新挂牌的企业，正好是我刚刚帮他们做完注册登记的企业。看着他们的企业正式开业了，那一刻我的心里会觉得非常高兴，感觉自己的工作还是很有意义的。”还有比如前文中曾经提到过的一位受访者的例子，他曾经帮助过街道内一名病退的职工，时隔20多年，他自己也淡忘了，可是受助者在大街上看到他时仍然非常感激，让基层公务员自己也感到非常自豪。毋庸置疑，作者相信类似这样的事情对于激发基层公务员群体的工作热情和干劲是具有非常正能量影响作用的。

综上所述，由于街道公务员直接服务于街道辖区内居民，因此他们的工作更加直接地服务于民众，也更直接地接收到服务对象的评价。这些评价对他们而言，不仅是一种反馈和监督，更是一种激励和鞭策或者说是一种良性互动，久而久之，这些群众的好评在基层公务员群体中会形成一种正能量，激发他们做好工作、服务民众的积极性和主动性。正如有受访者说："我们的工作就是和老百姓打交道，都在这个街道工作十好几年了，经常找你办事的人，一来二去都熟悉了，你的工作怎么样，老百姓都看在眼里，记在心里。所以，我经常跟年轻同志说，越是小部门，越要把活儿干好，不然如果什么工作做不好，落下埋怨、遭人数落，自己也抬不起头。"

三　党和政府所宣扬的行政文化会对基层公务员的公共服务动机存在积极影响

所谓行政文化，就是指在一定的经济、政治和文化环境中形成的关于国家行政活动的行政精神、行政意识、行政价值和行政心理的总和，是行政机关及其工作人员应具备和遵守的理想信念、价值观念、道德标准、行为模式、生活方式及人际关系等各种生活准则与行为规范的总称。

不同的国家、不同地域和不同时期，都会形成各具特色的行政文化，并对各国的行政实践产生影响。就中国现阶段的行政文化而言，中国共产党作为中国的执政党，长期以来，一直提倡"为人民服务"的精神和社会主义核心价值观，这些价值观念长期的熏陶和影响势必会对街道公务员的公共服务动机产生积极影响。而从访谈的情况来看，这种影响也确实存在，而且在一定程度上已经被基层公务员内化于心、外化于行了。比如，在访谈中，当问及"你是如何看待为人民服务精神的"，有受访者这么认为："为人民服务是全体党员和国家公职人员必须具备的理念，体现在思想和行动上。为人民服务不是口号，而是思想的自觉，应该坚守的信念，用实实在在的行动真心为群众为老百姓解难事、办实事、做好事"；"我理解的为人民服务精神就是作为一名公务员，应当明确自身的角色定位就是为社会大众提供公共事务管理和服务的政府工作人员，没有任何特权和特殊地位，自身一切工作的宗旨就是为人民服务"。在访谈环节，多数受访者也认为自己和身边的基层公务员具备为人民服务精神。

此外，就中国的行政实践而言，近年来，党和国家越来越重视公务员的基层工作经历。一方面，从宣传层面来看，作为公务员管理主责部门，中央组织部和国家公务员局大力号召高校毕业生到基层去建功立业，提出了“宰相起于州郡，猛将发于行卒”的动员口号，通过主推西部计划、基层村官项目和选调生等项目，鼓励优秀毕业生到基层天地去砥砺人生；另一方面，从实践层面来看，中央组织部和国家公务员局也逐年加大了对具有基层工作经验的公务员的培养和选拔。目前中央国家机关公务员的招考条件，也越来越向有基层工作经验的人员倾斜。这在客观上会带来两种后果，一是越来越多具有高公共服务动机的高校毕业生会到基层公务员的岗位工作。为了实现自己的人生理想和价值，为了实现自己的政治抱负，一部分有理想有热情的高校毕业生会选择主动投身于基层，特别是选择进入基层公务员队伍，在基层实现自己的价值、在基层发挥自己的作用、在基层挥洒自己的青春。二是随着国家进一步加大对基层公务员的向上选拔和公开遴选力度，对于基层公务员而言，无形中增加了精神层面的激励，帮助他们打破了晋升的“天花板效应”，让他们的工作更有盼头，从而进一步激发基层公务员的工作热情，使得他们更加负责地对待自己的工作，更加热诚地服务于基层民众，更加主动地在基层积累和丰富自己宝贵的工作经验。

以上是笔者结合本书发现，对于基层公务员公共服务动机所进行的一点延伸思考。鉴于研究篇幅所限，不再展开来论述，希冀在日后的研究中继续就有关问题进行深入分析。

四　结语

近年来，随着中央进一步加强党风廉政建设，对于公务员队伍管理越来越严格，公务员所掌握的公权力也一点一滴正慢慢被关回制度的笼子里，习近平总书记更是明确指出“当官和发财两条路，要想当官就不要想发财”。那么，对于基层公务员而言，他们的工作行为究竟在多大程度上会受到公共服务动机的影响？基层公务员的离职行为是否会因为外部环境和物质激励的改变而产生激变？基层公务员的公共服务动机水平是否如研究结果所展示的那样突出？我们真的可以通过改善组织环境特征、工作岗位特征和个体工作价值观来改变基层公务员的公共服务动机吗？在作者看来，上述问题的答案与我们对公共服务动机的关注密不可分。

孟子曾经说过“由是观之，无恻隐之心，非人也；无羞恶之心，非人也；无辞让之心，非人也；无是非之心，非人也。恻隐之心，仁之端也；羞恶之心，义之端也；辞让之心，礼之端也；是非之心，智之端也。人之有是四端也，犹其有四体也”。在他看来，凡是人都有四端之心，人的行动都应该具备一定的利他动机成分。虽然公共服务动机作为一种客观存在的内隐性动机很难被直接观察和描述，不过作为一个崇尚道德、重视操守的民族，我国璀璨的历史长河中一直沿袭着许多敬业乐群、公而忘私的传统美德，这些美行都是公共服务动机的外化行为表现。作为从祖国边疆大山深处走出来的学子，笔者的很多亲人和朋友都是基层公务员，他们没有华丽的辞藻，也没有感动人心的事迹，但是却数年、数十年如一日地默默耕耘在基层战线，年复一年坚守在平凡的工作岗位上，不怕苦、不怕累，以无比认真、负责的工作态度从事着无比琐碎、棘手甚至“低贱”的工作，以自身的实际行动践行着“国而忘家，公而忘私”的工作理念用实际行动为公共服务动机作了最好的诠释。与此同时，目前国内关于公共服务动机的研究，绝大多数都证明了“公共服务动机”的存在情况催人振奋。

综上所述，笔者有足够的理由相信基层公务员的公共服务动机是真实存在的。诚如本书一开始所说的，基层公务员作为公务员“金字塔”的底层，是公务员队伍中最苦、最累、最难的一个群体，他们的公共服务动机状况直接影响着他们的工作态度，进而会对他们的工作行为和结果产生影响。新时期下，针对基层公务员开展公共服务动机研究不仅是非常重要也是十分有必要的。笔者在本书中只是做了一次抛砖引玉式的探索和尝试，囿于各方面的因素限制，本书还存在许多不足，也非常希望日后有更多的人能就此领域进行深入研究。

“实践是检验理论的唯一标准”，希望本次以首都基层公务员作为调查样本的研究发现可以进一步用于指导我国基层公务员的工作和管理实践，在实践中进一步检验和丰富公共服务动机理论。路漫漫其修远兮，吾辈当上下而求索之。

附录一

北京市东城区各街道工委、街道办事处机构设置情况一览

街道名称	机构设置情况（不含事业单位）
安定门街道	经济发展科、社区建设工作办公室、城市综合管理科、办事处办公室、纪律检查工作委员会、社会治安综合治理办公室、宣传部、组织人事部、工委办公室、人民武装部、残联、妇联、团工委、总工会、信访科、公共安全管理办公室、人口和计划生育办公室、文教卫体科、劳动和社会保障科、住房保障科
建国门街道	党工委办公室（含人大街道工委办公室）、总工会、武装部、残联、妇联、共青团、社会服务管理分中心办公室、办公室、城市综合管理科、社区建设工作办公室、财政科、公共安全管理办公室
朝阳门街道	党工委办公室（含人大街道工委办公室）、信访科、人口和计划生育办公室、文教卫体科、劳动和社会保障科、住房保障科、民政科、经济发展科、办事处办公室、城市综合管理科、宣传部、财政科、总工会、武装部、残联、妇联、共青团
东直门街道	1. 街道工委内设机构：工委办公室、人大街道工委办公室、组织人事部、宣传部、精神文明办公室（挂靠宣传部）、社会治安综合治理办公室（流动人口和出租房屋管理委员会办公室与其合署办公）、610 办公室（挂靠综治办）、纪律检查工作委员会（监察科） 2. 街道办事处内设机构：办公室、城市综合管理科、社区建设工作办公室、经济发展科、财政科、民政科、住房保障科、劳动和社会保障科、文教卫体科、人口和计划生育办公室、公共安全管理办公室、信访科 3. 群工团机构：总工会、团工委、妇联、残联、人民武装部
东华门街道	党工委办公室（含人大街工委办公室）、组织人事部、工委宣传部、纪工委（监察科）、社会治安综合治理办公室、办事处办公室、财政科、城市综合管理科、经济发展科、社区建设工作办公室、劳动和社会保障科、民政科、住房保障科 、信访科、街道残联、食药所、武装部、妇联、团工委、工会
和平里街道	人口和计划生育办公室、劳动和社会保障科、住房保障科、民政科、经济发展科、信访科 、城市综合管理科、司法所、社区建设工作办公室、统计所、财政科、文教卫体科、人民武装部、残联、妇联、团工委、总工会、组织人事部、纪律检查工作委员会（监察科）、社会治安综合治理办公室

续表

街道名称	机构设置情况（不含事业单位）
北新桥街道	1. 街道工委内设机构：党工委办公室、人大街道工委办公室、组织人事部、宣传部、社会治安综合治理办公室、党群工作办公室（街道工会、武装部联合办公）、纪律检查工作委员会（纪工委与监察科合署办公）、精神文明建设办公室、共青团、妇联、610 办公室 2. 街道办事处内设机构：办事处办公室、城市综合管理科、计划生育办公室、就业劳动和社会保障科、公共安全管理办公室、民政科（挂住房保障办公室牌子，保留街道残联机构名称）、社区建设工作办公室、信访科、财政科、经济发展科、文教科、住房保障科、残联
交道口街道	工委办公室、人大街道工委办公室、组织人事部、宣传部、精神文明办公室（挂靠宣传部）、社会治安综合治理办公室（流动人口和出租房屋管理委员会办公室）、纪律检查工作委员会（监察科）、办公室、城市综合管理科、社区建设工作办公室、经济发展科、财政科、民政科、住房保障科、劳动和社会保障科、文教卫体科、人口和计划生育办公室、公共安全管理办公室、信访科、总工会
景山街道	1. 街道工委内设机构：工委办公室、人大街道工委办公室、组织人事部、宣传部、精神文明办公室（挂靠宣传部）、社会治安综合治理办公室（流动人口和出租房屋管理委员会办公室与其合署办公）、610 办公室（挂靠综治办）、纪律检查工作委员会（监察科） 2. 街道办事处内设机构：办公室、城市综合管理科、社区建设工作办公室、经济发展科、财政科、民政科、住房保障科、劳动和社会保障科、文教卫体科、人口和计划生育办公室、公共安全管理办公室、信访科 3. 群工团机构：总工会、团工委、妇联、残联；人民武装部
东四街道	社区服务中心（文体中心）、社会服务管理分中心、残联、妇联、团工委、总工会、信访科、人口和计划生育办公室、文教卫体科、劳动和社会保障科、、住房保障科、经济发展科、精神文明建设委员会办公室、宣传部、人大街道工委办公室、民政科、社会治安综合治理委员会办公室、公共安全管理办公室、环卫所、城市综合管理科
天坛街道	1. 街道工委内设机构：纪律检查委员会（监察科）、办公室、组织部、宣传部、人大街道工作委员会办公室、社会治安综合治理办公室 2. 街道办事处内设机构：办公室、人事科、财政科、民政科、社区建设办公室、城市建设管理科、劳动与社会保障科、计划生育办公室、文教卫体科、住房保障科、残疾人联合会 3. 群工团体机构：工会、团工委、妇女联合会、人民武装部
东花市街道	1. 街道工委内设机构：纪律检查委员会、工委办公室、组织人事部、宣传部、精神文明办公室、人大街道工作委员会办公室、人民武装部、社会治安综合治理办公室、防范办公室、总工会、团工委、妇联、残联 2. 街道办事处内设机构：办公室、财政科、社区建设办公室、城市综合管理科、人事科、民政科、经济发展科、劳动和社会保障科、信访科、人口和计划生育办公室、文教卫体科、公共安全管理办公室、食品药品监管委办公室

续表

街道名称	机构设置情况（不含事业单位）
前门街道	1. 街道工委内设机构：工委办公室、人大街道工委办公室、组织人事部、宣传部、精神文明办公室、社会治安综合治理办公室、610 办公室、纪律检查工作委员会（监察科） 2. 街道办事处内设机构：办公室、城市综合管理科、社区建设办公室、经济发展科、财政科、民政科、住房保障科、劳动和社会保障科、文教卫体科、人口和计划生育办公室、公共安全管理办公室、信访科 3. 群工团机构：总工会、团工委、妇联、残联 4. 人民武装部
龙潭街道	组织人事部、信访科、宣传部 、住房保障科、社区建设工作办公室、文教卫体科 、人口和计划生育办公室、人民武装部 、社会治安综合治理办公室、民政科、人大街道工委办公室、纪律检查工作委员会（监察科）、经济发展科、劳动和社会保障科、工委办公室、公共安全管理办公室、残联/城市综合管理科、办公室、财政科、妇联、团工委
永定门外街道	1. 街道工委内设机构：工委办公室、人大街道工作委员会办公室、组织人事部、宣传部、精神文明办公室（挂靠宣传部）、社会治安综合治理办公室（流动人口和出租房屋管理委员会办公室与其合署办公）、610 办公室（挂靠综治办）、纪律检查工作委员会（监察科） 2. 街道办事处内设机构：办公室、城市综合管理科、社区建设工作办公室、经济发展科、财政科、民政科、住房保障科、劳动和社会保障科、文教卫体科、人口和计划生育办公室、公共安全管理办公室、信访科、南中轴现代服务业集聚区规划建设办公室 3. 群工团机构：总工会、团工委、妇联、残联 4. 人民武装部
崇文门外街道	工委办公室、人大街道工委办公室、组织人事部、宣传部、精神文明办公室（挂靠宣传部）、社会治安综合治理办公室、610 办公室（挂靠社会治安综合治理办公室）、纪律检查工作委员会（监察科）、办事处办公室、城市综合管理科、社区建设工作办公室、经济发展科、财政科、民政科、住房保障科、劳动和社会保障科、文教卫体科、人口和计划生育办公室、公共安全管理办公室、信访科、总工会、团工委、妇联、残联、人民武装部
体育馆路街道	1. 街道工委内设机构：工委办公室、人大街道工委办公室、组织人事部、宣传部、精神文明办公室（挂靠宣传部）、社会治安综合治理办公室、610 办公室（挂靠社会治安综合治理办公室）、纪律检查工作委员会（监察科） 2. 街道办事处内设机构：办公室、城市综合管理科、社区建设工作办公室、经济发展科、财政科、民政科、住房保障科、劳动和社会保障科、文教卫体科、人口和计划生育办公室、公共安全管理办公室、信访科 3. 群工团机构：总工会、团工委、妇联、残联 4. 人民武装部

注：各街道办事处除了上述党政机构之外，还另设有社会保障和社区事务所、社区服务中心、文化服务中心、环境卫生管理所等事业单位若干。

表格由笔者根据各街道办事处门户网站信息整理而成。

附录二

基层公务员工作动机调查问卷

亲爱的朋友：

您好！十分感谢您抽出时间参与本次问卷调查！以下是简要说明。

• 该问卷旨在了解公务人员工作动机及行为的整体情况。

• 问卷中题目均为您个人主观的感受，答案无对错之分，真实的答案就是最好的答案。

• 本问卷匿名填写，结果仅用于学术研究，我们承诺会依《统计法》严格保密。

• 答卷需要花费您6—8分钟，希望您仔细阅读每道题目，耐心填答，请勿遗漏。

最后，再次感谢您的协作和对学术研究的支持！敬祝身体健康！万事如意！

第一部分：请您根据实际情况评估您从事公职活动的内心感受

请问：您同意以下的说法吗？ （请在右边最适当的数字上打“√”） 高——认可度——→低	非常同意	同意	普通	不同意	非常不同意
1. 我认为，从政是一件高尚的事情	5	4	3	2	1
2. 我很关注党和国家的政策	5	4	3	2	1
3. 我很关注社会新闻事件	5	4	3	2	1
4. 我总是对周边的公共事务产生浓厚的兴趣	5	4	3	2	1
5. 我能无私地为周围的老百姓做点事情	5	4	3	2	1
6. 为老百姓提供服务，是我义不容辞的责任	5	4	3	2	1
7. 我认为，公共服务是十分重要的事情	5	4	3	2	1

续表

请问：您同意以下的说法吗？ （请在右边最适当的数字上打“√”） 高 —认可度→ 低	非常同意	同意	普通	不同意	非常不同意
8. 即使会有损于我的个人利益，我也希望看到政府推行有利于民的政策	5	4	3	2	1
9. 当看到他人的不幸和困难时，我也感到很难过	5	4	3	2	1
10. 我认为，政府的大多数社会职能都是至关重要的	5	4	3	2	1
11. 日常生活中，我常感到，人与人之间是相互依赖的	5	4	3	2	1
12. 我很同情穷人的贫苦生活	5	4	3	2	1
13. 我认为，为别人提供福利是我的分内之事	5	4	3	2	1
14. 我对大多数的公共政策都十分支持	5	4	3	2	1
15. 对于不认识的人，我在办事时也会考虑他们的利益	5	4	3	2	1
16. 我认为，做好事、做善事比赚钱更重要	5	4	3	2	1
17. 我做事大都不是只考虑自己，而是有更重要的原因	5	4	3	2	1
18. 即使没有报酬，能为民众服务，也让我感到值得	5	4	3	2	1
19. 我认为，为社会做点贡献比追求个人成就更有意义	5	4	3	2	1
20. 我认为，人们应该更多地回馈社会而不是索取	5	4	3	2	1
21. 我愿意为社会和公共利益作出牺牲和奉献	5	4	3	2	1
22. 我能不顾自身的利益去帮助别人	5	4	3	2	1
23. 我认为，做事要先顾及工作责任，再考虑自己	5	4	3	2	1
24. 我相信，责任重于泰山	5	4	3	2	1

第二部分：请您根据实际情况评估您对单位的认知情况

请问：您认同以下说法吗？ （请在右边最适当的数字上打“√”） 高 —认可度→ 低	非常符合	符合	普通	不符合	非常不符合
1. 我清楚本单位的社会责任和义务	5	4	3	2	1
2. 我清楚本单位的工作目标和具体计划	5	4	3	2	1
3. 我清楚本单位的规章制度	5	4	3	2	1
4. 我清楚本单位的工作运作程序	5	4	3	2	1
5. 我清楚本单位职工行为规范	5	4	3	2	1

续表

请问：您认同以下说法吗？ （请在右边最适当的数字上打“√”） 高—认可度→低	非常符合	符合	普通	不符合	非常不符合
6. 单位制定了完备的工作规范，并能正常执行	5	4	3	2	1
7. 单位建立了制度化的沟通机制，并能正常运行	5	4	3	2	1
8. 在单位，每个人都有清晰工作分工	5	4	3	2	1
9. 我的日常工作有明确的工作流程	5	4	3	2	1
10. 单位为我设立了高标准的工作目标	5	4	3	2	1
11. 我被授予了足够的工作自主权	5	4	3	2	1
12. 我的工作给予了我展示个人才能的空间	5	4	3	2	1
13. 我的工作结果具有一定的社会影响	5	4	3	2	1
14. 我能够承担与个人工作相对应的工作责任	5	4	3	2	1
15. 我常常感到沉重的工作压力	5	4	3	2	1
16. 在单位，优秀的工作业绩会受到相应的奖励	5	4	3	2	1
17. 在单位，糟糕的工作业绩会受到相应的处罚	5	4	3	2	1
18. 在单位，只有勤奋工作，才会得到晋升	5	4	3	2	1
19. 本单位的奖励制度可以调动职工的积极性	5	4	3	2	1
20. 我取得的工作成绩与我在单位得到的认可相符	5	4	3	2	1
21. 单位鼓励进行工作创新	5	4	3	2	1
22. 职工可以灵活处理工作中不必要的流程及手续	5	4	3	2	1
23. 单位会认真听取并及时回应意见和建议	5	4	3	2	1
24. 单位具有回应突发事件的应急预案和处理机制	5	4	3	2	1
25. 单位会及时清理不合时宜的规章制度	5	4	3	2	1
26. 我很在乎本单位的荣誉	5	4	3	2	1
27. 在单位工作我感到非常愉快	5	4	3	2	1
28. 我对从事现在的工作充满热情	5	4	3	2	1
29. 我和我的同事彼此信任，互相帮助	5	4	3	2	1
30. 我对本单位的未来充满信心	5	4	3	2	1

第三部分：请您根据实际情况评估您对目前工作的认知情况

请问：您认同以下说法吗？ （请在右边最适当的数字上打“√”） 高 —认可度→ 低	非常符合	符合	普通	不符合	非常不符合
1. 我要使用复杂和较高水平的技能才能完成工作任务	5	4	3	2	1
2. 我的工作要求我要不断学习新知识	5	4	3	2	1
3. 我的工作中需要用到不同的技术和技能来完成不同的任务	5	4	3	2	1
4. 我的工作本身是非常重要和有意义的	5	4	3	2	1
5. 我工作完成的好坏会对组织中的很多人产生影响	5	4	3	2	1
6. 我的工作对于单位的整体绩效非常重要	5	4	3	2	1
7. 我可以从头到尾做一件完整的工作	5	4	3	2	1
8. 我可以从开始到结束全程参与到工作中	5	4	3	2	1
9. 我知道工作的全局情况，而不仅仅是其中的一部分	5	4	3	2	1
10. 我有较多的机会来决定自己的工作内容	5	4	3	2	1
11. 我可以适度选择和改变工作的方法和程序	5	4	3	2	1
12. 在工作中我有很大的发挥空间和自由度	5	4	3	2	1
13. 我的主管或同事会让我了解到工作的完成情况	5	4	3	2	1
14. 工作本身的反馈制度可以让我知道自己的工作表现	5	4	3	2	1
15. 我的主管和同事会经常告诉我他们对我工作的看法	5	4	3	2	1

第四部分：结合您现在的工作，请评价下列条目的重要性程度

请问：以下工作因素在您心目中的重要性程度如何？ （请在右边最适当的数字上打“√”） 高 —重要性→ 低	非常重要	重要	普通	不重要	非常不重要
1. 在工作中能不断学习新的知识与技能	5	4	3	2	1
2. 工作有一定的自主性，能够适当表达自己的思想	5	4	3	2	1
3. 工作有一定的挑战性，能够促使自己不断提升	5	4	3	2	1
4. 在工作中能获得进修和培训的机会	5	4	3	2	1
5. 在工作中能获得晋升的机会	5	4	3	2	1
6. 在工作中能增长见识	5	4	3	2	1
7. 在工作中能充分发挥自己的才能或专长	5	4	3	2	1
8. 通过工作能对社会和人民有所贡献	5	4	3	2	1
9. 通过工作能实现自己的人生价值	5	4	3	2	1

续表

请问：以下工作因素在您心目中的重要性程度如何？ （请在右边最适当的数字上打"√"） 高—重要性→低	非常重要	重要	普通	不重要	非常不重要
10. 通过工作能提升自己的生活品质	5	4	3	2	1
11. 通过工作能获得一定的社会地位	5	4	3	2	1
12. 通过工作能获得自我成就感	5	4	3	2	1
13. 通过工作能获得他人的肯定	5	4	3	2	1
14. 在工作中能得到他人的赏识与尊重	5	4	3	2	1
15. 通过工作能获得自我肯定或增加自信心	5	4	3	2	1
16. 在工作中能获得领导的充分授权	5	4	3	2	1
17. 能经常处于人际关系良好的工作环境	5	4	3	2	1
18. 同事之间能互相合作以顺利完成工作	5	4	3	2	1
19. 同事之间能彼此关心和照顾	5	4	3	2	1
20. 领导能时常关心下属的工作和生活	5	4	3	2	1
21. 能通过工作积累一定的人脉和社会关系	5	4	3	2	1
22. 能为家属或亲友提供就业、就学等生活便利	5	4	3	2	1
23. 单位有较为舒适和安全的工作环境	5	4	3	2	1
24. 单位有合理的薪酬制度（工资和奖金）	5	4	3	2	1
25. 单位有良好的福利和保险制度（医保、社保等）	5	4	3	2	1
26. 工作稳定，不必太担心被调动、降职或解雇	5	4	3	2	1
27. 工作时不会经常感到很紧张	5	4	3	2	1
28. 工作中不必处理太多的烦琐事务	5	4	3	2	1
29. 工作比较轻松，竞争的压力比较小	5	4	3	2	1
30. 下班后不必为工作的事而感到焦虑、烦心	5	4	3	2	1

第五部分：请您根据实际情况评估您对工作的投入程度

请问：您认同以下说法吗？ （请在右边最适当的数字上打"√"） 高—认可度→低	非常符合	符合	普通	不符合	非常不符合
1. 对我来说，最重要的事就是全心投入现在的工作	5	4	3	2	1
2. 工作在我的生活中占有重要的比重	5	4	3	2	1
3. 我个人非常投入我的工作	5	4	3	2	1

续表

请问：您认同以下说法吗？ （请在右边最适当的数字上打“√”） 高—认可度→低	非常符合	符合	普通	不符合	非常不符合
4. 我感觉我几乎时刻都不能离开我的工作	5	4	3	2	1
5. 我所关心的事情，大部分都与我的工作有关	5	4	3	2	1
6. 我的生活和我的工作密切相连，这是难以改变的	5	4	3	2	1
7. 我的生活目标，几乎都是以工作为重的	5	4	3	2	1
8. 我认为工作是我存在的价值所在	5	4	3	2	1
9. 大多数时间我喜欢沉浸在我的工作中	5	4	3	2	1
10. 我常常想离开目前的这份工作	5	4	3	2	1

第六部分：请您根据实际情况评估您对所在单位的感情

请问：您认同以下说法吗？ （请在右边最适当的数字上打“√”） 高—认可度→低	非常符合	符合	普通	不符合	非常不符合
1. 目前要我离开单位，对我而言是很难割舍的	5	4	3	2	1
2. 我很高兴，未来的职业生涯能够继续待在这个单位	5	4	3	2	1
3. 我对所在的单位有很强的归属感	5	4	3	2	1
4. 我真的感到单位的事就是我的事	5	4	3	2	1
5. 在感情上，我对现在的单位有很深的依恋	5	4	3	2	1
6. 这个单位对我来说个人意义很大	5	4	3	2	1
7. 我对单位有种“身为这家庭一分子”的感受	5	4	3	2	1
8. 目前我想继续留在单位，因为这对我个人发展更有利	5	4	3	2	1
9. 目前我想继续留在单位，因为离职要付出很大的成本	5	4	3	2	1
10. 目前我想继续留在单位，因为我对工作付出了很多	5	4	3	2	1
11. 目前我想继续留在单位，因为很难有更好的工作机会	5	4	3	2	1
12. 我从单位得到了很多，要是离开就对不起组织和领导	5	4	3	2	1
13. 即使有更好的工作机会，我也觉得不应该离开本单位	5	4	3	2	1
14. 如果选择离开现在的单位，我的心里会有亏欠感	5	4	3	2	1
15. 我觉得，对单位同事要有责任感，我有留下来的义务	5	4	3	2	1
16. 我认为人们一定要对自己的单位忠诚	5	4	3	2	1
17. 我对自己目前从事的工作感到很满意	5	4	3	2	1

第七部分：此部分为个人背景资料，仅供分类统计研究之用，请放心填写

请根据您的实际情况在相应答案的□上打“√”					
性别	男□	女□			
您的年龄	______岁（请在______处填写）				
婚姻状况	已婚□	未婚□	其他□		
最高学历	初中及以下□ 本科□	中专（高中）□ 硕士（研究生）□	大专□ 博士□		
工龄	2.0 年以下□ 10.1—15.0 年□	2.1—5.0 年□ 15.1—20.0 年□	5.1—10.0 年□ 20.0 年以上□		
职　级	办事员、科员□	副科□	正科□	副处□	正处□

本问卷到此结束，烦请稍检查题目是否有所遗漏，衷心感谢您的协助！

参考文献

（一）外文书籍和文献期刊

1. Ahmed Mohammed Sayed Mostafa and Julian Seymour Gould-Williams and Paul Bottomley, "High-Performance Human Resource Practices and Employee Outcomes: The Mediating Role of Public Service Motivation." *Public Administration Review*, September/October 2015.
2. Alonso, P., and Les, G. B., "Public Service Motivation and Job Performance: Evidence from the Federal Sector." *AmericanReview of Public Administration*, Vol. 31, No. 4, 2001.
3. Anderfuhren-Biget, S., "Profiles of Public Service-Motivated Civil Servants: Evidence from a Multicultural Country." *International Journal of Public Administration*, Vol. 35, No. 1, 2012.
4. Andersen, L. B., "Professional Norms, Public Service Motivation and Economic Incentives: What Motivates Public Employees?", Paper prepared for presentation at the Annual Conference of the European Group of Public Administration, Madrid, Spain, September 2007.
5. Andersen, L. B., "What Determines the Behaviour and Performance of Health Professionals? Public Service Motivation, Professional Norms and/or Economic Incentives." *International Review of Administrative Sciences*, Vol. 75, No. 1, 2009.
6. Andersen, L. B. and Pallesen, T., " 'Not Just for the Money?' How Financial Incentives Affect the Number of Publications at Danish Research Institutions." *International Public Management Journal*, Vol. 11, No. 1, 2008.
7. Andersen, L. B. and Pallesen, T., "Public Service Motivation and Profes-

sionalism." *International Journal of Public Administration*, Vol. 35, No. 1, 2012.

8. Andersen, L. B. and Serritzlew, S., "Does Public Service Motivation Affect the Behavior of Professionals?" *International Journal of Public Administration*, Vol. 35, No. 1, 2012.
9. Andersen, L. B., Palleson, T., and Pedersen, L. H., "Does Employment Sector Matter for Professionals' Public Service Motivation?" Paper presented at the International Public Service Motivation Research Conference, June 2009.
10. Anderson, L. B., Pallesen, T., and Pedersen, L. H., "Does Ownership Matter? Public Service Motivation Among Physiotherapists in the Private and Public Sectorsin Denmark." *Review of Public Personnel Administration*, Vol. 31, No. 1, 2011.
11. Arnold B. Bakker, "A Job Demands-Resources Approach to Public Service Motivation." *Public Administration Review*, September/October 2015.
12. Barry Bozeman and Xuhong Su, "Public Service Motivation Concepts and Theory: A Critique." *Public Administration Review*, September/October 2015.
13. Behn, Robert D., "The big questions of public management." *Public administration review*, Vol. 55, No. 4, 1995.
14. Belle, Nicola, and Cantarelli, Paola., *Public Service Motivation: The State of the Art*, Washington, D. C.: Brookings Institution Press, 2012, pp. 96 – 125.
15. Bob Lavigna, "Public Service Motivation and Employee Engagement." *Public Administration Review*, September/ October 2015.
16. Bradley E. Wright and Adam M. Grant, "Unanswered Questions about Public Service Motivation: Designing Research to Address Key Issues of Emergence and Effects." *Public Administration Review*, September/October 2010.
17. Brewer, Gene A., "Building Social Capital: Civic Attitudes and Behavior of Public Servants." *Journal of Public Administration Research and Theory*, Vol. 13, No. 1, 2003.

18. Brewer, Gene A., "The Possibility of an Ethical Dimension of Public Service Motivation." Paper presented at the International Public Service Motivation Research Conference, Bloomington, Indiana, June 2009.

19. Brewer, Gene A., "Public Service Motivation: Theory, Evidence, and Prospects for Research." Paper presented at the Tenth International Research Symposium on Public Management (IRSPM-X), Caledonian University Business School, Glasgow, Scotland, April 2006.

20. Brewer, G. A., "A Symposium on Public Service Motivation: Expanding the Frontiers of Theory and Empirical Research." *Review of Public Personnel Administration*, Vol. 31, No. 1, 2011.

21. Brewer, G. A., "Introduction to a Symposium on Public Service Motivation: An International Sampling of Research." *International Journal of Public Administration*, Vol. 35, No. 1, 2012.

22. Brewer, G. A. and Selden, S. C., "Whistle Blowers in the Federal Civil Service: New Evidence of the Public Service Ethic." *Journal of Public Administration Research and Theory*, Vol. 8, No. 3, 1998.

23. Brewer, G. A. and Selden, S. C., "Why Elephants Gallop: Assessing and Predicting Performance in Federal Agencies." *Journal of Public Administration Research and Theory*, Vol. 10, No. 4, 2000.

24. Brewer, G. A., Selden, S. C., and Facer, R. L. Ⅱ. "Individual Conceptions of Public Service Motivation." *Public Administration Review*, Vol. 60, May/June 2000, pp. 254 – 264.

25. Bright, L., "Public Employees with High Levels of Public Service Motivation: Who Are They, Where are They and What do They Want?" *Review of Public Personnel Administration*, Vol. 25, No. 2, 2005.

26. Bright, L., "Does Person-Organization Fit Mediate the Relationship Between Public Service Motivation and the Job Performance of Public Employees?" *Review of Public Personnel Administration*, Vol. 27, No. 4, 2007.

27. Bright, L., "Does Public Service Motivation Really Make a Difference on The Job Satisfaction and Turnover Intentions of Public Employees?", *American Review of Public Administration*, Vol. 38, No. 2, 2008.

28. Bright, L., "Does person-organization fit mediate the relationship between

public service motivation and the job performance of public employees?" *Review of Public Personnel Administration*, Vol. 27, No. 4, 2008.

29. Buchanan, Bruce, "Red Tape and the Service Ethic: Some Unexpected Differences between Public and Private Managers." *Administration & Society*, Vol. 6, No. 4, 1975.

30. Camilleri, Emanuel, "Towards Developing an Organizational Commitment-Public Service Motivation Model for the Maltese Public Service Employees." *Public Policy and Administration*, Vol. 21, No. 1, 2006.

31. Camilleri, Emanuel, "Antecedents Affecting Public Service Motivation." *Personnel Review*, Vol. 36, No. 3, 2007.

32. Camilleri, Emanuel, "The Relationships between Personal Attributes, Organization Politics, Public Service Motivation and Public Employee Performance." Paper presented at the International Public Service Motivation Research Conference, Bloomington, Indiana, June 2009.

33. Camilleri, E. and B. I. J. M. van der Heijden, "Organizational Commitment, Public Service Motivation, and Performance within the Public Sector." *Public Performance & Management Review*, Vol. 31, No. 2, 2007.

34. Castaing, Sebastien, "The Effects of Psychological Contract Fulfillment and Public Service Motivation on Organizational Commitment in the French Civil Service." *Public Policy and Administration*, Vol. 21, No. 1, 2006.

35. Chih-Wei Hsieh and Kaifeng Yang and Kai-Jo Fu, "Motivational Bases and Emotional Labor: Assessing the Impact of Public Service Motivation." *Public Administration Review*, March/April 2012.

36. Choi, Do Lim, "Ethical Sensitivity and Public Service Motivation." Paper presented at the International Public Service Motivation Research Conference, Bloomington, Indiana, June 2009.

37. Choi, Do Lim, "Public Service Motivation and Ethical Conduct." *International Review of Public Administration*, Vol. 8, No. 2, 2004.

38. Choi, M., and Cho, C., "Development of Measurement tool for Korean PSM: Central and Local Government Civil Servants Cases." Korean Association for Public Administration Winter Conference, 2009.

39. Christensen, R. K. & Wright, B. E., "The Effects of Public Service Mo-

tivation on Job Choice Decisions: Disentangling the Contributions of Person-Organization Fit and Person-Job Fit." *International Public Management Journal*, 2010.

40. Christensen, Robert K. and Whiting, Steven W., "The Role of Task Performance and Organizational Citizenship Behavior in Performance Appraisals AcrossSectors: Exploring the Role of Public Service Motivation." Paper presented at the International Public Service Motivation Research Conference, Bloomington, Indiana, June 2009.

41. Christensen, Robert K. and Whiting, Steven, W., "Employee evaluations in the public sector: Public service motivation, task, and citizenship behaviors." *The Korean Journal of Policy Studies*, Vol. 23, No. 2, 2009.

42. Clerkin, Richard M., Sharon R. Paynter, and Jami, Kathleen Taylor, "Public Service Motivation in Undergraduate Giving and Volunteering Decisions." *American Review of Public Administration*, Vol. 39, No. 6, 2009.

43. Coursey, D. Brudney, J., Littlepage, L., and Perry, J. L., "Does Public Service Motivation Matter in Volunteering Domain Choices? A Test of Functional Theory." *Review of Public Personnel Administration*, Vol. 31, No. 1, 2011.

44. Coursey, D. and Pandey, S., "Public Service Motivation Measurement: Testing an Abridged Version of Perry's Proposed Scale." *Administration and Society*, Vol. 39, No. 5, 2007.

45. Crewson, P. E., "Public-Service Motivation: Building Empirical Evidence of Incidence and Effect." *Journal of Public Administration Research and Theory*, Vol. 4, 1997.

46. David J. Houston, "Implications of Occupational Locus and Focus for Public Service Motivation: Attitudes Toward Work Motives across Nations." *Public Administration Review*, September/October 2011.

47. DeHart-Davis, Leisha, Marlowe, Justin, and Pandey, Sanjay, "Gender Dimensions of Public Service Motivation." *Public Administration Review*, Vol. 66, No. 6, 2006.

48. Dilulio, John D. Jr., "Principled Agents: The Cultural Bases of Behavior in a Federal Government Bureaucracy." *Journal of Public Administration*

Research and Theory: *J-PART*, Vol. 4, No. 3, 1994.

49. Fabian Homberg and Dermot McCarthy, "A Meta-Analysis of the Relationship between Public Service Motivation and Job Satisfaction." *Public Administration Review*, September/October 2015.

50. Frederickson, H. G. and Hart David K., "The Public Service and the Patriotism of Benevolence." *Public Administration Review*, Vol. 45, 1985.

51. Forest, V., "Performance-related Pay and Work Motivation: Theoretical and Empirical Perspectives for the French Civil Service." *International Review of Administrative Sciences*, Vol. 74, No. 2, 2008.

52. Frank, S. A. and Lewis, G. B., "Government employees: Working hard or hardly working?" *American Review of Public Administration*, Vol. 34, No. 1, 2004.

53. Gabris, Gerald T. and Simo, Gloria, "Public Sector Motivation as an Independent Variable Affecting Career Decisions." *Public Personnel Management*, Vol. 24, No. 1, 1995.

54. Gene A. Brewer and Sally Coleman Selden and Rex L. Facer Ⅱ, "Individual Conceptions of Public Service Motivation." *Public Administration Review*, Vol. 60, No. 2, 2000.

55. Grant, Adam M., "Employees Without a Cause: The Motivational Effects of Prosocial Impact in Public Service." *International Public Management Journal*, Vol. 11, No. 1, 2008.

56. Hondeghem, A. and Perry, J. L., "EGPA Symposium on Public Service Motivation and Performance: Introduction." *International Review of Administrative Sciences*, Vol. 75, No. 1, 2009.

57. Horton, S. and A. Hondeghem, A., "Editorial: Public Service Motivation and Commitment." *Public Policy and Administration*, Vol. 21, No. 1, 2006.

58. Houston, D. J., "Public Service Motivation: A Multivariate Test." *Journal of Public Administration Research & Theory*, Vol. 10, No. 4, 2000.

59. Houston, D. J., "'Walking the Walk of Public Service Motivation': Public Employees and Charitable Gifts of Time, Blood, and Money." *Journal of Public Administration Research and Theory*, Vol. 16, No. 1, 2006.

60. Houston, D. J. , "Implications of Occupational Locus and Focus for Public Service Motivation: Attitudes TowardWork Motives across Nations." *Public Administration Review*, Vol. 71, No. 5, 2011.

61. Houston, David and Cartwright, Katherine, "Public Service Motivation: Spirituality and Public Service." Paper presented at the annual meeting of the Midwest Political Science Association, Palmer House Hilton, Chicago, Illinois, April 2005.

62. Houston, David and Cartwright, Katherine, "Spirituality and Public Service." *Public Administration Review*, Vol. 67, No. 1, 2007.

63. Jang, Chyi-Lu, "The Effect of Personality Traits on Public Service Motivation: Evidence from Taiwan." *Social Behavior and Personality*, Vol. 40, No. 1, 2012.

64. James L. Perry, "Federalist NO. 72: What Happened to the Public Service Ideal?" *Public Administration Review*, December 2001.

65. James L. Perry and Annie Hondeghem and Lois Recascino Wise, "Revisiting the Motivational Bases of Public Service: Twenty Years of Research and an Agenda for the Future." *Public Administration Review*, September/October 2010.

66. JamesL. Perry and Wouter Vandenabeele, "Public Service Motivation Research: Achievements, Challenges, and Future Directions." *Public Administration Review*, September/October 2015.

67. James L. Perry and Lois Recascino Wise, "The Motivational Bases of Public Service." *Public Administration Review*, 1990.

68. James L. Perry, "Measuring Public Service Motivation: An Assessment of Construct Reliability and Validity." *Journal of Public Administration Research and Theory*, Vol. 6, No. 1, 1996.

69. James L. Perry, "Antecedents of Public Service Motivation." *Journal of Public Administration Research and Theory*, Vol. 7, No. 2, 1997.

70. James L. Perry, "Bringing Society In: Toward a Theory of Public Service Motivation." *Journal of Public Administration Research and Theory*, Vol. 10, No. 4, 2000.

71. James L. Perry, "Introduction to the Symposium on Public Service Motiva-

tion Research." *Public Administration Review*, Vol. 70, No. 5, 2010.

72. James L. Perry., "Federalist No. 72: What Happened to the Public Service Ideal?" *Public Administration Review*, Vol. 71, No. 1, 2011.

73. James L. Perry, "Does Making a Difference Make a Difference? Answers from Research on Public Service Motivation." In Giovanni Tria and Giovanni Valotti (Eds.) *Reforming the Public Sector: How to Achieve Better Transparency, Service, and Leadership.* Washington, D. C.: Brookings Institution, 2012, pp. 51 - 67.

74. James L. Perry, Brudney, Jeffrey, Coursey, David, and Littlepage, Laura, "What Drives Morally Committed Citizens? A Study of the Antecedents of Public Service Motivation." *Public Administration Review*, Vol. 68, No. 3, 2008.

75. James L. Perry and Coursey, David, "What Drives Morally Committed Citizens? A Study of the Antecedents of Public Service Motivation." Paper presented at the 8th Public Management Research Conference, Los Angeles, CA, September/October 2005.

76. James L. Perry and Hondeghem, Annie, "Building Theory and Empirical Evidence About Public Service Motivation." *International Public Management Journal*, Vol. 11, No. 1, 2008.

77. James L. Perry and Hondeghem, Annie, *Motivation in Public Management: The Call of Public Service.* Oxford: Oxford University Press, 2008.

78. James L. Perry, Hondeghem, Annie, and Wise, Lois R., "Revisiting the Motivational Bases of Public Service: Twenty Years of Research and an Agenda for the Future." *Public Administration Review*, Vol. 70, No. 5, 2010.

79. James L. Perry and Lee, Geunjoo, "The Meaningfulness of Work and Public Service Motivation: A Panel Study of National Service Participants." Paper prepared for presentation at the 9th Biennial Public Management Research Conference, Tucson, Arizona, October 2007.

80. James L. Perry Brudney, J., Coursey, D., and Littlepage, L., "What Drives Morally Committed Citizens? A Study of the Antecedents of Public Service Motivation." *Public Administration Review*, Vol. 68, No. 3, 2008.

81. James L. Perry and Wise, Lois R. , "The Motivational Bases of Public Service. " *Public Administration Review*, Vol. 50, No. 5/6, 1990.

82. Jung, Chan Su and Rainey, Hal G. , "Organizational Goal Characteristics and Public Duty Motivation in U. S. Federal Agencies. " *Review of Public Personnel Administration*, Vol. 31, No. 1, 2011.

83. Kim, S. , "Individual-level Factors and Organizational Performance in Government Organizations. " *Journal of Public Administration Research and Theory*, Vol. 15, No. 2, 2005.

84. Kim, S. , "Job Selection Criteria and the Attitudes and Behaviors of Public Employees in Korea. " *Korea Public Administration Journal*, Vol. 14, No. 2, 2005.

85. Kim, S. , "Public Service Motivation and Organizational Citizenship Behavior. " *International Journal of Manpower*, Vol. 27, No. 8, 2006.

86. Kim, S. , "Revising Perry's Measurement Scale of Public Service Motivation. " *American Review of Public Administration*, 2008.

87. Kim, S. , "Testing the Structure of Public Service Motivation in Korea: A Research Note. " *Journal of Public Administration Research and Theory*, Vol. 19, No. 4, 2009.

88. Kim, S. , "Testing a Revised Measure of Public Service Motivation: Reflective versus Formative Specification. " *Journal of Public Administration Research and Theory*, Vol. 21, No. 3, 2011.

89. Kim, S. and Vandenabeele, W. , "A Strategy for Building Public Service Motivation Research Internationally. " *Public Administration Review*, Vol. 70, No. 5, 2010.

90. Kjeldsen, A. M. , "Sector and Occupational Differences in Public Service Motivation: A Qualitative Study. " *International Journal of Public Administration*, Vol. 35, No. 1, 2012.

91. Laurie E. Paarlbergand Bob Lavigna, "Transformational Leadership and Public Service Motivation: Driving Individual and Organizational Performance. " *Public Administration Review*, September/October 2010.

92. Lawton, A. and Rayner, J. , "Public Service Motivation in a Fragmented Public Sector: A Case Study Approach. " Paper presented at the Interna-

tional Public Service Motivation Research Conference, Bloomington, Indiana, June 2009.

93. Le Grand, J., "Knights and Knaves Return: Public Service Motivation and the Delivery of Public Services." *International Public Management Journal*, Vol. 13, No. 1, 2010.

94. Lee, G and Lee, H., "Public Service Motivation between the Genders: The Case of Korea." Paper presented at the International Public Service Motivation Research Conference, Bloomington, Indiana, June 2009.

95. Lee, Young-joo, "Behavioral Implications of Public Service Motivation: Volunteering by Public and Nonprofit Employees." *American Review of Public Administration*, Vol. 42, No. 1, 2012.

96. LeishaDehart-Davis and Justin Marlowe and Sanjay K. Pandey, "Gender Dimensions of Public Service Motivation." *Public Administration Review*, November/December 2006.

97. Lewis, D. E., "Measurement and Public Service Motivation: New Insights, Old Questions." *International Public Management Journal*, Vol. 13, No. 1, 2010.

98. Lewis, G. B. and Alonso, P., "Public Service Motivation and Job Performance." Paper presented at the American Society for Public Administration's 60th National Conference, Orlando, Florida, April 1999.

99. Lewis, G. B. and Frank, S. A., "Who Wants to Work for Government?" *Public Administration Review*, 62, July/August 2002, pp. 395 – 404.

100. Liu, B., "Evidence of Public Service Motivation of Social Workers in China." *International Review of Administrative Sciences*, Vol. 75, No. 2, 2009.

101. Liu, B., Tang, N., and Zhu, X., "Public Service Motivation and Job Satisfaction in China: An Investigation of Generalizability and Instrumentality." *International Journal of Manpower*, Vol. 29, No. 8, 2008.

102. Liu, B. and Tang, T. L., "Does the Love of Money Moderate the Relationship Between Public Service Motivation and Job Satisfaction? The Case of Chinese Professionals in the Public Sector." *Public Administration Review*, Vol. 71, No. 5, 2011.

103. Miller, G. J. and Whitford, A. B., "The Principal's Moral Hazard: Constraints on the Use of Incentives in Hierarchy." *Journal of Public Administration Research and Theory*, Vol. 17, No. 2, 2007.

104. Mogens Jin Pedersen, "Activating the Forces of Public Service Motivation: Evidence from a Low-Intensity Randomized Survey Experiment", *Public Administration Review*, September/October 2015.

105. Moynihan, D. P. and Pandey, S. K., "Finding Workable Levers over Work Motivation: Comparing Job Satisfaction, Job Involvement, and Organizational Commitment." *Administration & Society*, Vol. 39, No. 7, 2007.

106. Moynihan, D. and Pandey, S., "The Role of Organizations in Fostering Public Service Motivation." *Public Administration Review*, Vol. 67, No. 1, 2007.

107. Moynihan, D., Pandey, S., and Wright, B. E., "Pulling the Levers: Leadership, Public Service Motivation and Mission Valence." Paper presented at the International Public Service Motivation Research Conference, Bloomington, Indiana, June 2009.

108. Nicola Belle, "Experimental Evidence on the Relationship between Public Service Motivation and Job Performance." *Public Administration Review*, September/October 2015.

109. Pandey, S. K., Wright, B. E., and Moynihan, D. P., "Public Service Motivation and Interpersonal Citizenship Behavior in Public Organizations: Testing a Preliminary Model." *International Public Management Journal*, Vol. 11, No. 1, 2008.

110. L. W. Porter & R. P. Miles, "Motivation and management." In J. W. McGuire (Eds.), *Contemporary management: Issues and viewpoints.* Englewood Cliffs, N. J.: Prentice-Hall, 1974, pp. 545 – 570.

111. Rainey, Hal G., "Reward Preferences Among Public and Private Managers: In Search of the Service Ethic." *American Review of Public Administration*, Vol. 16, No. 4, 1982.

112. Rainey, Hal G., *Understanding and Managing Public Organizations*, *2nd Ed*, San Francisco, C. A.: Jossey-Bass, 1997.

113. Rainey, Hal G. and Paula Steinbauer, "Galloping Elephants: Develo-

ping Elements of a Theory of Effective Government Organizations. " *Journal of Public Administration Research and Theory*, Vol. 9, No. 1, 1999.

114. Ritz, A., "Public Service Motivation and Organizational Performance in Swiss Federal Government. " *International Review of Administrative Sciences*, Vol. 75, No. 1, 2009.

115. Scott, P. G. and Pandey, S. K., "Red Tape and Public Service Motivation," *Review of Public Personnel Administration*, Vol. 25, No. 2, 2005.

116. Snyder, M., M. andOsland, J., "Public and Private Organizations in Latin America: A Comparison of Reward Preferences. " *International Journal of Public Sector Management*, Vol. 9, No. 2, 1996.

117. Steers, R. A. & Porter, L. W. (Ed.), *Motivation and Work Behavior. 3r Ed*, New York: McGraw-Hill, 1983.

118. Taylor, Jeannette, "Organizational Influences, Public Service Motivation and Work Outcomes: An Australian Study. " *International Public Management Journal*, Vol. 11, No. 1, 2008.

119. Vandenabeele, Wouter., "Public Sector Motivation binnen de Nederlandseoverhead. " In G. van den Brink, T. Jansen & D. Pressers, *Beroepzeer*, Boom: Amsterdam, 2005, pp. 259 – 270.

120. Vandenabeele, Wouter., "Development of a Public Service Motivation Measurement Scale: Standing on Perry's Shoulders. " Paper prepared for presentation at the Annual Conference of the European Group of Public Administration (EGPA), Public Personnel Policies Study Group, Milan, Italy, September 2006.

121. Vandenabeele, W., "Toward a Public Administration Theory of Public Service Motivation. " *Public Management Review*, Vol. 9, No. 4, 2007.

122. Vandenabeele, W., "Development of a Public Service Motivation Measurement Scale: Corroborating and Extending Perry's Measurement Instrument. " *International Public Management Journal*, Vol. 11, No. 1, 2008.

123. Vandenabeele, W., "Government Calling: Public Service Motivation as an Element in Selecting Government as an Employer of Choice. " *Public Administration*, Vol. 86, No. 4, 2008.

124. Vandenabeele, W., "The Mediating Effect of Job Satisfaction and Or-

ganizational Commitment on Self-reported Performance: More Robust Evidence of the PSM-performance Relationship." *International Review of Administrative Sciences*, Vol. 75, No. 1, 2009.

125. Vandenabeele, Wouter., "Who Wants to Deliver Public Service? Do Institutional Antecedents of Public Service Motivation Provide an Answer?" *Review of Public Personnel Administration*, Vol. 31, No. 1, 2011.

126. Vandenabeele, Wouter and Ban, Carolyn, "The Impact of Public Service Motivation in an International Organization: Job Satisfaction and Organizational Commitment in the European Commission." Paper presented at the International Public Service Motivation Research Conference, Bloomington, Indiana, June 2009.

127. Vandenabeele, WouterandHondeghem, Annie, "L'appel de la Fonction-Publique: la 'Motivation de Service Public' (Public service motivation) en tantqueFacteur Decisive d'Engagementdans la FonctionPublique, al'Ere de la Nouvelle GestionPublique." *Revue EconomiqueetSociale*, Vol. 62, No. 4, 2004.

128. Vandenabeele, Wouter, Scheepers, Sarah, and Hondeghem, Annie, "Public Service Motivation in an International Comparative Perspective: The UK and Germany." *Public Policy and Administration*, Vol. 21, No. 1, 2006.

129. Vandenabeele, W. and Van de Walle, S., In *Motivation in Public Management: The Call of Public Service*, J. L. Perry and A. Hondeghem (eds.), Oxford: Oxford University Press, 2008.

130. Warren, D. C. and Chen, L., "A Meta-Analysis of the Relationship between Public Service Motivation and Performance." Book chapter, Forthcoming.

131. Wise, L. R., "The Public Service Culture." In Richard J. Stillman II (eds.), *Public Administration Concepts and Cases*, *7th ed.* Boston: Houghton Mifflin, 2000, pp. 342-353.

132. Wise, L. R., "Public Service Motivation and Democracy." Paper presented at the Fifth National Public Management Research Conference, College Station, TX, Texas A & M University, December 1999.

133. Wright, B., "Public Service and Motivation: Does Mission Matter?" *Public Administration Review*, Vol. 67, No. 1, 2007.

134. Wright, B. E., "Public Sector Work Motivation: Review of Current Literature and a Revised Conceptual Model." *Journal of Public Administration Research and Theory*, Vol. 11, No. 4, 2001.

135. Wright, B. E., "The Role of Work Context in Work Motivation: A Public Sector Application of Goal and Social Cognition Theories." *Journal of Public Administration Research and Theory*, Vol. 14, No. 1, 2004.

136. Wright, B. E. and Christensen, R. K., "Public Service Motivation: Testing Measures, Antecedents and Consequences." Paper presented at the International Public Service Motivation Research Conference, Bloomington, Indiana, June 2009.

137. Wright, B. E. and Christensen, R. K., "Public Service Motivation: A Longitudinal Analysis of the Job Attraction-Selection-Attrition Model." *International Public Management Journal*, Vol. 13, No. 2, 2010.

138. Wright, B. E. and Grant, A., "Advancing Public Service Motivation Research: Research Designs for Key Questions about Emergence and Effects." Paper presented at the International Public Service Motivation Research Conference, Bloomington, Indiana, June 2009.

139. Wright, B. E., and Grant, A. M., "Unanswered Questions about Public Service Motivation: Designing Research to Address Key Issues of Emergence and Effects." *Public Administration Review*, Vol. 70, No. 5, 2010.

140. Wright, B. E. and Pandey, S. K., "Public Service Motivation and the Assumption of Person-Organization Fit: Testing the Mediating Effect of Value Congruence." *Administration & Society*, Vol. 40, No. 5, 2008.

141. Zhu, C. and Wu, C., "Public Service Motivation and Job Satisfaction of Public Sector Employees in China." *Journal of Public Administration*, Vol. 5, No. 1, 2012.

142. Zhu, G., Li, M. and Yan, M., "A Research on the Effects of Government Employees' Public Service Motivation on Job Involvement." *Journal of Public Administration*, Vol. 5, No. 1, 2012.

（二）中文书籍

1. ［英］布鲁克斯：《组织行为学——个体、群体和组织》，李永瑞译，高等教育出版社 2011 年第 2 版。
2. ［英］查尔斯·汉迪：《组织的概念》，方海萍译，中国人民大学出版社 2006 年第 2 版。
3. ［英］克莱尔·克朋：《组织环境——内部组织与外部组织》，周海琴译，经济管理出版社 2011 年第 2 版。
4. ［美］B. 盖伊·彼得斯：《官僚政治》，聂露译，中国人民大学出版社 2006 年第 5 版。
5. ［美］B. 盖伊·彼得斯：《政府未来的治理模式》，吴爱明译，中国人民大学出版社 2002 年版。
6. ［美］埃德加·沙因：《沙因组织心理学》，马红宇译，中国人民出版社 2009 年版。
7. ［美］艾尔·巴比：《社会研究方法》，邱泽奇译，华夏出版社 2005 年第 10 版。
8. ［美］艾文·M. 伯曼：《公共部门人力资源管理》，萧鸣政译，中国人民大学出版社 2008 年第 2 版。
9. ［美］安东尼·唐斯：《官僚制内幕》，郭晓聪译，中国人民大学出版社 2006 年版。
10. ［美］戴维·奥斯本：《再造政府》，谭功荣译，中国人民大学出版社 2010 年版。
11. ［美］加里·德斯勒：《人力资源管理》，曾湘泉译，中国人民大学出版社 2007 年第 4 版。
12. ［美］菲利普·J. 库珀：《二十一世纪的公共行政：挑战欲改革》，毛寿龙译，中国人民大学出版社 2006 年版。
13. ［美］弗雷德·鲁森斯：《组织行为学》，王垒等译，人民邮电出版社 2004 年第 9 版。
14. ［美］海尔·G. 瑞尼：《理解和管理公共组织》，王孙禺、达飞译，清华大学出版社 2002 年版。
15. ［美］加里·尤克尔：《组织领导学》，陶文昭译，中国人民大学出版社 2004 年第 5 版。
16. ［美］罗伯特·B. 登哈特：《公共组织理论》，竺乾威译，中国人民大学出版社 2003 年第 3 版。
17. ［美］罗伯特 · B. 登哈特：《公共组织行为学》，赵丽江译，中国人民大学出版社 2007 年版。
18. ［美］尼古拉斯 · 亨利：《公共行政与公共事务》，项龙译，华夏出版社 2002 年版。
19. ［美］乔治 · 弗雷德里克森：《公共行政的精神》，张成福译，中国人民大学出版社 2003 年版。
20. ［美］皮特里：《动机心理学》，郭本禹译，陕西师范大学出版社 2005 年第 2 版。
21. ［美］迈克尔 · 李普斯基：《基层官僚——公职人员的困境》，苏文贤、江吟梓译，（台湾）学富文化事业有限公司出版社 2010 年版。
22. ［美］斯蒂芬 · P. 罗宾斯、蒂莫西 · A. 贾奇：《组织行为学》，孙健敏译，中国人民大学出版社 2012 年第 14 版。
23. ［美］唐纳德 · 克林格勒、约翰 · 纳尔班迪：《公共部门人力资源管理：系统与战略》，孙柏瑛译，中国人民大学出版社 2013 年第 6 版。
24. ［美］特里 · L. 库珀：《行政管理学：实现行政责任的途径》，张秀琴译，中国人民大学出版社 2001 年第 4 版。
25. ［美］珍妮特 · V. 登哈特、罗伯特 · B. 登哈特：《新公共服务：服务而不是掌舵》，丁煌译，中国人民大学出版社 2010 年版。
26. 陈振明：《公务员制度》，福建人民出版社 2007 年版。
27. 冯绍红：《公益科研机构员工激励研究——基于工作价值观的思考》，科学出版社 2012 年版。
28. 郭志刚：《社会统计分析方法——SPSS 软件应用》，中国人民大学出版社 1999 年版。
29. 侯建良：《公务员制度发展纪实》，中国人事出版社 2007 年版。
30. 侯玉波：《社会心理学》，北京大学出版社 2007 年版。
31. 李德志：《人事行政学》，高等教育出版社 2001 年版。
32. 李健、王璇：《企业员工工作动机实证分析》，中国经济出版社 2008 年版。
33. 李茂能：《图解 AMOS 在学术研究中的应用》，重庆大学出版社 2011 年版。
34. 李小华：《公共服务动机研究——对中国 MPA 研究生公共服务动机

的实证分析》，中国社会科学出版社 2010 年版。

35. 刘帮成：《中国情境下的公共服务动机研究》，上海交通大学出版社 2015 年版。

36. 刘俊生：《公共人事制度》，中国人民大学出版社 2009 年版。

37. 刘小平：《中国情境下的员工组织承诺研究》，社会科学文献出版社 2012 年版。

38. 卢小溪：《高校党政部门组织气氛对一般行政人员绩效的影响机制研究》，经济日报出版社 2016 年版。

39. 彭和平、竹立家：《国外公共行政理论精选》，中共中央党校出版社 1997 年版。

40. 彭剑锋：《人力资源管理概论》，复旦大学出版社 2010 年版。

41. 邱皓政：《量化研究与统计分析》，重庆大学出版社 2013 年版。

42. 荣泰生：《AMOS 与研究方法》，重庆大学出版社 2010 年第 2 版。

43. 舒放、王克良：《国家公务员制度》，中国人民大学出版社 2011 年第 2 版。

44. 孙柏瑛、祁凡骅：《公共部门人力资源开发与管理》，中国人民大学出版社 2010 年第 3 版。

45. 谭功荣：《西方公共行政学思想与流派》，北京大学出版社 2008 年版。

46. 谭荣波：《SPSS 统计分析实用教程》，科学出版社 2007 年版。

47. 唐凯麟：《西方伦理学名著提要》，江西人民出版社 2000 年版。

48. 王伟：《公共行政伦理读本》，国家行政学院出版社 2005 年版。

49. 王英红：《职业道德与工作价值观》，工人出版社 2012 年版。

50. 汪永众：《服务员工组织承诺、工作满意与服务质量——基于自我调节态度理论的视角》，经济学科出版社 2008 年版。

51. 吴明隆：《结构方程模型——AMOS 的操作与应用》，重庆大学出版社 2010 年第 2 版。

52. 吴绍宏：《澳门特区政府公务员工作动机模型研究》，人民出版社 2010 年版。

53. 谢庆奎：《当代中国政府与政治》，高等教育出版社 2003 年版。

54. 杨波：《中国企业员工敬业度提升研究　　基于组织氛围视角》，首都经济贸易大学出版社 2012 年版。

55. 张成福、党秀云：《公共管理学》，中国人民大学出版社 2001 年版。
56. 张康之：《公共管理伦理学》，中国人民大学出版社 2003 年版。
57. 张康之：《寻找公共行政的伦理视角》，中国人民大学出版社 2012 年版（修订版）。
58. 郑建君：《基层公务员心理状况实证研究》，中国社会科学出版社 2013 年版。
59. 郑日昌：《心理测量与测验》，中国人民大学出版社 2008 年版。
60. 周红云：《公务员的组织公民行为及其隐性激励研究》，经济科学出版社 2010 年版。
61. 竹立家、李登祥：《国外组织理论精选》，中共中央党校出版社 1997 年版。
62. 《中华人民共和国公务员法》，法律出版社 2005 年版。

（三）中文期刊

1. 安晓镜、罗小兰、李洪玉：《工作投入研究之综述》，《职业》2009 年第 3 期。
2. 陈淑伟：《公共组织的特性与领域》，《山东工商学院学报》2006 年第 10 期。
3. 陈元九、罗毅华：《社会转型时期国家公务员价值观的嬗变及调适》，《吉林师范大学学报》（人文社会科学版）2008 年第 3 期。
4. 陈红雷、周帆：《工作价值观结构研究的进展和趋势》，《心理科学进展》2003 年第 11 期。
5. 陈家喜、刘军：《街道办事处：历史变迁与改革趋向》，《城市问题》2002 年第 6 期。
6. 陈振明、林亚：《政府部门领导关系型行为影响下属变革型组织公民行为吗？——公共服务动机的中介作用和组织支持感的调节作用》，《公共管理学报》2016 年第 1 期。
7. 程志超、马天超、杨正国：《影响员工满意感的工作特征研究》，《天津大学学报》（社会科学版）2001 年第 1 期。
8. 方振邦、唐健：《公共服务动机理论及其应用研究述评》，《公共管理与政策评论》2014 年第 3 期。
9. 丰存斌：《服务型政府视域下的公务员伦理道德建设》，《理论探索》

2009 年第 3 期。

10. 高韧：《论公共服务动机与激励》，《华中农业大学学报》（社会科学版）2012 年第 3 期。

11. 高振杨、刘祖云：《中国传统行政伦理：范畴展开、学理基础与形下落实》，《上海行政学院学报》2010 年第 2 期。

12. 葛蕾蕾：《我国公务员公共服务动机困境原因及相关对策》，《行政管理改革》2015 年第 12 期。

13. 龚桢志、吴瑕：《基于公务员创新的公共部门组织环境研究》，《云南行政学院学报》2005 年第 5 期。

14. 郭靖：《公务员工作价值观量表的初步编制》，《中国临床心理学杂志》2009 年第 3 期。

15. 郭小聪、聂勇浩：《行政伦理：降低行政官员道德风险的有效途径》，《中山大学学报》（社会科学版）2003 年第 1 期。

16. 何周富、徐国强、邓启清：《关于成都市公务员行政伦理道德的调查研究》，《四川行政学院学报》2002 年第 5 期。

17. 胡琴：《浅析公务员的职业伦理内涵、困境及其培育》，《求实》2011 年第 1 期。

18. 霍娜、李超平：《工作价值观的研究进展与展望》，《心理科学进展》2009 年第 3 期。

19. 金盛华、李雪：《大学生职业价值观：手段与目的》，《心理学报》2005 年第 5 期。

20. 李丹婷：《西方公共服务动机研究：理论探讨与最新进展》，《唯实》2012 年第 1 期。

21. 李锋、王浦劬：《基层公务员公共服务动机的结构与前因分析》，《华中师范大学学报》（人文社会科学版）2016 年第 1 期。

22. 李建华、李景云：《转型时期我国公务员职业伦理精神的制度化缺失与建构方略》，《伦理学研究》2007 年第 5 期。

23. 李明：《公共服务动机的跨文化研究及其中国文化本位内涵》，《心理研究》2014 年第 3 期。

24. 李明：《拥挤的动机：公益投资中的公共服务动机与外部激励》，《心理科学》2013 年第 5 期。

25. 李锐：《我国公务员制度伦理及其建设》，《行政与法》2006 年第

9 期。

26. 李锐、凌文辁：《工作投入现状研究》，《心理科学进展》2007 年第 15 期。
27. 李小华：《西方公共服务动机研究》，《理论探讨》2007 年第 3 期。
28. 李小华：《公共服务动机的结构及测量》，《武汉大学学报》（哲学社会科学版）2008 年第 6 期。
29. 李小华、董军：《公务员公共服务动机对个体绩效的影响研究》，《公共行政评论》2012 年第 1 期。
30. 李明、叶浩生：《公共服务动机测量的发展与展望》，《心理科学》2012 年第 4 期。
31. 李学：《制度文明与行政伦理建设》，《行政论坛》2002 年第 6 期。
32. 林琳、时勘、萧爱铃：《工作投入研究现状与展望》，《管理评论》2008 年第 3 期。
33. 凌文辁、张治灿、方俐洛：《中国职工组织承诺研究》，《中国社会科学》2001 年第 2 期。
34. 刘丽伟：《公共管理理论与公务员伦理关系问题探析》，《中国行政管理》2008 年第 11 期。
35. 刘小平：《组织承诺研究综述》，《心理学动态》1999 年第 4 期。
36. 刘湘宁：《论公务员行政的伦理道德依据及行政人格的培养》，《湖南社会科学》2005 年第 3 期。
37. 罗蔚：《我国行政伦理研究状况的分析与反思》，《公共行政评论》2009 年第 1 期。
38. 罗蔚：《美国行政伦理的四种话语方式》，《公共行政评论》2010 年第 1 期。
39. 骆静、廖建桥：《企业员工工作投入研究综述》，《外国经济与管理》2007 年第 5 期。
40. 孟凡蓉、马新奕：《公共服务动机与工作绩效的关系研究》，《统计与决策》2010 年第 17 期。
41. 孟凡蓉、张玲：《绩效评价目标设置与公共服务动机：心理需求满意感的中介效应》，《情报杂志》2011 年第 9 期。
42. 马飞、孔凡晶、孙红立：《组织承诺理论研究述评》，《情报科学》2010 年第 11 期。

43. 潘瑛如、李隆盛：《中文版公共服务动机量表之信效度验证》，《测验学刊》（台）2014 年 3 月。
44. 饶常林、常健：《我国城市街道办事处管理体制变迁与制度完善》，《中国行政管理》2011 年第 2 期。
45. 鄯爱红：《中国行政伦理建设的问题及对策》，《人民论坛》2010 年第 11 期。
46. 鄯爱红、胡林英：《公共行政伦理的历史演进与时代价值》，《北京行政学院学报》2004 年第 2 期。
47. 鄯爱红：《从公共服务动机看廉政文化建设机制——北京市处级以下公务员公共服务动机调查报告》，《北京市社科规划办结项成果报告》2011 年 4 月。
48. 宋慧英：《行政伦理立法的现实意义探析》，《江苏社会科学》2006 年增刊第 2 期。
49. 宋锦洲：《公共服务动机课题专访——詹姆斯·L. 佩里校长教授》，《复旦公共行政评论》2010 年第 6 期。
50. 田海平、曹霞：《当前我国公务员伦理关系现状的理论与实证研究——以苏南地区为例》，《东南大学学报》（哲学社会科学版）2008 年第 2 期。
51. 田文利、李云仙：《公务员伦理法制化的若干思考》，《陕西行政学院学报》2011 年第 1 期。
52. 王乃静、孙锐、王同庆：《影响员工创新的组织环境因素及作用机制分析》，《现代管理科学》2009 年第 1 期。
53. 王伟：《公共行政伦理价值定位与规范体系》，《伦理学研究》2003 年第 3 期。
54. 王伟：《关于加强行政伦理法制建设的建议》，《人民论坛》2010 年第 11 期。
55. 王雪梅：《社会转型期公务员行政人格伦理建构》，《人民论坛》2011 年第 11 期。
56. 王正平：《当代美国行政伦理的理论与实践》，《伦理学研究》2003 年第 4 期。
57. 王重鸣、洪自强：《差错管理氛围和组织效能关系研究》，《浙江大学学报》（人文社会科学版）2000 年第 5 期。

58. 温忠琳、侯杰泰、马什赫伯特:《结构方程模型检验: 拟合指数与卡方准则》,《心理学报》2004 年第 2 期。

59. 吴凡、方付建:《基于价值观的公务员制度改革研究》,《学术论坛》2010 年第 3 期。

60. 吴绍宏:《公务员的工作满意度、组织承诺与公共服务动机的关系探讨——以澳门特区政府公务员为例》,《中国人力资源开发》2010 年第 9 期。

61. 吴绍宏:《公共部门工作动机研究之激励理论综述》,《理论月刊》2010 年第 9 期。

62. 吴旭红:《公共服务动机及其前因变量研究》,《人民论坛》2012 年第 8 期。

63. 吴宗宪:《台南市政府文官公共服务动机与工作满意、工作努力意愿之实证研究——以个人/组织匹配度作为调节变量》,《公共行政学报》(台) 2012 年 9 月 (总第 43 期)。

64. 肖茂盛:《论公务员的责任冲突及行政伦理决策》,《中国行政管理》2006 年第 5 期。

65. 谢凌玲:《公共服务动机: 测量、影响因素及研究建议》,《现代管理科学》2011 年第 10 期。

66. 谢治菊:《论公共行政伦理责任的理性建构与社会建构》,《广东行政学院学报》2011 年第 3 期。

67. 杨开峰:《中国行政伦理改革的反思: 道德、法律及其他》,《公共行政评论》2009 年第 3 期。

68. 杨振海:《转型期我国公务员行政伦理失范的原因及其治理对策——由温州市公务员行政伦理观调查引发的思考》,《中国行政管理》2008 年第 3 期。

69. 叶先宝、赖桂梅:《公共服务动机: 测量、比较与影响——基于福建省样本数据的分析》,《中国行政管理》2011 年第 8 期。

70. 叶先宝、李纾:《公共服务动机: 内涵、检验途径与展望》,《中国行政管理》2008 年第 1 期。

71. 余慧阳、祝军:《共青团干部公共服务动机研究——以北京市专职团干部为例》,《中国青年政治学院学报》2014 年第 4 期。

72. 曾军荣:《公共服务动机——概念、特征与测量》,《中国行政管理》

2008 年第 2 期。
73. 张成福:《重建公共行政的公共理论》,《中国人民大学学报》2007 年第 4 期。
74. 张成福、杨兴坤:《论我国传统行政伦理的特点、困境与经验》,《甘肃行政学院学报》2009 年第 2 期。
75. 张成福、杨兴坤:《行政伦理建设:来自日本的经验》,《陕西行政学院学报》2009 年第 3 期。
76. 张康之:《在公共行政的演进中看行政伦理研究的实践意义》,《湘潭大学学报》(哲学社会科学版)2005 年第 5 期。
77. 张康之:《论行政伦理研究中的话语重构》,《华东师范大学学报》(哲学社会科学版)2006 年第 3 期。
78. 张丽珍:《公务员精神培育的伦理路径:角色把握、职责担当、合作定位》,《行政与法》2007 年第 11 期。
79. 张一弛、刘鹏、尹劲桦等:《工作特征模型:一项基于中国样本的检验》,《经济科学》2005 年第 4 期。
80. 张轶文、甘怡群:《中文版 Utrecht 工作投入量表的信效度检验》,《中国临床心理学杂志》2005 年第 3 期。
81. 张永军、廖建桥、赵君:《员工组织公民行为的动机研究》,《中国人力资源开发》2010 年第 9 期。
82. 赵晨、高中华:《公共服务动机视域下公务员工作满意度对行为绩效的影响》,《首都经济贸易大学学报》2014 年第 6 期。
83. 周平:《街道办事处的定位:城市社区政治的一个根本问题》,《政治学研究》2001 年第 2 期。
84. 朱春奎、吴辰、朱光楠:《公共服务动机研究述评》,《公共行政评论》2011 年第 5 期。
85. 朱春奎,吴辰:《公共服务动机对工作满意度的影响研究》,《公共行政评论》2012 年第 1 期。
86. 朱光楠、李敏、严敏:《公务员公共服务动机对工作投入的影响研究》,《公共行政评论》2012 年第 1 期。
87. 祝军:《青年公务员公共服务动机对工作投入的影响研究》,《中国青年政治学院学报》2013 年第 5 期。
88. 祝军、钟坚龙:《共青团干部公共服务动机对组织承诺的影响研究——以北京市221名专职团干部为分析对象》,《山东青年政治学院学报》2014年第4期。

89. 钟建安:《工作特征研究和工作重新设计》,《心理学动态》1988年第4期。

（四）学位论文

1. 程一兵:《工作特征与工作满意度关系研究》,硕士学位论文,中国人民大学,2006年。

2. 傅强:《公共组织氛围实证研究》,硕士学位论文,中国人民大学,2005年。

3. 郭俊:《上海世博会志愿者公共服务动机研究》,硕士学位论文,上海交通大学,2010年。

4. 胡海涛:《高校教师工作压力与工作倦怠的关系研究》,硕士学位论文,大连理工大学,2007年。

5. 黄俭勇:《公共部门组织氛围与绩效关系研究》,硕士学位论文,中国人民大学,2008年。

6. 黄蒙:《政府部门与电信部门从业人员的公共服务动机比较研究》,硕士学位论文,上海交通大学,2011年。

7. 黄世阳:《我国公务员工作特征与工作满意度的关系研究》,硕士学位论文,中国人民大学,2007年。

8. 焦进辉:《澳门公务员职业价值观结构探讨》,硕士学位论文,暨南大学,2008年。

9. 李丹婷:《公务员工作价值观与公共服务动机的研究——以福建省公务员为例》,博士学位论文,中国人民大学,2012年。

10. 李明:《公共服务动机的扩展研究》,博士学位论文,南京师范大学,2011年。

11. 李晓霞:《中国基层公务员素质建设研究》,博士学位论文,华东师范大学,2010年。

12. 刘琪:《中国基层公务员管理制度建设问题研究》,博士学位论文,吉林大学,2009年。

13. 卢光莉:《高校教师组织承诺的研究》,硕士学位论文,河南大学,2005年。

14. 王芳：《公共服务动机对养老护理员工作态度的影响研究》，硕士学位论文，上海交通大学，2010 年。
15. 辛朋涛：《教师工作动机研究》，博士学位论文，西北师范大学，2007 年。
16. 殷强：《公共服务动机理论的评价研究——以上海市某技术研究所为例》，硕士学位论文，华东师范大学，2010 年。
17. 翟福芳：《青年公务员工作价值观、工作满意度及其关系研究》，硕士学位论文，山东大学，2012 年。
18. 战晓琳：《80 后知识型员工工作满意度对组织承诺的影响——基于工作特征的实证研究》，硕士学位论文，中国人民大学，2011 年。
19. 周俊芳：《基层公务员公共服务动机研究——以武汉市江汉区地方税务局为例》，硕士学位论文，华中师范大学，2014 年。

后　记

随着书稿交付完成，终于长长地松了一口气。犹记初闻博士学位论文被学校列入资助出版计划，彼时兴奋难抑，因为这不仅是对我博士阶段学习和研究的认可，同时也是对我今后从事学术研究的激励。然而，这种兴奋还没来得及持续太长时间，我就陷入了焦虑和忐忑之中。因为在博士学位论文修改和完善阶段，有两个情况让我倍感煎熬：一是公共服务动机研究的迅猛发展大大出乎了我的预期，在文献梳理更新环节重新下了一番功夫；二是文稿的实际修改与预期总是存在一定差距，其间虽数易其稿却终难达到自己的要求。

我的博士学位论文成稿于 2014 年 6 月，虽然完稿以来一直关注着公共服务动机理论的最新动态，注重收集相关的研究文献和资料，但是当我再次重新认真地对公共服务动机的研究现状进行查阅和梳理时，惊讶地发现在短短一年半的时间里，很多与公共服务动机相关的书籍、期刊论文和评论研究如雨后春笋一般出现在公共行政的研究中。面对公共服务动机研究的繁荣景象，为了保证本书的研究时效性，在论文修改和完善阶段，我不得不重新花费工夫对博士学位论文的相关章节和内容进行了大篇幅的更新、调整和修改，看到有这么多的学者关注该领域，一方面我因为能有那么多研究旨趣相同的研究者而感到备受鼓舞；另一方面，也因为有更多的人关注而让我感到了沉甸甸的压力，在修改的每一个环节都如履薄冰。

就博士学位论文修改本身而言，如果说博士学位论文是一个在相对狭窄的专业领域范围内敝帚自珍的研究成果，那么本书的出版则不可避免地会让本研究暴露于大众的视野之下，这对我这样的年轻后辈来说无疑是很有压力的。在决定动手将论文修改成书的第一天起，我又重新开始研读前人的著作，希望能够从中汲取写作的氧分。然而，看得越多，越对比出自己的不足，原因有三点。一是感觉自己散失了“天时”。面对“公共服务动机”这么好的一个研究选题，每每看到别人已经先于自己开展了类似的研究成果，总免不了怀疑自己的研究有炒冷饭之嫌，缺乏新意。二是感觉自己错失了“地利”。作为一项实证类的调查研究，研究者总是希望自己的研究覆盖范围越大越好。可是本研究不仅范围非常局限（仅限于北京市东城区），而且研究对象也非常聚焦（只关注基层公务员），这经常让我感到自己在研究上缺乏底气。三是感觉自己不具备“人和”。人在年少的时候，总喜欢题点歪诗、写点酸文，可是随着年龄的增长，越来越发现自己的平庸。每当看到别人能够将学术著作写得既通俗易懂，同时又文采飞扬；既体现了内容结构的严谨性，又凸显了文字的活泼生动感，总让我佩服得五体投地同时又望尘莫及。

当然，为了不至于吓退后来的研究者，我也要客观地陈述一个事实。博士学位论文修改工作在带给我煎熬的同时，也给我带来了很多快乐。快乐之一源于同行的认可。在文献重新梳理阶段，面对不断向前发展的公共服务动机研究，当我在他人新近的研究成果中看到自己早期的一些研究发现被引用时，内心是快乐的，因为这不仅说明有很多人和我一起关注公共服务动机，至少还说明我的研究是有一定价值的。快乐之二源于学习的乐趣。即使面对相同的公共服务动机研究主题，当我再次阅读相同的材料，不一样的时间段，也给予了我不一样的体会。所谓书读百遍其义自见，在重读公共行政经典过程之中，作者经常会品味出与上一次阅读所不同的味道和感悟，读到精妙之处，总有一种“此情不与外人道”畅快感。快乐之三源于和研究对象的互动交流与分享。社会科学研究的一个特点在于研究者和研究对象之间会有一定的双向互动性。本书将北京市的基层公务员作为研究对象，在前期曾经做过一些访谈研究，在成书阶段，为了充实内容，作者又重返北京市东城区开展了补充访谈。在此期间，受到了很多老朋友的关心和帮助，不仅使得补充调查研究工作进展非常顺利，也为本书修改完善提供了新的素材，让我的后续研究充满了快乐。

丑媳妇总是要见公婆的。在本书即将交付印刷之际，要对所有在研究、写作和出版过程中帮助过我的人致以感谢。感谢我的博士生导师中国人民大学行政管理学系主任孙柏瑛教授，如果没有她的指导，该博士学位论文几乎是一项不可能完成的任务。感谢美国印第安纳大学环境与公共事务学院詹姆斯·L. 佩里教授。佩里教授作为公共服务动机研究领域的权威学者，虽然我们之间仅有数面之缘，每次交流时间都很短暂，但是他对我在研究过程中遇到的各种问题有问必答。特别是在我的写作过程中，他更是把自己所有关于公共服务动机研究的文献资料倾囊相授。感谢参加我博士学位论文答辩的各位指导老师，他们是北京大学周志忍教授、中国行政管理学会高小平研究员、北京师范大学李秀峰教授、首都师范大学赵新峰教授和中国人民大学刘鹏教授，感谢他们为我博士学位论文的进一步修改和完善提供了宝贵的意见。感谢国内外所有从事公共服务动机研究的学者，是他们源源不断的积累，帮助我站在了巨人的肩上。感谢我的家人、领导、同事、同窗和学生，他们分别在我博士学位论文写作和修改成书阶段给予了我各种各样的支持和帮助。感谢中国社会科学出版社的编辑吴丽平老师，谢谢她为本书的出版而付出的辛勤劳动。感谢我的研究生助管钟坚龙、尹晓婧和王乐，他们为本书校核付出了大量时间，最后还要感谢中国青年政治学院、中央团校，作为我的本科母校和工作单位，它不仅哺育了我、培养了我，还为本书提供了宝贵的出版机会，让我的研究成果有机会和大家见面。

最后，作者深知，本书还存在很多不足，恳请各位读者见谅。如果说博士论文写作的过程是我作为一名初学者无知无畏的学习和积累经历，那么这次修改成书的过程，对我而言更是一次学术训练和自我提升的历程。在未来的日子里，面对学术，我心存敬畏，继续努力。

祝军
2016 年 4 月
于中国青年政治学院